W0247922

Questions
au psy

Anne Bacus

Questions au psy

Spécial petits

• MARABOUT •

Sommaire

Introduction

Ce livre s'adresse aux parents de jeunes enfants, jusqu'à la fin des années de maternelle. Ces premières années sont à la fois éprouvantes et merveilleuses. Chacun les sait déterminantes pour l'avenir. Aussi réfléchit-on beaucoup. Tous les parents se posent des questions sur l'éducation qu'ils donnent à leurs enfants. Quelles limites mettre à leurs désirs d'exploration ? Comment leur annoncer que le Père Noël n'existe pas ? Comment réagir s'ils mentent ? Faut-il laisser bébé dormir dans le lit des parents ? Et tant d'autres.

Ces questionnements et ces remises en question sont très positifs : ils sont le signe que les parents veulent faire au mieux pour leurs enfants et souhaitent éviter les erreurs. De leur côté, tous les enfants traversent des périodes où ils sont moins « faciles » qu'à d'autres. Un jour, c'est l'aînée qui se met à avoir une peur bleue des araignées. Un autre jour, c'est le cadet qui se montre grognon, ou qui refuse le pot.

Ce livre intéressera les parents qui se posent des questions sur l'éducation, des questions simples sur des événements de tous les jours, et souhaitent avoir des éléments de réponse. Non pas pour suivre à la lettre ce qui est conseillé, mais pour mieux comprendre ce qui se joue pour l'enfant et affiner ainsi les choix éducatifs.

Chaque famille est unique, chaque enfant est différent. Vous ne trouverez donc pas dans ce livre des réponses en kit, « prêtes à l'emploi » et applicables à tous. Vous, parents, connaissez votre enfant mieux qui quiconque. Vous êtes les mieux placés pour le comprendre, mais aussi ceux à qui c'est le plus difficile, étant les plus impliqués. Vous trouverez ici des pistes générales de réflexion, pour prendre un peu de recul : à vous d'en faire un cas particulier, en y ajoutant toute la particularité de votre enfant, et tout l'amour que vous avez pour lui.

Au fil des lignes, vous trouverez une manière de réfléchir, de vous interroger, de mieux comprendre les enfants, qui confortera vos compétences de parents et facilitera le dialogue.

Certains des chapitres de ce livre sont la reprise d'articles parus dans le magazine *Femme Actuelle* sous la rubrique « Votre enfant et vous ». C'est pourquoi je m'y adresse principalement aux femmes, aux mères. Les pères ne sont, évidemment, nullement exclus de ma pensée et l'importance de leur rôle y est souvent soulignée. C'est pour moi une évidence : l'éducation d'un enfant est l'affaire de ses deux parents.

Évidemment, ce livre ne répond pas à toutes vos questions. Les psychologues sont là pour discuter avec vous. N'hésitez pas à les consulter. Formés à l'université et sur le terrain, les psychologues en titre sont les mieux placés pour vous écouter, comprendre les difficultés psychologiques de votre enfant et vous aider à trouver les solutions. Ils sont les spécialistes des questions tournant autour de la parentalité. Il est fréquent qu'une seule séance suffise à rassurer ou à débloquer une situation.

câl

nouveau-né

pleurs

baby-blues

éveil

ins

cormir

Protéger son couple

Être à la fois la mère parfaite d'une bébé normal (qui pleure, se réveille la nuit, etc.) et une épouse attentionnée relève du tour de force. Votre conjoint est présent pour vous relayer. Qu'il prenne la relève vous permet de vous ménager du temps personnel. Mais il est important de vous ménager aussi du temps à deux. N'hésitez pas à confier votre enfant à un membre de la famille ou à une baby-sitter pour sortir ensemble une fois par semaine.

Essayez chaque jour de vous trouver ne serait-ce qu'une demi-heure de calme et d'intimité à deux, lorsque bébé dort. Vous étiez un couple avant de devenir des parents, et il est important que vous le restiez. Votre identité ne se limite pas à être un père ou une mère. Vous continuez à exister par vous-même et à deux, ne l'oubliez pas. Votre enfant n'en souffrira pas, au contraire.

Traverser en douceur le baby-blues

Ouf, enfin vous n'êtes plus enceinte! Finis ce ventre énorme, cette difficulté à marcher, à digérer, à dormir, cet essoufflement permanent... L'accouchement s'est bien passé et vous êtes rentrée chez vous, votre bébé dans vos bras. Vous « devriez » vous sentir rayonnante, pleine de confiance et de dynamisme. Pourtant, au milieu d'instants de vrai bonheur, vous vous sentez perdue, anxieuse, incompétente, seule. Au lieu d'être heureuse, vous pleurez sans arrêt. Que se passe-t-il? Les spécialistes nomment ce moment de dépression qui suit l'accouchement « le blues du post-partum ».

Les raisons de la dépression

- L'énorme changement physique, moral et hormonal que vous avez subi après l'accouchement suffirait à lui seul à expliquer ce nécessaire moment d'ajustement. Comme après un événement très attendu, porteur de tension et d'excitation, il y a un état de choc et un sentiment de vide. Chacun a eu l'occasion d'expérimenter cela une fois ou l'autre.
- Comme toute transition brusque, le passage de l'état de femme enceinte à celui de maman est délicat. Vous y gagnez, bien sûr: ce merveilleux bébé, vous l'avez voulu, vous l'avez attendu, et - ô merveille - il est là, entier, magnifique. Mais vous perdez aussi, ce qui était moins prévu. Quoi? D'être le centre du monde, celle que l'on choie et que l'on entoure (maintenant c'est votre bébé qui attire les sunlights); les tête-à-tête avec votre conjoint, les nuits complètes, les loisirs, etc.
- La réalité est plutôt décevante, comparée aux rêves que vous avez portés en vous si longtemps. Votre bébé ne ressemble pas à ceux de la publicité: il pleure beaucoup, il semble avoir toujours faim, il appelle la nuit et dort le jour. Il est minuscule, mais il vous dévore entièrement. Quant à vous, où est passée la mère parfaite, joyeuse et patiente que vous vous promettiez d'être? Vous vous dites que n'importe laquelle de vos copines s'en sortirait mieux que vous... et vous fondez en larmes.
- La fatigue joue un rôle déterminant. Accouchement, rythme de la maternité, visites, manque de sommeil... Comme vous êtes épuisée, chaque tâche prend des proportions plus grandes: faire

vous fatigue, ne pas faire vous angoisse. Arrivent alors le stress, le découragement, l'exaspération… et la culpabilité.

Que faire?

Ce moment de blues dure en général entre deux ou trois jours et deux ou trois semaines. Cela dépend des femmes, de leur état physique et émotionnel, de l'aide et du soutien dont chacune dispose. Alors, en attendant que cela passe, comment réagir?

- Savoir que ce sentiment de blues existe suffit souvent à se rassurer et à prendre patience. Ne pas rester isolée et oser dire ce que l'on ressent est très libérateur: alors donnez-vous le droit de pleurer devant votre propre mère ou bien téléphonez à votre meilleure copine pour lui raconter vos misères.
- C'est le moment ou jamais de vous faire aider. Une voisine peut acheter votre pain en même temps que le sien, votre conjoint peut s'occuper des repas, une femme de ménage peut venir nettoyer à votre place, etc. Si vous avez trop de visites, limitez-vous aux gens à qui vous pouvez dire: « Et si vous ameniez à dîner? », ou « Pendant que tu es là, peux-tu étendre le linge? » Pas de culpabilité: vous faites cela pour votre bébé.
- Ce temps dégagé, prenez-le pour vous et pour votre bébé. Vous découvrirez vite l'importance de vous reposer chaque fois que votre bébé dort et de faire des siestes. Vous savourerez la douceur merveilleuse de se laisser aller, détendue, son bébé endormi au creux du bras…
- En plus de cela, il est important pour votre moral de vous accorder chaque jour un moment de détente personnelle: prendre un bain, lire une revue, reprendre une activité physique, téléphoner à une copine… Même si cette période est très prenante, ne la vivez pas comme si vous étiez coupée du monde ni de tout ce qui faisait votre plaisir.
- Le papa peut se sentir perturbé et avoir besoin aussi d'un temps d'adaptation à sa nouvelle famille. Expliquez-lui que son rôle, ces premières semaines, consiste essentiellement à prendre soin de vous (et de la maison) pour que vous puissiez prendre soin du bébé. C'est parce qu'il vous soutient et s'occupe de tout le « reste » que vous pouvez trouver en vous la sérénité et la confiance dans votre nouveau rôle. C'est l'essentiel… même s'il peut aussi, avec compétence et bonheur, vous seconder en jouant les « papa-poule »!

Savoir se faire aider

L'important est de ne pas rester seule avec ses difficultés. Il faut pouvoir parler et se faire aider. Les municipalités peuvent procurer une aide à domicile aux parents se situant en dessous d'un certain seuil de ressources. Si vos moyens vous le permettent, n'hésitez pas à prendre contact avec un organisme privé ou associatif qui vous fournira, à l'occasion ou régulièrement, une aide qualifiée.

Ceci dit, le blues du post-partum peut être sérieux et durer plusieurs mois. Si la dépression est sévère, la maman peut avoir des difficultés à s'occuper de son bébé et ne plus pouvoir faire face au quotidien. Quant au bébé, comme il ne comprend pas pourquoi sa maman ne lui sourit pas ou ne joue pas avec lui, il peut aussi être affecté. Dans ce cas, il ne faut surtout pas s'en cacher ou se renfermer, mais plutôt aller consulter un médecin qui saura écouter, conseiller et aider.

La tendresse maman-bébé : les premiers liens

Le petit bébé naît immature et fragile. Totalement dépendant. Pour survivre, il a un besoin absolu des autres humains, et, en tout premier lieu, de sa maman. C'est pourquoi sa toute première compétence de bébé consiste à savoir s'attacher à sa mère et l'attacher à lui en retour.

Naître, c'est moins venir au monde qu'en changer

Pendant neuf mois, le bébé, dont tous les besoins physiologiques sont comblés, vit dans une totale complicité avec sa maman. Accompagné par les bruits (le cœur, la digestion, la respiration, la voix forment un bruit de fond permanent), bercé par les mouvements (conséquence de ceux de sa mère ou de sa simple respiration), caressé par le liquide amniotique, protégé et lové dans un confort sans faille.

Avec la naissance, le bébé découvre l'inconfort et le manque. Il a soif ou faim, il a trop froid ou trop chaud, il est gêné par un rot coincé ou une couche souillée… Il pleure. Maman survient, fait ce qu'il faut et l'inconfort cesse. Allons, la vie n'est donc pas si pénible… Le bébé retrouve confiance. Sa maman , c'est d'abord celle qui lui donne envie de vivre.

L'importance du lien

Le bébé était à l'abri dans sa « bulle » utérine. Pour qu'il se développe bien, il est nécessaire de créer autour de lui une nouvelle « bulle » où il se sentira protégé, nourri, caressé et aimé. Le corps de la mère est en lui-même un espace de sécurité et de bien-être magnifique pour son bébé. C'est d'ailleurs pourquoi il s'arrête généralement de pleurer lorsqu'elle le prend dans ses bras (et non parce qu'il est « capricieux »).

Grâce à cette « enveloppe » paisible et aimante créée par la mère, le bébé va pouvoir donner sens à tout ce qu'il perçoit de son environnement et apprendre ce qu'il est. Il se sent protégé de ce qui vient du dehors comme du dedans (les sensations douloureuses, les frustrations, les affects violents). Comme le petit mammifère non léché par sa mère meurt à la naissance, le petit d'homme a besoin de la tendresse pour survivre.

Avoir confiance en soi

Les premiers temps que la mère passe avec son bébé sont importants. L'un et l'autre font connaissance, ils apprennent à décrypter les messages et les besoins. À ce jeu, l'enfant est très habile et tout prêt à aider sa maman si elle-même se sent maladroite. Pour que tout se passe bien, il est bon que la jeune mère puisse se consacrer à sa tâche, qu'elle se sente en sécurité, sans être troublée par trop de soucis extérieurs.

Les jeunes mamans d'aujourd'hui ont, pour la plupart, très peu d'expérience en matière de bébés. Quelques heures de baby-sitting, quelques livres de puériculture… Elles craignent souvent de ne pas savoir s'y prendre avec leur bébé, de faire des erreurs irréversibles. On leur a tant dit que tout se jouait dans les premiers mois ou les premières années! Le rôle de l'entourage compte beaucoup. Ce qui aide le plus les mamans, ce ne sont pas les conseils, mais l'assurance qu'elles sont de bonnes mères, compétentes, qui peuvent se fier à leur instinct.

Comment le bébé s'y prend-il pour créer des liens?

Dès la naissance, le bébé est équipé sur le plan sensoriel et sait solliciter une relation chaleureuse et vivante, en particulier avec sa maman. En voici quelques exemples :

- Il s'intéresse aux visages humains plus qu'à toute autre chose. Il reconnaît celui de sa mère en quelques heures.
- Il n'est pas encore sorti de la maternité qu'il sait déjà distinguer l'odeur et la voix de sa mère, qui l'apaisent de manière saisissante, de ceux d'une autre femme.
- Il agit directement à distance sur le corps de sa mère: quelle maman qui allaite n'a pas constaté des montées de lait, en pleine nuit, au premier cri de son enfant, voire dans les minutes qui le précèdent?
- Enfin, il sourit, bien plus tôt qu'on ne le dit. Dans les jours qui suivent sa naissance, déjà le tout-petit cherche à capter le regard et ébauche des sourires heureux. Y a-t-il meilleur moyen humain pour créer un attachement?

Comment répondre au mieux au besoin de lien de son bébé?

- Dès que l'occasion se présente, la maman peut prendre son tout-petit et le tenir contre elle. Elle peut aussi répondre rapidement à ses pleurs, qu'ils scient de faim, de gêne ou de simple inconfort, sans crainte de le « gâter ». Sans oublier que beaucoup de tendresse passe à travers les gestes simples du repas, du change ou du bain.
- Dans de nombreuses cultures, les mamans répondent au besoin de s'agripper à elles que manifeste leur tout-petit en le portant contre elles, serré dans un châle. Ce contact corporel étroit est essentiel. Les mamans d'ici ont le porte-bébé kangourou, qui permet à bébé de les accompagner en promenade, mais aussi dans leurs activités courantes de la maison.
- Bercer son bébé dans ses bras: il adore! Cela lui rappelle sa vie utérine. Bébé est aussi très demandeur de chansons fredonnées d'une voix douce et de ce petit bavardage attentif fait de mots, de sons et de sourires.

Et le père là-dedans?

Comme le dit justement le proverbe: « À l'enfant, il faut la chaleur de la mère. » Mais cela n'exclut nullement le père, dont la présence auprès de la mère et de son bébé est essentielle. Pour que la mère puisse accomplir au mieux cette tâche, créer un lien vivant et chaleureux avec son bébé, « s'accorder » à lui, il est nécessaire qu'elle-même se sente aimée et entourée. Avoir près d'elle un compagnon attentif et rassurant, à l'écoute de ses joies et de ses doutes, est ce qui l'aidera le plus. Puis, très vite, le père entre à son tour en relation avec son enfant, d'une façon différente et riche qui n'appartient qu'à eux. Bien sûr, au début, il fait surtout du « maternage », mais il le fait avec une odeur d'homme, une voix d'homme, des gestes d'homme. Si bien que l'enfant se rend vite compte qu'il ne vit pas seul avec sa mère. Le monde est riche de diversité. Cela éveille sa curiosité et lui donne envie de grandir.

La maman qui est séparée de son bébé à la naissance

C'est toujours un déchirement. Pourtant, l'essentiel est de maintenir au mieux la continuité de la relation. Ainsi, toute marque de tendresse reçue par son bébé sera mise à son crédit à elle, sa maman. Sa place reste là, non pas vide mais à reprendre, en tendresse et en douceur.

Ainsi, dans tous les cas, par ce lien merveilleux de tendresse, de paroles et de soin qui le lie à sa mère, puis à son père, le bébé va grandir, solide et confiant, protégé tout le temps qui lui sera nécessaire.

Faut-il garder bébé dans votre chambre?

Cela commence par neuf mois d'intimité totale. Dans les dernières semaines précédant la naissance, la mère ressent tout de son bébé: lorsqu'il dort, lorsqu'il se retourne, lorsqu'il a le hoquet. Après quelques jours de complicité à la maternité, on ramène enfin à la maison son beau bébé tout neuf. On rêve de le voir dans son joli couffin, dans son berceau amoureusement décoré. Et même si on lui a préparé une petite chambre pour lui, ou une place dans la chambre de l'aîné, on se sent plus rassurée, on trouve plus confortable, de l'installer dans sa propre chambre, à côté de son lit. Normal: on vient juste de faire connaissance, on n'a pas envie de déjà se séparer.

Il y a un temps pour garder bébé près de soi...

La maman allaite? Rien de plus simple, la nuit, que de glisser bébé directement dans son propre lit dès qu'il manifeste sa faim et de l'installer au sein sans même avoir à se lever. Bébé prend des biberons? C'est aussi au creux du grand lit bien chaud qu'il est doux de se blottir l'un contre l'autre, papa tout à côté, quand il faut faire face à une petite faim de trois heures du matin. Bébé se rendort? On le glisse délicatement dans son couffin... et on fait comme lui.

Très bien. Mais jusqu'à quand? Dans les premiers mois, tant que bébé ne « fait » pas ses nuits, aucun problème. Certains aiment avoir leur bébé près d'eux. D'autres constatent qu'ils dorment mieux, et leur bébé aussi, s'ils se séparent la nuit. À chaque parent de choisir la solution qui lui semble la plus naturelle, celle qui lui convient le mieux. Passé ce délai, il est important de trouver dans la maison un coin aménagé pour le bébé où il pourra dormir au calme et en toute sécurité. Les parents ont besoin de retrouver une intimité; le bébé, d'apprendre à dormir toute la nuit, ce qui sera beaucoup plus difficile s'il reste dans la chambre.

Il peut exister plusieurs raisons de garder son bébé près de soi. Certaines mères ne se sentent apaisées qu'en sentant le souffle léger et tiède de leur bébé tout près d'elle. Qu'il soit dans une autre pièce, et les voilà inquiètes, allant à tout moment voir s'il respire bien. On craint aussi parfois que, mis dans la chambre

Et si l'on n'a pas de chambre pour bébé?

Certains parents gardent le bébé avec eux parce qu'ils ne disposent pas d'une autre chambre où le mettre. On peut dans ce cas sortir le bébé de la chambre pendant la nuit (glisser son berceau dans le salon par exemple), quitte à l'y installer dans la journée, s'il n'y a pas d'autre endroit calme. Ce système ne fonctionne que quelques mois.

Si les parents doivent, pour une question de place, partager durablement leur chambre avec leur enfant, il est nécessaire alors d'aménager au bébé un coin à lui, séparé du reste de la chambre par un paravent ou une cloison mobile. On peut alors ajouter dans son petit coin un ou deux éléments de décoration « enfants », comme une affiche, un mobile, une étagère avec ses jouets, qui lui permettront de se sentir « chez lui ».

d'un aîné, le bébé ne le réveille la nuit: en fait, l'enfant s'habitue très vite à entendre pleurer son petit frère ou sa petite sœur et cesse vite d'en être gêné. L'aîné préfère souvent avoir le bébé avec lui, à égalité, plutôt que de le savoir privilégié dans le lit de maman…

… Et un temps pour lui apprendre à dormir seul

Il ne s'agit pas pour autant de tomber dans l'excès inverse: on voit parfois des bébés très jeunes isolés à l'autre bout de l'appartement, dans une chambre jolie, mais silencieuse et coupée de la vie. Le bébé, habitué au bruit de fond dans le ventre maternel, peut tout naturellement s'endormir dans la pièce où la famille se tient, ou bien dans sa chambre, porte ouverte: il se rassure des bruits familiers. Cette dernière solution est sans conteste la meilleure pour prévenir les troubles du sommeil: le bébé apprend à s'endormir seul, dans son lit, dans son petit coin à lui. S'il se réveille la nuit, il ne sera pas étonné de se trouver là et saura comment faire pour se rendormir.

Une mode, qui nous vient des États-Unis, consiste à acheter des lits immenses et à y dormir en famille, parents et enfants réunis, pendant plusieurs années jusqu'à ce que l'enfant en décide autrement (on appelle cela le « family bed »). La plupart des psychologues mettent en garde contre les risques de cette pratique, à la fois pour l'équilibre du couple parental, qui doit vivre autrement sa sexualité ou bien y renoncer, et pour le bon développement psychique des enfants. Mal situés, ceux-ci peuvent avoir du mal à accéder à l'autonomie affective et être mis en danger dans leur équilibre intérieur.

Il est vrai que, dans certains pays (et autrefois en France), il est habituel pour l'enfant de partager le lit de sa mère jusqu'à son sevrage, parfois tardif. Ces pratiques ne font plus partie de notre culture. À chaque couple, ensemble, de faire ses choix. Une question se pose: qui, de la mère ou de l'enfant, a le plus besoin de l'autre? Offrir à son bébé de quelques mois la possibilité de dormir, heureux et à quelque distance de sa maman, c'est déjà lui faire confiance. Élever un enfant, n'est-ce pas aussi, tout du long, lui apprendre progressivement à se passer de nous?

Oui aux câlins du matin!

Le lit des parents est le lieu secret de leur intimité. C'est dans l'acceptation de ce fait que l'enfant grandira en confiance et s'épanouira. Au-delà de ses demandes de venir dormir dans ce grand lit, il sera en fait profondément rassuré de sentir que papa et maman s'aiment, ont plaisir à dormir ensemble et besoin de moments rien qu'à eux.

Mais rien n'interdit, au contraire, que le lit parental soit, au matin, le lieu des retrouvailles, des premiers câlins avec ses enfants et des fous rires en famille! Nombreuses sont les familles où les dimanches commencent, trop tôt au gré des parents, par un dernier petit somme tous ensemble, puis se prolonge dans le joyeux partage des croissants et des biberons dans le grand lit de papa et maman… Un grand moment!

Vous avez « tout » essayé, mais il continue à pleurer

Voici quelques « trucs » de mamans:

- Installez le siège-bébé face au hublot du lave-linge. Mouvement, ronronnement et chaleur font merveille.
- Glissez sous son ventre une serviette de toilette chauffée un moment sur un radiateur. Cette bouillotte toute douce aidera à calmer les petits problèmes digestifs.
- Laissez un robinet goutter doucement. Les « bruits blancs », souvent irritants pour nous, se révèlent hypnotiques pour certains bébés.
- Emmenez-le faire un tour en voiture.
- Tapotez doucement ses fesses, en rythme.
- Passez-lui du Chopin.
- Installez un aquarium dans sa chambre, placé de telle façon qu'il puisse, de son lit, suivre les évolutions des poissons.

(Extrait de *Bébé pleure, que faire?*, Anne Bacus, Éd. Marabout.)

S'il pleure, faut-il prendre bébé dans ses bras?

Les nouveau-nés ont peu de moyens pour exprimer ce qu'ils ressentent, et parmi ceux-là le cri est privilégié. Tant qu'il est dans le ventre de sa maman, le bébé n'a ni faim ni froid, ni fesses sales ni besoin de câlin. Tous ses besoins sont comblés: c'est le paradis de la fusion. Une fois dehors, tout change, devient plus compliqué. Incapable de subvenir à ses propres besoins comme d'assurer sa survie, le bébé crie, réflexe salvateur - et insupportable! - auquel les parents vont répondre de leur mieux.

À quoi servent les pleurs?

Ils sont d'abord le premier moyen de communication dont dispose l'enfant. C'est le niveau de base de la parole et de l'échange. Je me sens mal, je crie, maman accourt, me parle: « Qu'est-ce qu'il y a, mon bébé, ça ne va pas? », je me sens déjà mieux, je me calme. Mais elle ne comprend pas que j'ai faim. Je crie à nouveau. Cette fois, elle comprend et me met au sein. Je me calme pour de bon. Décidément, cette maman-là me comprend bien, je sens que nous allons nous entendre…

En criant, le bébé exprime vigoureusement son désir de vivre. C'est bon signe. Ce qu'il veut? Principalement de la nourriture, de la chaleur et de l'amour. Vous n'arrivez pas à distinguer les pleurs de votre nouveau-né? Normal, lui non plus. Il lui faut quelques semaines avant d'interpréter correctement le malaise qui est le sien et de trouver le moyen le plus précis de l'exprimer. Peu à peu, au fil des semaines, le dialogue va s'affiner et les pleurs se différencier, permettant aux parents d'apporter plus facilement la réponse appropriée. Il y aura les pleurs de faim, de fatigue, de douleur, de besoin d'être pris dans les bras, de solitude, etc. Chaque enfant va développer son propre langage, que les parents vont apprendre. La confiance réciproque va venir se nicher là, dans ce tout premier dialogue, où le bébé réclame et où l'adulte répond, avec des mots et avec des actes. L'enfant se sent entendu, respecté: la relation peut s'épanouir.

Faut-il répondre aux cris du bébé?

On comprend bien alors pourquoi il faut aller rapidement voir son bébé lorsqu'il pleure, tenter de comprendre ce qu'il exprime et lui

répondre. Ne le feriez-vous pas avec un enfant plus grand, ou avec un ami? Il faut répondre au bébé qui crie pour plusieurs raisons:
- Parce que crier, c'est communiquer. Répondre à l'enfant, c'est l'introduire dans le dialogue, dans la parole qui humanise, et le reconnaître en tant que personne.
- Parce que répondre réconforte le bébé, qui, avec le temps, se sentant compris, pleure moins et apprend à patienter davantage.
- Parce que l'on se sent mieux lorsque l'on agit. La mère, reliée à son bébé par un « cordon ombilical sonore », est biologiquement programmée pour répondre à son bébé. Rien de pire pour le moral que de rester inactive en subissant les assauts furieux de son bébé. Agir n'est plus subir, et cela permet, dans une certaine mesure, d'éviter la culpabilité « J'ai tout essayé pour le calmer; peut-être qu'après tout, il a seulement envie de pleurer un moment… »
- Parce qu'il arrive souvent que les parents trouvent des solutions « qui marchent ». Par exemple, nourrir un bébé qui a faim en est une. Mais si aucune des réponses « classiques » ne fait cesser les cris, on peut en inventer. Les parents font preuve d'une grande imagination pour tenter de distraire un bébé de ses larmes!
Contrairement à ce qui a été dit, répondre à son bébé ne le rend pas capricieux. Au contraire, en le rassurant sur ce monde qui l'accueille, cela lui donne confiance en lui et le rend plus autonome.

Faut-il le prendre dans ses bras?

Si vous sentez que c'est nécessaire, oui. Ce n'est pas pour autant qu'il faille prendre systématiquement dans ses bras un bébé qui pleure. Répondre peut se faire de beaucoup de façons. Certains cris ont pour fonction de vider un trop-plein d'énergie ou de tension intérieure: ils sont nécessaires à la détente de l'enfant, permettant ainsi son endormissement. L'enfant pleure « pour rien »: il fait le vide, ou bien il exerce ses poumons, et se sent mieux après. Le rassurer de la voix, lui caresser doucement la tête ou le dos, lui chanter une berceuse, puis le laisser tranquille, sont certainement dans ce cas des solutions plus appropriées.
Prendre son bébé contre soi au moindre cri, passé les six premiers mois de la vie, finirait par devenir une habitude dont l'enfant aurait du mal à se passer, de jour comme de nuit, ce qui peut devenir un problème. Lui faire confiance pour apprendre à se calmer et à s'endormir seul est une des meilleures préventions des troubles du sommeil.

Lorsque bébé grandit

Et puis le nouveau-né grandit. Vers trois mois, il peut commencer à trouver, seul, les moyens de se calmer, en suçant son doigt ou son poing, en caressant un petit mouchoir à l'odeur de maman, etc. Ici encore, la voix de la personne aimée peut soutenir l'enfant dans ses efforts sans que les bras soient toujours nécessaires. Un délai entre l'appel et la réponse devient possible.
Bébé crie, il a fini sa sieste, il veut qu'on vienne le chercher. Une voix connue et aimée répond: « J'arrive, je finis ce que je fais, prends ton nounours, j'arrive tout de suite! » Bébé apprend à trouver en lui les ressources nécessaires et à patienter un peu: il fait son tout premier pas vers l'autonomie.

Bébé pleure? Vérifiez si tous ses besoins de base sont bien satisfaits

- Il a faim? Nourrissez-le rapidement. Ce qui veut dire soit le mettre au sein, soit avoir un biberon prêt au réfrigérateur, en prévision.
- Il a sommeil? Apprenez à connaître quel lieu, quelle position et quel entourage il préfère pour s'endormir. Et couchez-le.
- Il a besoin de téter? Si vous ne souhaitez pas qu'il reste pendu à votre sein vide, n'ayez aucun scrupule à lui confier une sucette.
- Il a besoin de proximité? Prenez-le contre vous, sur vos genoux ou dans le porte-bébé. Inutile pour autant de le bercer ou de marcher avec lui.
- Il a besoin de stimulation? Installez-le dans son transat dans une pièce où il y a « de la vie », accrochez des joujoux à sa portée, mettez-lui de la musique, jouez et parlez avec lui, etc.

Comment comprendre les pleurs de son bébé?

Les besoins de base du bébé sont peu nombreux et ils expliquent à eux seuls une grande quantité des cris. Pour l'essentiel, ce sont: le besoin de nourriture, le besoin de sommeil, le besoin de téter, le besoin d'être porté et le besoin de stimulation. Avant de vous inquiéter, tâchez de voir si ses cris ne seraient pas tout simplement provoqués par l'un de ces besoins. Si oui, répondez-y. Le distraire de son besoin ne résoudra le problème que très provisoirement. Donc, mieux vaut s'appliquer à comprendre et répondre simplement.

Dix minutes pour trouver la cause…

Le problème est: « Laquelle de ces cinq causes est la bonne? » Vous avez environ cinq à dix minutes pour trouver. Au-delà, votre bébé risque, s'il est sensible à la frustration, de s'être lancé dans une agitation d'où vous aurez du mal à le sortir. Un auteur américain, Bruce Taubman, a mis au point un plan très concret et très pratique pour vous aider. Il s'appuie sur la méthode des « essais-erreurs »: il s'agit d'essayer avec ordre, bon sens et rapidité les solutions possibles, jusqu'à ce que vous trouviez la bonne. La première étape consiste à tenir compte du moment où surviennent les pleurs: pendant le repas, quand bébé est seul dans son siège ou son lit, quand il est porté.

1. Les pleurs commencent pendant le repas

Arrêtez le repas et essayez de calmer l'enfant. Si vous n'y parvenez pas, offrez-lui une tétine: il a peut-être envie de téter mais non de manger. S'il se calme en quelques minutes et qu'il reprend son repas normalement, c'est sans doute qu'il avait une crampe intestinale. S'il se calme, puis pleure de nouveau dès que vous le remettez au biberon ou au sein, on peut faire plusieurs hypothèses, que vous envisagerez rapidement:

- S'il est au sein et que le sein est vide (ou s'il a vidé rapidement et entièrement son biberon), peut-être a-t-il encore faim: offrez-lui un biberon de complément et voyez s'il est heureux de le boire.
- S'il laisse un peu de lait dans son biberon et cesse de pleurer si vous arrêtez le repas, acceptez qu'il n'ait plus faim.

- S'il refuse un biberon de complément, mais continue de pleurer, essayez la tétine.
Si rien de cela ne marche, reportez-vous aux deux autres points.

2. Les pleurs commencent quand l'enfant est dans les bras ou en compagnie

Trois cas ont à envisager:
- Bébé semble fatigué. Mettez-le au lit, dans sa position de confort habituelle. Si les pleurs diminuent d'intensité en quelques minutes, c'est que bébé était effectivement fatigué. Il ne va pas tarder à s'endormir. Si les cris intenses persistent, il s'agit d'autre chose, et vous pouvez le relever. Proposez-lui une tétine. Si cela ne le calme pas, demandez-vous s'il pourrait avoir faim ou besoin de stimulation.
- Bébé pourrait avoir faim (son dernier repas date de deux heures ou plus). Offrez-lui le sein ou le biberon. Si les cris cessent, il avait effectivement faim. Sinon, essayez la tétine. Il crie encore? Peut-être a-t-il besoin de stimulation ou est-il fatigué.
- Bébé ne semble avoir ni sommeil ni faim. Il a sans doute soit besoin de stimulation (jeux, échanges, musique, jouets), soit besoin de téter. Si aucun des deux ne marche, essayez quand même le sein ou le lit.

3. Les pleurs commencent quand l'enfant est seul dans son transat ou dans son lit

Deux cas possibles:
- Bébé a dormi et vous l'entendez crier dans son lit. Avant de vous précipiter pour le prendre dans vos bras, attendez d'être sûr qu'il est bien réveillé, que son cycle de sommeil est terminé et qu'il vous appelle. Parfois, les bébés crient pendant leur sommeil, ou entre deux cycles, et il est recommandé de ne pas intervenir, afin de les laisser apprendre à replonger seuls dans une autre phase de leur sommeil. S'il est effectivement réveillé, que vous le prenez dans vos bras, et que ses cris ne se calment pas, posez-vous la question de la faim ou des autres besoins.
- Bébé est seul dans son siège et n'a pas dormi: il a peut-être sommeil, faim ou besoin de compagnie.
- Bébé vient d'être glissé dans son lit alors qu'il s'était endormi dans les bras. Si les cris diminuent, pas de problème: bébé se rendort. Si les cris augmentent, tout est à refaire: vous n'avez plus qu'à relever votre bébé et l'endormir de nouveau.

Et s'il ne se calme pas?

Il arrive, bien sûr, qu'aucun de ces cinq besoins ne soit en cause. Demandez-vous alors si bébé a soif, s'il a froid ou encore s'il est mouillé. Ou s'il a juste besoin d'être un peu dans vos bras. Restent tous les cas où vous ne savez pas, où vous n'avez pas réussi à apaiser votre bébé à temps. N'avez-vous pas compris ce qu'il demandait? Pleurait-il pour le simple besoin ou plaisir de crier? Difficile à dire. Ce qui est sûr, c'est qu'une certaine proportion de bébés, ceux dont on dit qu'ils ont des coliques, sont plus difficiles à comprendre et à satisfaire. Ils sont normaux, heureux et en bonne santé physique et psychologique, mais aussi excitables, impatients, sensibles. Leurs pleurs sont énergiques, persistants et sans raison apparente. Pour les parents, c'est très difficile à supporter. Heureusement, cela ne dure que quelques mois…

Jouer à plat ventre

Les bébés, que l'on couche sur le dos pour des raisons de sécurité, se montrent souvent réticents à être posés sur le ventre, alors qu'il s'agit d'une position plus intéressante lorsque le bébé est éveillé.

Vers trois mois, lorsque le bébé tient bien sa tête, il peut commencer à rester quelques minutes dans la position ventrale. L'enfant voit les jouets posés autour de lui, ce qui n'est pas le cas lorsqu'il est sur le dos avec une vue imprenable... sur le plafond.

Pour l'inciter à se tenir sur les avant-bras et à tonifier les muscles de son cou, vous pouvez, alors qu'il est allongé sur le sol:

- secouer un hochet juste au-dessus de sa tête;

- vous allonger aussi sur le sol et lui parler en face à face;

- lui tendre un objet.

Certains bébés détestent la position ventrale. Si c'est le cas du vôtre, inutile d'insister. Mieux vaut y revenir un peu plus tard, ou attendre qu'il soit capable de s'y mettre de lui-même, en se retournant.

Les bébés d'aujourd'hui sont-ils plus intelligents?

Les bébés seraient, de l'avis de tous - les chercheurs comme les grand-mères -, bien plus éveillés et plus précoces que les bébés d'autrefois. On pourrait croire tout d'abord que ce ne sont pas les bébés qui ont changé, mais le regard que l'on porte sur eux. Beaucoup plus attentifs et concernés par leur premier développement, nous prêtons intérêt à des détails d'attitude qui seraient autrement passés inaperçus. Mais la vérité est plus complexe que cela.

Leur environnement a changé

On sait depuis longtemps maintenant que le milieu, l'environnement et l'attitude de ceux qui l'entourent ont une influence importante sur le développement du bébé. Or, tous ces éléments ont beaucoup changé au cours de ces dernières décennies. Du fait de l'augmentation du niveau de vie et de la généralisation de la contraception, les femmes ont moins d'enfants et davantage les moyens de s'occuper d'eux correctement. Les conditions matérielles et psychologiques se sont donc grandement améliorées, ce qui a eu des répercussions sur le développement des enfants.

D'autre part, les conseils de puériculture, ainsi que la manière de s'occuper des bébés, ont beaucoup évolué. Il n'existe plus de bébés entièrement langés et confinés dans leur berceau pendant de longues heures d'éveil, sans autre source de stimulation qu'un rayon de soleil qui décline sur le mur. Les bébés d'aujourd'hui sont en grenouillère et souvent allongés sur le sol. Cette plus grande liberté de mouvement a incontestablement permis des progrès psychomoteurs importants. Dans les mois qui suivent, il est clair que les jeunes enfants « entraînés » par de nombreux jeux de psychomotricité ont une avance corporelle sur les autres... qui les rattraperont évidemment quelques mois plus tard.

La manière de s'occuper d'eux également

On sait que nos bébés nous comprennent: aussi, nous leur parlons dès la naissance. Nous leur faisons part de nos idées, de nos émotions, de nos projets; nous les interrogeons. Si bien que les enfants d'aujourd'hui, globalement, parlent mieux et plus tôt que

les enfants d'autrefois. Et alors, me direz-vous? Il semblerait que l'accès au langage permette un meilleur accès à des concepts un peu complexes, parce qu'abstraits. Parler serait une bonne manière d'entraîner son cerveau pour passer à des niveaux supérieurs de réflexion. Gardons-nous de toute généralisation: beaucoup de gens fort brillants ont parlé tard, et rien ne prouve jusqu'à présent que les enfants ne se rattrapent pas finalement au bout de quelques années.
Dès la naissance, nos bébés ont à leur disposition des hochets, des mobiles, des jouets, qui jouent un rôle de stimulant évident. Ils sont aussi souvent entourés d'autres bébés et ils apprennent les uns des autres. À la crèche, il y en a toujours un qui a une idée, que les autres reprennent. Ils s'observent, s'imitent, s'initient. À la maison, les parents ont tous admis l'idée que la curiosité n'est pas un défaut: on laisse le petit enfant explorer et faire ses expériences. À tous ses « pourquoi? », on tente de trouver une réponse. Enfin, ce que les chercheurs ont découvert sur les compétences des bébés a modifié profondément notre regard, nos attitudes éducatives.

Plus éveillés, oui, mais plus intelligents?

Tout cela aboutit au fait que les bébés d'aujourd'hui paraissent être effectivement plus éveillés et plus précoces que ceux d'autrefois. Mais éveil ou précocité ne sont pas synonymes d'intelligence. Les bébés d'autrefois, langés et confinés, sont finalement devenus des hommes et des femmes tout aussi intelligents que ceux d'aujourd'hui. C'est que l'intelligence ne se laisse pas si facilement définir ou manipuler. Elle n'est pas une mais multiple: au-delà de l'intelligence logique, verbale ou physique, il y a aussi l'intelligence des autres ou de soi-même, l'intelligence du cœur. Ces dernières demandent autre chose que des tableaux d'éveil pour se développer.
Nos enfants apprennent plus de choses. Par la télévision notamment, ils sont, très jeunes, « au courant de tout ». Mais, nous dit le généticien Albert Jacquard, « trop de savoir tue le savoir ». Car ce qui compte, ce n'est pas la somme des connaissances emmagasinées, mais la manière dont elles sont analysées et organisées. Les enfants d'aujourd'hui ont des connaissances que nous n'avions pas à leur âge, c'est évident, mais d'autres savoirs se sont perdus, liés à la connaissance de la terre et de la nature, aux réalités humaines et matérielles, et bien malin qui sait si nous avons gagné au change.
Alors, enfants plus éveillés? Oui, cela se constate tous les jours. Mais plus intelligents, ou plus à même demain de faire tourner le monde, personne ne pourrait l'affirmer.

Mémoire d'éléphant

Vers six mois, le bébé devient davantage capable de mémoriser et de montrer son intérêt pour certains objets.
Ce jeu est destiné à aider votre bébé à se souvenir de ce qu'il vient de voir. Asseyez-vous face à une table, votre bébé sur les genoux, face à la table également. Prenez un de ses jouets favoris et montrez-le-lui en parlant du jouet et en l'animant pendant quelques secondes. Puis posez le jouet sur la table et tournez votre bébé vers vous (dos à la table). S'il essaie de tourner sa tête, puis son corps, pour revenir à la position précédente et retrouver le jouet, aidez-le si nécessaire à y parvenir et félicitez-le comme s'il avait fait quelque chose de très bien.
Il se peut aussi que votre bébé ne montre aucune curiosité pour le jouet qui a disparu de son champ de vision. C'est seulement qu'il n'est pas encore prêt pour ce jeu: vous pourrez réessayer dans quelques semaines.

Quels sont les besoins d'un bébé?

Pour survivre, un bébé a besoin de nourriture, de chaleur, de paroles et d'amour. Cela, chacun le sait. Mais des études récentes sur les bébés sont allées plus loin. Elles ont mis en évidence ce qui était nécessaire au bébé sur le plan affectif pour se développer au mieux sur le plan intellectuel. En résumé, pas d'intelligence sans lien.

Les besoins de base

Pour s'éveiller au mieux et développer pleinement ses compétences, le petit enfant a un certain nombre de besoins de base qui doivent être satisfaits.

- Des parents qui l'aiment et qui s'occupent de lui. Mais il a aussi besoin de temps de solitude, où il apprend à tirer parti de ses propres ressources intérieures. Cela veut dire qu'il y a des moments où il est souhaitable de laisser son bébé tranquille, avec, à portée de main, de quoi s'occuper s'il le souhaite. De même qu'il a des besoins de sommeil, qui est un temps de récupération et d'organisation intellectuelle et un facteur essentiel d'équilibre, qu'il ne faut pas sous-estimer.
- Un espace et des objets à explorer, en toute liberté. Il est bon d'offrir à l'enfant de nombreuses stimulations pour lui éviter de s'ennuyer trop, mais un équilibre est à trouver: attention à l'excès. L'enfant a aussi besoin de gérer son temps, d'aller au fond des choses et d'apprendre à explorer toutes les ressources de ce qui l'entoure. Quant à l'ennui, à doses raisonnables, il incite à développer l'imagination.
- De la confiance en soi, laquelle se construit partiellement par la confiance que nous avons en notre enfant. Notre petit a besoin de savoir qu'il est aimé quoi qu'il arrive et qu'il est apprécié pour ce qu'il est vraiment. Il aime que l'on soit content de lui, que l'on s'intéresse à ses productions et à ses actions.
- De parole. Parler a un rôle humanisant et favorise l'éclosion de l'intelligence en servant de support à la pensée. Une parole riche, personnelle, affectueuse, aide l'enfant à se construire une représentation interne du monde et à y trouver sa place.

Une chambre intéressante

Bébé a besoin de stimulations pour se développer au mieux. Il aime s'intéresser à ce qui l'entoure. Sa curiosité est sans cesse en éveil et son intelligence en mouvement
La chambre du bébé est le lieu où il passe le plus de temps, et souvent des moments de tranquillité et de solitude. Elle est au cœur de son univers. Pourquoi dès lors ne pas faire de cette pièce un lieu d'éveil en lui-même, où le bébé se sentira entouré de choses intéressantes?
Une jolie chambre est sympathique, mais ce n'est pas une raison pour y laisser votre bébé pendant que vous vaquez dans les autres pièces. Ce qui l'intéressera, c'est, lorsqu'il est éveillé, de vous suivre de pièce en pièce, de vous voir vivre et de vous entendre commenter vos actions.

Le rôle de l'affectivité

Les études les plus récentes montrent clairement que le développement intellectuel d'un enfant est d'abord et très fortement lié à son développement affectif et au climat qui règne dans l'environnement de l'enfant. Le lien est si fort que les deux ne peuvent être dissociés. Une vie harmonieuse et équilibrée, un climat serein, ferme et bienveillant, une affection solide au fil des années: voilà ce qui peut servir de base à l'intelligence de l'enfant. Il a d'abord besoin de se sentir inclus dans une relation sécurisante et respectueuse.

Très tôt, le bébé a besoin de savoir qu'il peut agir sur le monde et qu'il peut compter sur les plus grands que lui, et notamment ses parents, pour le soutenir et l'aider dans son avancée. Cette assurance passe par les activités de la vie quotidienne. Sur cette base solide, l'enfant peut partir à la découverte du monde et de sa compréhension.

De l'utilité des câlins

Tout le monde sait que les bébés ont besoin de câlins et d'être pris dans les bras. Mais ce qu'on découvre maintenant va au-delà de ce simple constat: le contact physique parent-bébé aide directement au gain de poids, à la santé physique et au développement du cerveau.

Des études, menées par Field aux États-Unis, ont montré clairement que le toucher affectueux et les massages pouvaient améliorer le gain de poids de bébés tout petits. « Le toucher, dit Fields, stimule une branche d'un nerf crânien appelé le vagus végétatif. Il active le travail gastro-intestinal, libérant des hormones comme l'insuline, laquelle améliore le niveau d'absorption des aliments. » Selon d'autres recherches, le toucher affectif diminue le stress des bébés et augmente leur résistance immunitaire, ce qui a pu être mis en évidence par la mesure du cortisol dans leur urine. De la même manière, il a été mis en évidence que les mères attentives et affectueuses étaient plus susceptibles d'avoir des enfants bien éveillés.

Tout cela se tient. Chez le bébé, plus encore que chez l'adulte, on ne peut séparer les dimensions qui le composent. Parce qu'un enfant aura été câliné et aura vécu d'emblée au contact d'êtres humains chaleureux, sensibles aux besoins émis par leur bébé et capables de donner, il sera en meilleure santé physique, affective et intellectuelle. Il aura développé une sécurité intérieure de base et une confiance en l'autre qui lui permettront de se construire.

Voici quelques idées de décorations

La plupart sont amovibles et peuvent donc être renouvelées pour soutenir la curiosité de l'enfant.

- Décorez le plafond, surtout au-dessus du lit du bébé, de grands posters colorés, d'un cerf-volant, ou de grandes photos. Suspendez dans la pièce des objets légers qui volent dans les courants d'air: ballons de baudruche, guirlandes de Noël, oiseaux en papier, mobile léger, etc.
- Bébé adore les visages. Découpez-en dans les magazines et accrochez-les à côté de son lit.
- Collez sur les vitres des décorations comme on en vend à la période des fêtes ou de Pâques, ou bien fabriquez-en que vous découperez dans des feuilles de plastique adhésif.
- Bébé aime tout ce qui bouge: si vous avez un aquarium avec de jolis poissons, c'est dans sa chambre qu'il faut l'installer. Il a été montré que l'aquarium a aussi un effet calmant sur les jeunes enfants.

Comment choisir un mode de garde?

Le bon choix, c'est le vôtre, car alors bébé se sentira bien, en confiance. La première chose à faire est donc de s'interroger sur le mode de garde que l'on préfère. La rubrique suivante, sur les avantages et les inconvénients de la crèche collective, pourra vous y aider. Puis il est temps de se mettre à la recherche des possibilités correspondantes existant dans sa commune, son quartier, son entreprise.

Le bon choix est le choix possible

Le bon choix est rarement un choix idéologique et il n'y a pas, dans l'absolu, un mode de garde meilleur que les autres. Mais il y en a un qui vous correspond mieux, pour une raison ou une autre, qui est pratique, où vous vous sentez en confiance et où votre enfant a une bonne chance d'être accueilli. Celui-là sera sûrement le bon.

Trois mois après la naissance de votre bébé, il vous faudra déjà le déposer le matin dans des bras mal connus et reprendre le chemin du travail. Pour que cette reprise se fasse en toute confiance, il va vous falloir, d'ici là, vous livrer à une véritable enquête, déployer des trésors d'ingéniosité, de séduction et d'intuition et déjouer de nombreux pièges.

Cette période de recherche d'un mode de garde provoque un stress non négligeable et demande une grande patience. Mais, au bout de ce parcours, vous aurez certainement trouvé un lieu favorable, où vous serez certaine de laisser votre petit dans les bras affectueux d'une personne compétente, attentive à ses particularités, consciente de ses besoins, respectueuse de ses rythmes et désireuse de l'éveiller aux mille découvertes de la vie.

Le bon choix tient compte de votre situation financière, de vos contraintes professionnelles et des places disponibles. Bien souvent, il est prudent de s'inscrire dans plusieurs établissements ou de prévoir une solution de rechange au cas où votre enfant ne serait pas admis là où vous le souhaitez. À la crèche, vous n'aurez souvent la réponse qu'en juin pour une entrée en septembre.

N'attendez pas le dernier moment

C'est le plus souvent vers six mois de grossesse qu'il faut se préoccuper de trouver un mode de garde pour le bébé à venir. Le service de la petite enfance de votre mairie vous informera sur les délais à respecter: ne tardez pas à vous y rendre et à poser toutes les questions sur les possibilités de garde qui s'offrent à vous, les démarches à effectuer, les papiers à fournir, etc.

Les relations de voisinage sont souvent une bonne source d'informations, mais la mairie du lieu de domicile et le centre de P.M.I. restent les lieux essentiels pour se procurer la liste des crèches collectives ou familiales et les adresses des assistantes maternelles agréées. Les inscriptions pour les crèches sont à faire sans tarder, soit à la mairie, soit directement auprès de la directrice de l'établissement, selon le règlement en vigueur. Les prises de contact avec les assistantes maternelles libres peuvent également commencer en milieu de grossesse.

Quelques éléments importants du choix

Votre lieu de résidence

Près de la moitié des places en structure collective se trouvent dans la région Île-de-France. Les autres sont réparties principalement dans les grandes agglomérations. Cela signifie que si vous habitez dans un village ou dans un bourg, vous avez intérêt à vous orienter vers la crèche familiale ou l'assistante maternelle.

Vos horaires professionnels

Les crèches collectives ou familiales ont, sauf exceptions, des horaires stricts d'ouverture et de fermeture. Elles tolèrent mal les parents aux horaires professionnels variables et qui peuvent être amenés à déborder sur les heures d'ouverture. Si vous commencez très tôt le matin, si vous finissez tard le soir, si vous travaillez de nuit, et si vous ne pouvez pas alterner de façon satisfaisante avec votre conjoint, la crèche n'est pas pour vous.

Vos moyens financiers

En crèche, le prix de journée que vous aurez à acquitter pour votre enfant sera calculé en fonction de vos revenus, de vos charges et du nombre de vos enfants. Ceci peut s'avérer très avantageux pour les couples à faibles revenus, mais très onéreux pour les couples à hauts revenus. Chez une assistante maternelle, le prix de journée est fixe et varie relativement peu de l'une à l'autre.

Votre préférence personnelle

Le choix essentiel se situe là. Trois grandes options s'offrent à vous: le placement de votre enfant en collectivité, son accueil dans une famille ou son maintien à la maison avec une garde à domicile.

Préférez-vous que votre enfant soit accueilli dans une structure relativement importante, dotée d'un règlement, où, même s'il est confié à une auxiliaire de référence qui s'occupera de lui de manière privilégiée, il sera en contact avec plusieurs adultes et de nombreux enfants, ou bien préférez-vous le déposer dans une structure de type familial, où une assistante maternelle unique prendra soin de lui toute la journée, avec un ou deux autres enfants seulement? Préférez-vous trouver une personne de confiance qui viendra à votre domicile s'occuper de votre bébé, vous évitant ainsi de le changer de lieu chaque matin? Il s'agit bien là d'une question de sensibilité personnelle. Vous seuls, parents, pouvez faire ce choix.

Les besoins de votre bébé

Vous serez convaincus que vous avez fait le bon choix pour votre bébé si vous sentez que, dans cet endroit où vous allez le laisser, ou avec cette personne, ses besoins essentiels seront satisfaits et qu'il s'y sentira heureux.

- **Besoin d'affection, de tendresse et de stabilité.**
- **Besoin de calme, d'encadrement, de joie de vivre.**
- **Besoin de respect pour son développement, son rythme, son individualité, ses découvertes.**
- **Besoin de paroles, d'échanges, de mots vrais qui humanisent la relation.**
- **Besoin d'éveil et d'ouverture sur le monde, sur la vie, sur les autres.**
- **Besoin d'une bonne entente entre les parents et celle à qui ils l'ont confié.**

Quels sont les avantages et les inconvénients de la crèche?

Bien connaître les caractéristiques d'un mode de garde, c'est pouvoir faire, en connaissance de cause, le choix d'y inscrire ou non son enfant. Si la crèche est un lieu de vie formidable, elle n'est pas pour autant le mode de garde miracle pour tous les enfants ou toutes les familles.

Les avantages

- La crèche accueille votre enfant tous les jours ouvrables. Elle ne tombe pas malade, ne déménage pas et ne prend pas de vacances.
- Elle garantit pour tous l'égalité de traitement et de soins.
- Dans toutes les crèches publiques, les tarifs sont modulés selon les revenus de la famille, ce qui peut être un bénéfice économique considérable.
- L'enfant est bien surveillé sur les plans de l'hygiène, de la santé, de la nutrition et de la sécurité. Le personnel est formé pour faire face à l'urgence médicale.
- C'est un milieu rassurant car l'enfant est confié à un personnel formé à la puériculture et divers dans ses compétences (éducatrice, puéricultrice, psychologue, etc.).
- Du fait du côté « institution » et de la dilution des rôles, la mère reste sans conteste le personnage central et essentiel dans l'éducation de l'enfant.
- L'enfant est au contact précoce d'autres enfants, ce qui est une source d'enrichissement et de socialisation.
- L'espace est important et les jeux multiples. Les possibilités de stimulation du développement intellectuel et moteur sont nombreuses. Tout un travail est fait en vue d'un développement équilibré de l'enfant et l'acquisition progressive de son autonomie.

Mais les inconvénients existent aussi...

- Les horaires d'ouverture, rigides, ne conviennent pas à toutes les situations professionnelles. Quant aux enseignants, qui bénéficient des mercredis libres et des vacances scolaires, ils se voient

La crèche collective d'entreprise

Les crèches d'entreprise sont généralement de très bonne qualité. Comme salariée, vous êtes pratiquement assurée d'y trouver une place pour votre bébé, et ses horaires suivent les vôtres. Ceci est précieux dans les emplois hospitaliers, par exemple, ou bien dans tout emploi où les mères peuvent être appelées à travailler de nuit, ou simplement hors des horaires habituels des crèches.

L'inconvénient pour le bébé risque d'être, dans certains cas, la durée des transports qui lui sera imposée, la même que celle de sa mère. Dans un lit ou un siège d'auto, le bébé dérangé dans son sommeil peut espérer se rendormir. Mais dans le bus ou le métro ? L'autre inconvénient, pour la mère celui-ci, est que, si elle change d'emploi ou de lieu de travail, elle perd sa place en crèche.

contraints de payer un forfait de vingt jours par mois, huit mois et demi par an.

- La collectivité impose un haut niveau de bruit et d'activité à l'enfant, ce qui lui fait des journées bien longues. Les parents récupèrent souvent un enfant fatigué.
- La multiplicité du personnel et le fait que les horaires de chacun « tournent » ne facilitent pas l'établissement par l'enfant de liens affectifs réels et sécurisants.
- La loi du groupe est parfois contraire aux intérêts individuels: manque de prise en compte des particularités et du rythme de chacun, frustration dans ses désirs, obligation d'attendre son tour pour être nourri ou changé, obligation de subir les cris, les pleurs ou les agressions des autres enfants, trop faibles contacts individuels avec l'adulte, etc. Ces inconvénients varient cependant d'une crèche à l'autre, selon son organisation et la réflexion qui est menée autour de l'enfant.
- Les contaminations microbiennes et virales, que certains pédiatres nomment « la crèchite », sont fréquentes. L'enfant en crèche est souvent atteint d infections rhino-pharyngées, aux conséquences généralement bénignes. Même si la crèche ne rejette plus, comme c'était le cas précédemment, l'enfant malade, on ne peut pas dire que ce soit le lieu idéal lorsque l'on est fiévreux. Les parents d'un enfant en crèche se voient donc souvent contraints soit de prendre des journées de congé pour garder leur enfant, soit de mettre sur pied une solution de dépannage efficace. Pour certains enfants d'une santé plus fragile que d'autres, il peut s'agir là d'une contre-indication à la crèche collective.

La crèche parentale

Bien organisée, elle présente les mêmes avantages et les mêmes inconvénients que les autres crèches.

Structure plus petite, avec moins d'enfants, elle est plus familiale et conviviale que la crèche collective municipale. Elle s'appuie souvent sur un projet éducatif et pédagogique auquel chaque parent adhère. Elle requiert également une participation hebdomadaire des parents au fonctionnement de la crèche, donc exige une vraie disponibilité et une implication très supérieure à ce qu'elle est dans les autres modes de garde. Les familles qui ont expérimenté ce mode de garde sont souvent enthousiastes.

Et la grand-mère?

Quand cette solution est possible, elle est bien sûr fort pratique, économique et affectivement très enrichissante pour le bébé. Les seuls inconvénients pourraient venir des liens qui unissent la mère du bébé à sa propre mère ou à sa belle-mère, selon les cas. Tout conflit latent ou larvé sera mal vécu par l'enfant.

Attention à se mettre bien d'accord sur les règles éducatives appliquées à l'enfant. Attention également à ne pas trop se reposer sur la grand-mère: c'est la mère qui doit rester la mère, et donc récupérer son enfant le soir et le week-end. C'est à elle qu'il revient de donner le bain, d'emmener l'enfant chez le médecin, etc. Le grand-père ne doit pas non plus assurer le rôle du père. Attention aux confusions et aux débordements. Et un bébé est une lourde charge…

Les bonnes questions à poser pour choisir une assistante maternelle

- Est-elle agréée?
- Combien d'enfants garde-t-elle?
- Où l'enfant dormira-t-il et où aura-t-il le droit de jouer? Quel espace est prévu pour lui? Quelles pièces lui sont interdites?
- Quelles sont les activités proposées à l'enfant? De quels jeux dispose l'assistante maternelle? Sort-elle l'enfant tous les jours? Y a-t-il un espace vert à proximité?
- Quelle est la place de la télévision dans la journée?
- Quels sont ses principes éducatifs? Que fait-elle si l'enfant refuse de manger? À quel âge le met-elle sur le pot?
- A-t-elle des enfants? Quel âge ont-ils?
- A-t-elle des animaux familiers?

Quels sont les avantages et les inconvénients de l'assistante maternelle?

Il est difficile de parler des assistantes maternelles en général, tant des différences importantes peuvent exister de l'une à l'autre. Il s'agit là aussi bien d'un avantage que d'un inconvénient. D'un côté vous n'êtes pas assuré d'une pratique pédagogique suivie ou particulière. D'un autre côté, en prenant le temps de chercher, vous pouvez trouver la personne qui vous convient vraiment.

Les avantages

- L'enfant est dans un milieu familial, dans un vrai foyer. Cela le met dans un univers plus « vrai » que celui de la collectivité, plus varié. L'enfant est mêlé à un univers adulte et à des objets du quotidien, ce qui, en soi, est plus enrichissant et plus riche d'expériences qu'un univers spécifiquement « bébé ». L'enfant va au square, va au marché ou dans les magasins, il va chercher les « grands » à la sortie de l'école: il découvre la vie réelle.
- L'enfant est mêlé également à des gens d'âges variés: les autres bébés gardés par l'assistante, ses propres enfants, les différents membres de sa famille vivant au foyer. Cela permet des relations différentes et des possibilités d'imitation variées. Les petits sont toujours heureux de jouer avec des enfants plus grands, lesquels apprennent aussi beaucoup au contact des bébés.
- L'assistante qui ne garde qu'un ou deux jeunes enfants est bien plus à même de les connaître en profondeur et de respecter leurs besoins et leurs rythmes. Le bébé peut être réellement « materné », ce dont il a grand besoin à cet âge, et vivre dans une vraie tranquillité, ce qui est impossible en collectivité. La relation à l'adulte est suivie, individualisée, affectueuse et permanente, ce qui est un bon stimulant pour son développement affectif et intellectuel.
- Les horaires de l'assistante maternelle sont plus souples que ceux de la crèche. Vous vous mettez d'accord avec elle, lors de la signature du contrat, sur les heures d'arrivée et de départ de l'enfant. Si elles sont acceptées et si vous vous y tenez, tout se passera bien. Certaines assistantes acceptent une garde de nuit ou du samedi matin pour les professions qui l'imposent.

- En cas de petites maladies, si fréquentes les premières années, il est possible de déposer malgré tout son enfant chez l'assistante maternelle, sachant que l'on prendra soin de lui, que l'on adaptera les activités et les sorties à son état et qu'il pourra se reposer autant qu'il le désire.
- L'assistante maternelle accepte parfois de continuer à recevoir l'enfant après son entrée à l'école maternelle, soit pour le déjeuner, soit après la classe, soit même à mi-temps pendant les premiers temps. Cela permet une grande souplesse aux parents, protège l'enfant de trop grandes journées passées en collectivité et assure en douceur la continuité d'un lien affectif important pour l'enfant.

Mais les inconvénients existent aussi…

- Certaines mères supportent mal la force de l'attachement qui unit leur enfant à son assistante maternelle et se placent en position de rejet, de jalousie ou de rivalité. Si ces choses-là ne sont pas exprimées, elles peuvent déboucher sur des malentendus douloureux et une difficulté pour l'enfant d'arriver à se situer.
- Il est impossible aux parents de sélectionner leur assistante maternelle en toute connaissance de cause, comme de savoir précisément ce qui se passe chez elle et ce que vit l'enfant durant la journée. Il y a une obligation de confiance, ce qui décourage parfois les parents anxieux.
- Les changements d'assistante maternelle, soit temporaires (ses vacances ne correspondent pas aux vôtres), soit définitifs, sont toujours vécus douloureusement par l'enfant.
- La place dont dispose l'enfant et l'équipement en jouets sont parfois limités. Les qualités affectives et éducatives de l'assistante seront alors déterminantes pour le développement de l'enfant.

Finalement, avec une assistante maternelle, c'est la qualité du premier contact qui sera déterminante. Fiez-vous à ce que vous ressentez de la personne et de son environnement, interrogez des parents dont elle a déjà gardé les enfants et, si tout cela est positif, faites-lui confiance !

La crèche familiale

On nomme ainsi le regroupement d'assistantes maternelles agréées au sein d'une structure commune. Les enfants sont gardés au domicile de l'assistante maternelle, mais le personnel de la crèche, généralement une directrice puéricultrice et une éducatrice de jeunes enfants, veille au bon développement des enfants qui lui sont confiés et intervient dans toutes les étapes des relations entre les parents et les assistantes maternelles.

La formation obligatoire

Toutes les assistantes maternelles agréées sont tenues d'effectuer une formation professionnelle, prise sur leur temps de travail, d'une durée de soixante heures, dans les cinq ans qui suivent leur agrément. Cette formation est organisée par le Conseil général du département et les services de P.M.I.

Comment adapter bébé à son mode de garde?

Vous avez fait tout ce qu'il fallait, suivi le parcours du combattant, et cette fois ça y est: vous avez une place à la crèche pour votre bébé. Ou vous avez trouvé l'assistante maternelle en or. Vous voilà rassurée sur l'essentiel: bébé sera bien pris en charge à la date de votre reprise d'activité, par des professionnels formés à l'accueil des tout-petits, dans un cadre agréable. Cette légitime satisfaction est vite suivie d'une inquiétude: mon enfant ne va-t-il pas souffrir de cette séparation? Sera-t-il heureux? Certainement oui, avec un peu de temps et quelques conseils simples.

Se préparer doucement à la séparation

L'âge de la séparation est important. Entre quatre et sept mois, l'enfant est sensible à l'absence de sa mère, qu'il considère encore comme partie intégrante de lui-même, mais son départ ne suscite pas d'inquiétudes particulières. L'attention doit porter sur la douceur de l'habituation et sur la nécessité de renouer chaque soir une relation complice et privilégiée. Vers huit ou neuf mois, le bébé traverse une période d'angoisse de séparation: il s'agrippe à sa mère. Toute séparation qui commence à cet âge doit se faire avec une attention et une réassurance toutes particulières.

À partir d'un an, l'enfant sait que ses parents vont revenir le chercher le soir: il est donc moins inquiet, mais toujours apte à manifester son désaccord. L'adaptation sera plus facile pour celui qui aura déjà été séparé de sa mère que pour celui qui sort d'un tendre tête-à-tête…

Une séparation, cela se prépare. Il est préférable que la maman qui allaite évite de sevrer son bébé dans les jours qui précèdent l'entrée à la crèche ou chez l'assistante maternelle. Perdre à la fois le sein, la maison et maman, rendrait les choses beaucoup plus difficiles. Même en se donnant deux semaines pour introduire les biberons, il est toujours possible de garder deux tétées matin et soir pendant encore quelques temps.

Il n'est pas souhaitable non plus que l'entrée à la crèche soit la première séparation du bébé et de sa maman. Faire garder son bébé une heure ou un après-midi, par une grand-mère ou une

Respecter ses petites habitudes

En prévision du premier jour de crèche, préparez une liste destinée à son auxiliaire de référence. Vous y noterez tout ce qu'il est, à votre avis, important de savoir concernant le bien-être de votre bébé:
- ses habitudes de sommeil (position, durée, etc.);
- ses habitudes de repas (heures, quantité, etc.);
- ses rythmes, ses joies, ses déplaisirs, son caractère;
- ses petits troubles, ses fragilités, ses maladies.
L'auxiliaire sera heureuse d'avoir toutes ces informations par écrit et elle pourra s'en servir pour mieux accueillir votre bébé. En effet, les efforts des premiers jours consistent à atténuer le plus possible l'inquiétude de l'enfant liée au changement de milieu, en tenant compte au maximum de ses habitudes à la maison.

baby-sitter de confiance, cela habitue l'enfant aux départs suivis de retours. Et le père? Le laissez-vous prendre des initiatives lorsque vous quittez la maison? Avez-vous confiance dans son aptitude à materner, ou bien préférez-vous avoir l'œil à tout? Il va falloir apprendre à déléguer…

La douceur de l'adaptation

À quatre ou cinq mois, l'enfant n'a ni les moyens de comprendre sa nouvelle situation, ni ceux d'exprimer sa détresse. D'où la nécessité de l'adapter très progressivement à sa nouvelle vie. Chaque crèche, chaque assistante a ses habitudes, qui sont expliquées aux parents. Une à deux semaines sont généralement nécessaires pour l'adaptation. Cela implique de prendre du temps pour rester avec son bébé, pendant quelques jours, le temps pour lui d'élaborer des repères et de se familiariser. Puis de le laisser seul très progressivement, d'abord une heure, puis le temps d'un repas, etc.

Les premiers temps de la séparation, le bébé fera de petites journées. Peu à peu, il apprendra à s'y retrouver dans deux cadres de vie et parmi les personnes qui prendront soin de lui.

Pour que bébé ne se sente pas « perdu »

Protéger la sécurité intérieure du bébé reste l'élément essentiel, qui fera qu'il ne souffrira pas de ces séparations quotidiennes. Cela se fait par petites touches:

- Le jeune bébé est sensible aux odeurs: glisser dans son petit lit un foulard que sa maman a porté quelques jours lui rappellera sa présence.
- Emmener quelques jouets, hochets ou peluches auxquels il est habitué aidera l'enfant à faire le lien entre son mode de garde et la maison.
- Ce lien sera encore renforcé si les parents prennent un petit temps, matin et soir, pour échanger avec le personnel les menues informations qui font le quotidien et le bien-être de l'enfant.
- Savoir dire au revoir à son bébé, après un petit câlin, tranquillement mais sans traîner, fait partie des signes qui le rassurent vraiment. Il ne faut pas oublier que l'anxiété du bébé fait souvent écho à celle de sa mère!

La plupart des enfants sont heureux là où ils sont gardés. Dans peu de temps, le vôtre s'y rendra avec joie. Surtout si vous n'oubliez jamais que le temps qu'il vous reste à passer ensemble doit être du temps disponible et de qualité. Alors laissez tomber l'aspirateur ou les soucis professionnels, détendez-vous, et faites du temps partagé de riches moments d'échange et d'amour.

Mettre des mots sur l'expérience

Il est important de mettre des mots sur ce qui se passe et de s'en expliquer calmement, clairement et à plusieurs reprises avec l'enfant, quel que soit son âge. Le pire pour l'enfant serait d'être déposé, un matin, sans explications.

Comme chaque fois que l'enfant se trouve confronté à une épreuve ou à une situation qu'il ne connaît pas encore, il faut lui en parler, même si l'on ne croit pas qu'il puisse tout comprendre. Il faut lui parler de l'auxiliaire de puériculture qui s'occupera de lui, lui présenter les autres personnes qu'il verra chaque jour, lui faire visiter les lieux en les nommant, etc. Expliquer les choses de cette façon, en présence de l'auxiliaire, aide à les rendre supportables. Le bébé se sent capable, et autorisé, à aller vers le monde et à nouer des liens affectifs hors de sa famille.

La baby-sitter, la première fois

Comment confier son bébé à une baby-sitter et partir tranquille?

Voilà une question cruciale pour bien des parents qui reculent de mois en mois le moment de confier leur bébé un soir, pour la première fois, alors qu'ils auraient bien besoin, souvent, de se faire une petite soirée en tête à tête. Mais un jour vient où tous les parents sont confrontés à la nécessité de faire garder leur bébé ou leur enfant par une (ou un) baby-sitter. Obligations professionnelles ou sorties en amoureux, les occasions ne manquent pas.

Pour ne pas se trouver pris au dépourvu, il est souhaitable d'avoir toujours sous la main une liste régulièrement mise à jour de jeunes gens ou de jeunes filles en qui vous avez toute confiance et qui peuvent vous dépanner. Voyons comment s'y prendre pour laisser son enfant d'un cœur tranquille, sans inquiétudes excessives.

Choisir la baby-sitter

- Quelqu'un que vous connaissez déjà est toujours préférable: pensez aux grands enfants de vos amis et voisins, aux jeunes filles qui travaillent à la crèche, aux étudiants de votre immeuble, etc.
- Le bouche à oreille est un très bon moyen pour trouver une personne de confiance, quelqu'un qui vous sera chaudement recommandé par un « employeur » précédent. Livrez-vous à une enquête de voisinage.
- Si vous employez une baby-sitter inconnue, demandez-lui de passer vous voir dans les jours précédant votre sortie, afin de faire sa connaissance et de voir comment elle se comporte avec votre enfant.
- Dans votre choix, n'oubliez pas que le bon sens, la maturité et la gentillesse comptent autant que l'expérience.
- Essayez d'employer chaque fois la même baby-sitter: votre enfant s'habituera à sa présence. Mais prévoyez toujours une ou deux autres personnes à appeler en cas d'indisponibilité!

Organiser son absence

- Achetez un petit carnet à usage des baby-sitters, que vous garderez en permanence près du téléphone. Vous y noterez toutes

Savoir se séparer

Certains parents ont beaucoup de mal à confier leur bébé à une baby-sitter, ou se sentent coupables lorsqu'ils sont obligés de le faire. Il est vrai que les petits ont besoin de leurs parents, et d'une continuité dans les soins. Vrai aussi qu'un enfant, confié toute la semaine, a plaisir à retrouver ses parents le soir et le week-end. Aussi, inutile de se forcer à confier son petit si on sent que le moment n'est pas venu ou que la confiance n'est pas là.

Mais les enfants ont aussi besoin de sentir que leurs parents ont une vie en dehors d'eux, des amis, des sorties. Besoin de sentir que papa et maman s'aiment et que la relation qui les lie est forte. Que les parents se ménagent des moments d'intimité, hors du foyer, est une bonne chose.

L'enfant à sa « juste » place ne prend pas « toute » la place.

les choses importantes à savoir. Les consignes écrites sont toujours plus sûres que celles enchaînées rapidement dans le stress du départ.
- Préparez à l'avance tout ce dont la baby-sitter aura besoin: biberon, lait, couches, crème, pyjama, petit livre, etc.
- Demandez-lui d'arriver un quart d'heure avant votre départ afin de pouvoir vous expliquer calmement et sans précipitation.
- Mettez votre nouvelle baby-sitter à l'aise en lui faisant visiter les pièces principales de la maison, en lui expliquant le fonctionnement du téléviseur, etc.

Se séparer sans drame

- Votre enfant ne pleurera pas à votre départ si vous cachez une petite surprise dans la maison, qu'il n'aura le droit de chercher qu'après votre départ. Mais n'oubliez pas de mettre la baby-sitter dans la confidence!
- Cet objet mis de côté à cette intention (un petit jouet ou une babiole suffisent), vous pouvez aussi le faire offrir par la baby-sitter: elle sera mieux acceptée.
- Préparez un petit menu spécial que l'enfant aime particulièrement et qu'il partagera avec la baby-sitter. Manger ensemble crée des liens!
- Vous pouvez aussi autoriser l'enfant, exceptionnellement ce soir-là, à regarder une nouvelle cassette de dessins animés avant de se mettre au lit.
- Ne partez surtout pas quand votre enfant dort ou qu'il a le dos tourné. Expliquez-lui plutôt, quel que soit son âge, que vous sortez le temps du dîner et que vous allez revenir lorsqu'il dormira. Quelle que soit la réaction de l'enfant à l'annonce de votre départ, même s'il pleure ou proteste, cela vaudra toujours mieux que de ne pas l'informer.
- Votre enfant a un peu de mal à se séparer de vous? En lui disant « au revoir », faites-lui « un baiser qui marque ». Mettez du rouge à lèvres et déposez un gros baiser sur le dos de sa main. Il sera content et amusé par cette trace de votre bouche qu'il peut garder. Autre idée: déposez une goutte de votre parfum au creux de son poignet.

Cela fait, vous pouvez partir en toute quiétude.
Un dernier conseil: allez où vous avez dit, prévenez la baby-sitter d'un changement de programme et rentrez à l'heure dite. Bonne soirée!

Le petit carnet indispensable

Dans la première partie, inscrivez:
- les habitudes de votre enfant,
- ses peurs et ses petits plaisirs,
- ses jeux préférés,
- le déroulement du rituel du soir,
- s'il suit un traitement, etc.

Sur les pages suivantes, inscrivez les numéros de téléphone:
- du médecin habituel,
- du service médical d'urgence,
- des pompiers,
- des proches voisins.

En fin de carnet, écrivez:
- la date du jour,
- la façon de vous joindre en cas d'urgence,
- votre heure approximative de retour.

mam

colères

an

papa

heure du lit

pédiatre

apprentissages
précoces

Et les pères au foyer?

Cette manière différente qu'ont les pères d'entrer en relation avec leur petit enfant et de s'occuper de lui se retrouve dans tous les milieux sociaux ou culturels. Elle se retrouve même chez les pères qui restent au foyer avec les enfants pendant que la mère travaille. Même si le père est celui qui prend le plus soin du bébé au quotidien, il ne le fait pas comme une mère. Et cette différence s'observe pendant toute la petite enfance.
Alors, papa qui hésitez à vous investir à temps plein dans la prise en charge de vos petits enfants, n'hésitez pas. Faites-le à votre idée, sans tenter de vous comporter « comme sa maman ». Soyez un vrai papa, proche de son enfant, et ce dernier ne manquera de rien.

Papa et maman sont différents... tant mieux

Le bébé est malin comme tout, et cela, dès les premières semaines de sa vie. Il a déjà des aptitudes certaines pour le langage et les mathématiques... Mais là où il est le plus doué, c'est sans nul doute pour les rapports humains. Des recherches récentes ont bouleversé les conceptions que l'on avait sur l'attachement et les relations précoces que le bébé entretient avec ses parents.

Une maman, c'est primordial...

Pour un bébé, s'attacher à ses semblables est aussi vital que manger. Ce n'est pas un apprentissage: c'est un besoin impérieux qui est là d'emblée. Sa survie en dépend. Bien évidemment, sa mère est en première ligne. Comme c'est elle, prioritairement, qui allaite, lange, berce et pouponne, elle est reconnue et aimée la première. C'est à elle qu'il revient de décoder les signaux de son bébé et d'y répondre de manière appropriée. Pleure-t-il d'ennui ou de fatigue? Elle va apprendre à traduire. Pour un tout-petit, impossible de bien se développer sur le plan intellectuel ou physique si on n'est pas heureux. Les études sont formelles: les bébés souvent pris dans les bras, qui se sentent aimés et entourés, se développent mieux que les autres. La maman disponible fait l'enfant curieux de tout. C'est l'amour qui pousse à agir, apprendre, découvrir et progresser.
Mais très vite, elle va partager regards, gazouillis, sourires, avec un autre dont l'importance va croître au fil du temps: le papa. On va le voir: son rôle est tout aussi important.

Les pères sont différents

Le père a un rôle spécifique à jouer, justement parce que son comportement est différent de celui de la mère. Il ne s'occupe pas de son enfant de la même façon, et c'est cela dont ce dernier a besoin. Le bébé distingue ses parents dès sa naissance, mais, vers six mois, il va montrer une différence nette entre eux: maman arrive dans sa chambre? Il se calme. C'est papa? Il est en éveil, comme stimulé par la présence de son père. Tout son corps semble dire: « Chic, on va s'amuser! »
C'est d'ailleurs bien ce qui se passe. C'est avec papa que l'on saute en l'air, qu'on joue au cheval ou qu'on se roule par terre. Avec

maman, on fait un puzzle ou on regarde un livre. C'est prouvé: les pères préfèrent les jeux physiques avec leur bébé, quand on se touche, alors que les mères préfèrent les jeux visuels… et les gros câlins. Or ces jeux corporels avec papa jouent un rôle non négligeable dans le développement de l'équilibre et l'aisance du corps.

Quand une maman prend son bébé dans ses bras, elle a une façon bien à elle de le tenir et elle le tiendra de cette façon neuf fois sur dix. Le papa, lui, s'il prend son bébé dix fois, le fera de neuf façons différentes: sur le bras droit, sur le bras gauche, sur l'épaule, sur la hanche, tenu entre les jambes ou à la taille, etc.

L'importance des papas

Ce que fait maman rassure; ce que fait papa stimule. Maman protège son petit, papa l'aide à prendre son autonomie. C'est ainsi que l'on peut le plus simplement résumer ce qui les distingue. Et bébé a besoin des deux.

Prenons encore quelques exemples

Le père laisse, davantage que la mère, son petit enfant s'éloigner hors de sa vue et va le laisser ramper bien plus loin avant de le rattraper. Passion pour le journal du soir? Indifférence au danger? Pas du tout: respect du désir d'explorer. Quand le petit est confronté à une situation délicate et nouvelle pour lui, la mère se rapproche de lui, visant à le rassurer. Dans le même cas, le père, lui, reste en arrière et laisse l'enfant se débrouiller tout seul. Il intervient aussi moins souvent dans les activités de l'enfant et dans ses jeux pour résoudre les tâches à sa place. Simple négligence? Non plus: incitation à grandir et à faire face aux situations.

Une vie en « stéréo »…

Ces différences nombreuses et spontanées dans les attitudes des parents offrent au bébé équilibre et enrichissement. Il n'y a pas une manière de se comporter avec l'enfant qui soit meilleure que l'autre: les deux contribuent à son épanouissement. Si le père participe à l'éducation, le bébé semble pousser plus fort, plus malin, et mieux contrôler son impulsivité. Il pleure moins lorsqu'il est séparé de ses parents ou mis en présence d'un étranger. Il explore davantage. Même des années plus tard, il semble mieux se développer intellectuellement. Il se contrôle davantage et montre une meilleure adaptation sociale.

Au fond, ce que fait le père, c'est inventer pour l'enfant un lien entre l'univers maternel, protecteur et rassurant, et le monde du dehors, attirant mais inquiétant. Maman sécurise et papa permet d'aller de l'avant: bébé a besoin des deux.

Et en ce qui concerne le langage?

Bébé ne parle pas de la même manière à ses deux parents. Âgé de dix-huit mois ou de deux ans, bébé gazouille ou baragouine. Comme maman le comprend très bien comme cela, il ne fait avec elle aucun effort de langage. Il montre du doigt, pointe les biscuits d'un air entendu ou secoue la tête pour refuser sa purée de haricots. Il compte sur elle pour le comprendre « à l'instinct ».

Mais papa, lui, est moins familier avec le « petit langage » de son enfant, si bien qu'il l'oblige à mieux s'exprimer s'il veut se faire comprendre. Résultat: bébé fait avec papa des efforts et des progrès qu'il ne ferait pas autrement.

Il vous comprend

Bébé parle peu? Soit, mais il vous comprend beaucoup mieux qu'il ne s'exprime. Alors, vous, n'hésitez pas à vous adresser à lui pour commenter les événements de la vie quotidienne. Avec ses moyens à lui, il saura trouver le moyen de dialoguer et entrera peu à peu dans un véritable échange.

Pour ou contre les apprentissages précoces?

Tous les parents aiment leur bébé…

Tous veulent le meilleur pour lui et lui donner les meilleures cartes pour réussir dans la vie. Les découvertes nombreuses sur les compétences des bébés et leur merveilleuse aptitude à apprendre ont donné des idées à un certain nombre de gens, parents ou professionnels, soucieux que les bébés ne perdent pas ce temps précieux. L'idée qui sous-tend toutes ces activités est la suivante: plus le bébé sera stimulé, et plus ces apprentissages seront précoces, plus l'enfant sera intelligent et bien armé dans l'existence.

Cette idée a conduit certains à proposer aux parents des méthodes d'apprentissages précoces à appliquer à leur bébé (quand ce n'est pas à leur fœtus). À six mois, on lui apprend du vocabulaire sur des planches, à un an, on lui apprend à lire, à deux ans, il commence le violon et une première langue étrangère, etc. Ces méthodes relèvent plus du gavage que de l'apprentissage et nient tout ce qui fait le désir et l'individualité de l'enfant. Les résultats, à court comme à long terme, sont souvent affligeants, mais seules les performances extraordinaires atteintes par certains sont mises en avant… non les dégâts que cela entraîne.

Tout n'est pas joué à six ans

Une théorie qui cherche à nous convaincre que nos bébés ont tous du génie est évidemment tentante. Quel parent ne souhaiterait essayer? D'autant qu'on nous persuade que cette période de grande réceptivité aux apprentissages est brève: si on ne démarre pas très tôt, c'est fichu, définitivement!

Celui qui aurait raté son départ dans la vie pour cause d'impondérables n'aurait aucune chance de se rattraper. Ce qu'on disait sur le plan psychologique, certains l'affirment maintenant sur le plan intellectuel, et justifient ainsi toutes les dérives, tous les abus. Qu'en penser? L'enfant, à sa naissance, a tout à construire. On comprend aisément que les premiers mois et les premières années, traçant les premières marques et les premiers souvenirs dans le cerveau de l'enfant, sont déterminants. Cette première période a un lien avec les étapes suivantes. Mais pour autant rien n'est joué. Même si le développement est un processus continu, où chaque étape a une influence sur les suivantes, ce déroule-

Développement affectif et intellectuel sont liés

Finalement, il semblerait bien que la meilleure manière d'aider l'enfant dans son évolution, c'est de lui donner de la tendresse, de lui parler et d'enrichir de manières diverses son environnement. Tout ce que l'on peut partager, les petits jeux, les petits exercices d'éveil que l'on fait ensemble, aident et stimulent l'enfant. Mais ils sont là pour encourager un plaisir commun et une découverte de la vie, non pour des visées de rentabilité.

Toutes les découvertes récentes insistent sur le fait que le développement intellectuel est intimement lié au développement affectif et au climat dans lequel vit l'enfant. L'affection durable est prioritaire, c'est elle le socle sur lequel l'enfant va épanouir ses merveilleuses compétences.

ment n'est pas immuable. Une souplesse importante des processus laisse « du jeu » dans les mécanismes pendant de très longues années. Si un train est manqué, un autre passera. L'enfant ne perd pas ses capacités en quelques mois : c'est sa façon d'apprendre qui évolue. Lui apprendre à un an ce qu'il apprendra tout simplement à trois ans, c'est non seulement ne pas respecter son rythme, mais encore l'empêcher de vivre ce qu'il doit vivre à un an.

Chaque étape est importante. Pour que l'édifice de l'être humain soit solide, il faut que la structure ait été construite sur des bases solides, acquises au moment où elles devaient l'être.

Des apprentissages « contraints » : pour quelle efficacité ?

Comme le dit Hubert Montagner : « Il ne faut pas essayer de transformer le tout-petit en singe savant. L'important, c'est que l'enfant découvre ses capacités et qu'il les fasse découvrir à ses parents. » La société a développé ces dernières années le culte de l'enfant parfait, de l'enfant que l'on chosifie et que l'on manipule par crainte de l'échec et des difficultés de l'avenir. L'enfant idéal aujourd'hui, c'est celui qui est performant, précoce, qui « apprend » et rassure ainsi ses parents angoissés.

Si encore on pouvait avancer que les apprentissages précoces rendent effectivement et durablement l'enfant plus performant, plus précoce... et finalement plus intelligent et plus heureux que ses camarades, élevés « naturellement »... Mais c'est faux.

Tous les experts qui se sont sérieusement penchés sur la question ont à cœur de calmer les parents qui auraient tendance à surstimuler leur bébé, et à rassurer les autres. Il est vrai que le bébé a besoin de certaines stimulations pour développer correctement ses capacités, apprendre à parler ou à empiler ses cubes. Mais ces stimulations, tout bébé élevé dans une famille normale les reçoit. On n'a jamais mis en évidence que certains jeux ou activités spécifiques accéléraient de façon significative les acquisitions et mettaient les bébés en bonne voie pour réussir le bac avec mention.

Il semble bien, dans le domaine de l'éveil des bébés comme dans d'autres, que le mieux soit l'ennemi du bien. Tenter de faire un enfant plus précoce et plus doué n'est sûrement pas la même chose que tenter d'en faire un enfant heureux.

Les bébés sont plus précoces qu'on ne le pensait

La connaissance du lien de cause à effet, par exemple, est à la base de toute action volontaire sur son environnement et de toute fonction logique (« Si je fais ceci, il se passe cela »). On a longtemps pensé qu'il ne pouvait intervenir avant cinq mois, lorsque le bébé a une action volontaire sur les objets. Certains chercheurs en placent maintenant l'ébauche bien plus tôt. En effet, avant d'avoir une action sur les objets, le bébé en a sur les personnes. Je crie... on vient. N'est-ce pas déjà une façon d'apprendre le lien de cause à effet ?

En ce qui concerne les objets : non seulement le bébé est capable, ce que l'on savait déjà depuis longtemps, de discriminer des objets, c'est-à-dire de constater des différences entre eux, mais il peut, on le sait maintenant, les catégoriser, c'est-à-dire repérer des aspects communs au sein d'éléments différents.

Parler au bébé: mode ou nécessité?

Le développement du langage

Le bébé est sensible, dès les jours qui suivent sa naissance, aux mots qui se prononcent autour de lui, montrant une nette préférence pour la langue maternelle. Comment se met en place cette sensibilité langagière et le développement de la parole? L'imitation des adultes est une condition nécessaire à cet apprentissage: aucun enfant ne peut apprendre à parler s'il n'entend pas parler autour de lui, mais il semble bien que le mécanisme soit plus complexe qu'une simple imitation puisque, bien avant de parler, les bébés, même sourds, produisent spontanément des sons. Ceux-ci, chez les enfants entendants, ressembleront de plus en plus à ceux de leur langue maternelle. L'aptitude à prononcer certains sons, non stimulée par l'audition et l'entraînement, disparaîtra.

Si les bébés apprennent si facilement et si parfaitement la langue qui leur est parlée, alors que cette tâche devient difficile, voire impossible, à l'adulte normal, c'est que le cerveau de l'enfant est, à cet âge, véritablement programmé pour cet apprentissage. Quasiment tous les enfants, quel que soit leur niveau intellectuel, parlent couramment à trois ou quatre ans. Plus les années passent, et plus apprendre une langue devient difficile.

L'adulte enseigne spontanément au bébé à parler

Dans le monde entier, on a repéré le même phénomène: l'adulte qui parle avec le bébé modifie sa manière de s'exprimer, l'aidant inconsciemment dans sa tâche. Il parle d'une voix plus aiguë et souvent plus haute, rendant plus facile l'attention au langage. Il reprend les babillages du bébé, en leur donnant un sens qu'ils n'avaient pas forcément au départ. Il insiste sur les séparations entre les mots (les césures), afin que le bébé apprenne comment sa langue se découpe. Il articule bien et prend soin de parler distinctement. Il répète certains mots, insiste sur d'autres, joue avec les intonations (« Je vais te faire un gros, grrrros baiser! »).

Enfin, et c'est un point très important, il introduit l'enfant dans un dialogue. Les mères transmettent très tôt au bébé l'information nécessaire: pour parler, on prend son tour et on change. Spontanément, les mères, lorsqu'elles parlent à leur bébé, alternent les moments où elles parlent et les moments où elles se taisent, laissant au bébé un espace de réponse ou de réaction.

Un dialogue intime

De même que votre visage est, pour votre bébé, ce qu'il y a de plus intéressant à regarder, votre voix est ce qu'il y a de plus passionnant à entendre. Si vous vous penchez sur lui pour lui parler doucement, il aura les deux à la fois ! Mettez-vous donc face à votre bébé pour lui parler, et vous verrez comme il observe attentivement le mouvement de vos lèvres. Par cette attention qu'il montre à votre voix et aux mouvements de la bouche, votre bébé vous montre son intérêt pour le langage.

Babiller ensemble

Mettez-vous face à votre bébé et captez son regard, afin qu'il comprenne que vous entrez en relation avec lui. Imitez les sons de votre bébé. Repérez ce qu'il émet et renvoyez-le en écho, avec parfois une petite variation, un enrichissement. Parmi les sons du bébé, vous pourrez repérer, vers six mois, les sons préférentiels « ma-ma » et « pa-pa ». Ce sont des sons que le bébé a entendus de nombreuses fois dans votre bouche, et dont il a vite compris qu'ils avaient une valeur certaine…

L'acquisition des règles grammaticales, pourtant bien complexes, reste encore une énigme. Comment l'enfant peut-il les repérer et les appliquer aussi vite? Certains supposent l'existence d'une base innée, d'autres d'un apprentissage basé sur la structure des tout premiers jeux que parents et bébés partagent...

Des acquisitions à la vitesse record

Vers l'âge d'un an, le bébé commence à faire le lien entre les mots et les objets correspondants. Vers dix-huit mois, il commence à joindre deux mots et acquiert de nouveaux mots à la vitesse record d'un toutes les deux heures. À deux ans, il possède un stock de mille à deux mille mots dont il connaît la signification. Viennent ensuite les règles d'expression et de grammaire, ainsi que la compréhension d'une des règles essentielles du langage: les mots ont un sens radicalement différent selon l'ordre où on les range. « Toto mange le poisson » n'a pas le même sens que « le poisson mange Toto »!

Si les étapes, dans l'acquisition du langage, sont les mêmes pour tous les enfants, elles ne se déroulent pas toutes au même âge; les écarts peuvent être d'un an ou davantage entre deux enfants. Mais on n'a jamais mis en évidence que les enfants qui parlent tard seront, au bout du compte, moins à l'aise dans le langage ou moins compétents que ceux qui parlent tôt.

Parlez à votre nouveau-né

Parler s'apprend bien avant les premiers mots et les rudiments du langage commencent à s'élaborer dès la naissance. Or, parler ne peut pas s'apprendre si l'on ne vous parle pas. Vers six semaines, le bébé commence à répondre au sourire et à la parole: il va sourire à son tour et bouger pour montrer son plaisir. Vers deux mois, il ajoute des sons de son invention et, vers trois mois, répond aux paroles par du babillage.

Parlez-lui de tout, pendant que vous le baignez ou que vous le changez, pendant qu'il mange ou pendant qu'il joue. Posez-lui des questions. Montrez-lui des objets, nommez-les et expliquez-lui à quoi ils servent. Parlez-lui de ce que vous faites et de ce qui vous tient à cœur. Chantez-lui des comptines et lisez-lui des poésies. Dites-lui bonjour quand vous le retrouvez le matin ou quand vous entrez dans sa chambre.

Même s'il ne comprend pas encore tout ce que vous lui dites, votre bébé prend l'habitude de vous écouter et vous prenez celle de lui parler. Il sent que vous le considérez comme quelqu'un d'important, digne qu'on s'adresse à lui, et non comme un objet que l'on se contente de manipuler en silence.

L'imitation

Asseyez-vous en face de votre bébé. Regardez-le dans les yeux. En lui souriant, émettez un son très simple et bien articulé, un « ah », un « oh », un « mm » par exemple (toujours un seul à la fois). Recommencez l'opération d'un air encourageant, toujours avec le même son et en souriant, jusqu'à ce que votre bébé ait émis le même son que vous. Il arrivera qu'il vous imite très bien. D'autres fois, il fera celui qui ne comprend pas du tout ce que vous lui voulez. C'est que ce n'est pas le moment : vous reprendrez plus tard.

Le vocabulaire

Même si votre bébé émet peu de sons, il vous écoute et engrange du vocabulaire pour plus tard. Il a surtout besoin de vous écouter et d'apprendre. Continuez donc à lui parler avec des mots simples de ce qui fait sa vie et ses activités de tous les jours.

L'enfant « normal »

Ne confondez pas l'enfant « moyen » (celui dont on parle dans les livres) et l'enfant normal (c'est-à-dire l'enfant réel). Si un an est un âge moyen pour la marche (on dit alors que « l'enfant moyen marche à un an »), il est tout aussi « normal » de marcher à neuf mois qu'à seize. L'âge moyen d'une acquisition est calculé comme une moyenne: ce qui signifie que la moitié des enfants « normaux » acquièrent cette compétence plus tôt et l'autre moitié plus tard.
On peut donc tout aussi bien dire que l'enfant moyen n'existe pas. Il est juste une construction pratique lorsque l'on veut généraliser. Mais, en réalité, seul chaque enfant pris individuellement compte réellement. Les enfants normaux, ce sont les enfants de tous les jours, dans leur diversité et leur richesse.

Pourquoi tous les enfants n'évoluent-ils pas au même rythme?

Les mamans parlent entre elles et comparent leurs enfants. « Comment, Martin a quinze mois et ne marche pas encore? Valère galopait déjà à un an! » Inquiétude d'un côté, fierté de l'autre, aussi mal venues l'une que l'autre. Puis c'est la belle-mère qui glisse que ses enfants, eux, « étaient tous propres à l'âge de dix-huit mois ». À la crèche, au square, les occasions sont nombreuses de regarder où en sont les autres bambins.

Que faut-il penser des écarts que l'on constate?

Les causes de ces écarts sont nombreuses, à tel point que c'est l'uniformité de développement qui serait étonnante.
- Nous avons tous des gènes différents. Même au sein de la famille, tous les enfants ne sont pas identiques. On trouve normal que l'un soit plus petit ou plus brun, pourquoi pas qu'il marche plus tard? De plus, toute famille a sa culture et favorise plus ou moins certaines acquisitions: les enfants « d'intellectuels » auront tendance à parler plus tôt, parce que les mots sont très valorisés dans leur environnement. Si papa est peintre ou si maman est informaticienne, c'est probablement dans ces domaines-là que l'enfant distancera ses camarades.
- Toute nouvelle acquisition demande à l'enfant un investissement important. S'il est occupé à apprendre à se tenir debout, il ne l'est pas à manger proprement. S'il apprend le tricycle, il ne se soucie peut-être pas d'être propre. Tous apprendront tout, mais certainement pas dans le même ordre.
- D'un apprentissage, on ne voit que le résultat final. Or, celui-ci a souvent demandé des mois de « préparation »: il couvait à bas bruits. Soyons respectueux de ce travail souterrain et faisons confiance à nos enfants. Certains manifestent très tôt qu'ils commencent à savoir, quand d'autres attendent d'être fin prêts avant de partager leurs exploits.
- Les petits apprennent dans tous les domaines en même temps: relationnel, intellectuel, moteur, psychologique, etc. Ils ne peuvent pas être aussi « performants » partout et à toute vitesse! Tous progressent à leur façon: laissons-leur du temps. Chaque acqui-

sition a besoin d'être solidement ancrée avant que la suivante ne s'installe. Comme dans toute construction, les fondations ont une importance déterminante pour la suite des événements!

Les petits retards ou les avances ne prédisent rien quant à l'avenir

Ce n'est pas parce que Justine a marché à dix mois qu'elle fera une bonne marcheuse, ni parce que Louis refait son puzzle à dix-huit mois qu'il deviendra un grand architecte. Les petites avances ne sont pas prédictives du génie ni les petits retards d'une quelconque anomalie. Pour mémoire, rappelez-vous qu'Einstein n'a parlé qu'à quatre ans. En général, vers cinq ou six ans, tous les enfants courent, racontent ces histoires, ont abandonné les couches et dessinent des bonhommes... Ils se sont tous rattrapés.

Alors pourquoi tant s'inquiéter?

Nous évoluons dans une société très compétitive. Chacun sent bien qu'il lui faut être efficace, compétent, rapide, sous peine de se retrouver tout seul sur le bord de la route. D'un enfant précoce, on se dit qu'il prend une longueur d'avance: c'est bon signe. C'est oublier que le respect du rythme de l'enfant est le meilleur gage de son équilibre et de sa réussite ultérieure. C'est à chacun de nous, là où il est, de résister et de protéger les petits enfants de cette pression, source d'angoisse et de sentiment d'échec. Ils ont bien le temps d'entrer en compétition! Pour le moment, ils sont uniques, et c'est là leur principale richesse.

Quelle est la bonne attitude?

Les enfants sont tellement différents, que comparer, c'est forcément se tromper. On compare selon un seul critère, alors que la seule comparaison valable, mais impossible, est celle qui tiendrait compte de tout à la fois. Tous les enfants sont différents et les grandes variations que l'on constate entre eux sont normales. Vous avez un doute? Parlez-en à votre médecin. Presque toujours, il vous conseillera de patienter tranquillement. Votre enfant ira vers sa prochaine acquisition à son rythme propre, comme il en aura « décidé ». Toute insistance risque de le bloquer inutilement. La croissance des enfants est progressive. Il n'y a rien à réglementer autoritairement, sauf à prendre le risque de blesser l'enfant, en lui faisant sentir si jeune qu'il inquiète ou déçoit déjà ses parents.

Chaque étape a ses joies et ses désagréments. Profitez bien de celle qui est là: elle ne reviendra jamais!

En avance ou en retard... selon quels critères?

On juge toujours l'avancée d'un enfant sur les mêmes critères « visibles »: il marche, il ne porte plus de couches, il prononce ses premiers mots, etc. En réalité, ces comportements ne sont que la conséquence de progrès intérieurs plus fondamentaux mais aussi plus discrets. Être propre, par exemple, cela signifie avoir une certaine maturité sphinctérienne, comprendre ce que les adultes attendent, avoir conscience des processus internes de son propre corps, etc., toutes choses qui ne se voient pas directement.

Ajoutons certaines acquisitions très importantes dont on parle peu. Par exemple, la capacité à nouer des liens avec des étrangers, à jouer un petit moment tout seul ou à supporter quelques frustrations. Elles sont aussi importantes que la marche, mais, à tort, nettement moins valorisées.

Comment développer son sens du toucher?

Le toucher, un sens essentiel

Le sens du toucher est, pour le bébé, capital. Dès sa venue au monde, le bébé est posé sur le ventre de sa maman, qui pose ses mains sur lui. Sur sa peau, il ressent la caresse de l'air. Puis, il est mis dans un bain, ou bien immédiatement essuyé et habillé. Dans tous les cas, c'est avec sa peau que le bébé noue ses premiers contacts avec le monde qui est désormais le sien. La peau, c'est l'organe des sens le plus développé, le plus riche, celui qui transmet le plus grand nombre d'informations au système nerveux central. On peut dire sans exagérer que chaque excitation tactile enrichit le cerveau. L'intelligence, cela commence par le corps. La peau du bébé est extrêmement sensible. Il ressent avec intensité tout ce qui le touche ou l'effleure. Son premier besoin, juste après celui de manger, c'est celui d'être cajolé et pris dans les bras de manière sécurisante. Le contact physique est essentiel au bébé. Le prendre contre soi, c'est déjà le calmer.

Nous allons voir comment, au fil des mois, stimuler au mieux le sens du toucher du bébé.

Tout petit, changez-le de position

Il est recommandé de faire dormir un bébé sur le dos ou sur le côté pour des raisons de sécurité. Mais, quand il est éveillé et qu'il ne sait pas encore se mouvoir, il est important pour lui d'expérimenter des positions différentes: couché de différentes manières, bientôt allongé dans le transat ou installé dans le sac-kangourou. Il y a aussi plusieurs manières de tenir un bébé dans ses bras. Les meilleures, parce qu'elles sont confortables et sécurisantes, sont celles où l'adulte soutient à la fois le bas de la colonne vertébrale et la tête.

Serrez votre bébé contre vous

Câlinez-le et bercez-le doucement en le tenant dans vos bras. Il a été habitué, pendant neuf mois, à être bercé par vos mouvements: il appréciera que cela continue. C'est aussi pourquoi il aime tant être glissé dans le sac-kangourou. Il s'y trouve au plus près de votre odeur, dans le bruit de votre cœur. Pourquoi limiter ces moments aux promenades extérieures? Bébé aime aussi beaucoup être nu contre vous, peau à peau.

Des textures différentes

Sélectionnez des morceaux de tissu de textures différentes (velours, satin, coton, Nylon, dentelle, fourrure synthétique, soie, Skaï, jersey, etc.). Vous pouvez soit en faire de petits rectangles ourlés que l'enfant manipulera facilement tour à tour, soit les relier dans une sorte de patchwork. Ce patchwork peut être cousu au dos d'une vieille couverture, ou bien fixé sur une fine planche de contreplaqué.

Les jeux de découverte tactile sont variés. Vous pouvez installer le bébé sur vos genoux, lui ouvrir les mains et caresser ses paumes avec des morceaux de tissu de textures différentes, en commentant les impressions de douceur ou de rugosité. Le bébé attrape le tissu et le porte à la bouche.

Pour le petit bébé, on ne présente que deux tissus à la fois, bien différents, afin de l'aider à développer ses capacités de comparaison. À chaque jeu, on varie les tissus, les parties du corps caressées.

Toucher l'enfant et se laisser toucher par lui: ces moments participent à créer des liens très profonds avec le bébé, base d'un attachement durable. Ils aident l'enfant à prendre conscience des limites de son propre corps.

Ressentir avec tout le corps

Les petits bébés passent beaucoup de leur temps dans leur berceau. Il est important que celui-ci soit bien confortable, bien moelleux, et que leurs pyjamas soient les plus doux que vous ayez pu trouver. Certains recommandent de blottir parfois les tout-petits dans une peau de mouton traitée spécialement, pour sa douceur et son moelleux.

Mis sur le sol pour jouer, le bébé appréciera de sentir une surface à la fois ferme et douce, comme un bon tapis recouvert d'un vieux plaid lavable ou d'un tapis de jeu. Faites-le, à l'occasion, expérimenter des surfaces différentes: moquette, carrelage, herbe, sable, etc.

Quand le temps le permet laissez votre bébé tout nu, afin qu'il ressente bien le souffle de l'air sur sa peau (attention; certains tout-petits détestent cela: si c'est le cas du vôtre, n'insistez pas).

Les massages

Vous pouvez profiter du moment du bain ou du change pour masser délicatement votre bébé sur tout le corps, principalement les pieds, les jambes, le dos et le ventre. Le massage s'effectue dans une position confortable, à pleine paume, avec une huile d'amandes douces par exemple. Il s'accompagne de petits mots doux ou d'une berceuse sereine. La technique n'est pas nécessaire: intuition et douceur suffisent. Le massage sensitif obéit à quelques règles très simples:

- Les mouvements du massage qui exercent une certaine pression sur la peau, même légère, doivent se faire dans le sens de la circulation sanguine de retour. C'est-à-dire en direction du cœur. Par exemple, on masse une jambe en allant de la cheville vers la cuisse. Le chemin de retour vers la cheville se fait avec une grande légèreté, comme un effleurage.
- On ne rompt jamais le contact corporel entre le masseur et le massé. Si votre bébé est allongé sur vous, c'est évident. S'il est allongé face à vous, cela suppose que votre peau touche la sienne pendant toute la durée du massage. On ne lève une main que lorsque l'autre est posée. Le massage terminé, on se quitte en douceur.
- On ne masse un bébé que si on en retire un plaisir égal au sien. Alors une merveilleuse communication s'installe, dont chacun tire un grand bienfait.

« Lire » le journal

Allongez votre bébé à plat ventre sur un journal, quotidien ou magazine. Vous serez étonné du plaisir qu'il prendra et de l'enthousiasme qu'il mettra à déchirer et à arracher les pages. Attention à l'encre fraîche des journaux du jour. Au plus grand, confiez un vieux catalogue de vente par correspondance. Ce livre-là, il aura le droit de le déchirer!

Se promener pieds nus

N'hésitez pas à laisser votre enfant se promener pieds nus, dans la maison bien sûr, mais aussi dehors chaque fois que c'est possible. Marcher sur toutes sortes de surfaces différentes, non seulement cela n'empêche pas la marche, mais cela favorise au contraire le développement de l'équilibre et la formation de la voûte plantaire.

L'angoisse du huitième mois

C'est le nom que l'on donne à cette phase du développement de l'enfant. Cette angoisse est plus ou moins accentuée selon les enfants. À cet âge, autour de huit mois, le bébé comprend que sa maman, lorsqu'elle le quitte, continue à exister quelque part, mais loin de lui. Ce qu'il a d'autant plus de mal à accepter qu'il n'est pas encore sûr qu'elle revienne. Il fait également mieux la différence entre ceux qu'il connaît, les familiers, et ceux qu'il ignore, qu'il se met à craindre. C'est pourquoi la peur de l'étranger survient en même temps que la peur de se séparer de maman.
Rappelons l'importance d'habituer l'enfant à voir des gens différents: amis, famille, enfants de son âge et d'âges différents. Confiez-le parfois à une autre personne pour une journée ou pour une nuit.

Bébé se cramponne et crie en vous quittant

Les six ou sept premiers mois de bébé sont marqués par son sourire. Il reconnaît ses parents, les préfère à tout autre adulte, mais ne manifeste pas d'inquiétude particulière à leur départ. Tout humain sympathique a droit à ses risettes et à ses grâces. Vers huit mois, changement de décor: Bébé hurle à l'approche d'un étranger qu'il ne reconnaît pas comme un de ses proches et ne trouve d'apaisement que caché dans les jupes de maman ou derrière le pantalon de papa.

Une étape nécessaire

Toute séparation provoque dorénavant des protestations plus ou moins véhémentes, et toujours douloureuses. Celle qui a expérimenté de devoir arracher de force des petits bras potelés accrochés autour de son cou pour pouvoir filer, piteuse et coupable, loin de son bébé, sait de quoi je parle.
Cette étape est nécessaire. Elle est vécue avec plus ou moins d'intensité selon les enfants. L'inquiétude normale que l'enfant de cet âge commence à ressentir dure quelques mois, puis diminue progressivement. Lorsqu'il aura appris à communiquer, à parler, lorsqu'il aura acquis de la confiance en lui, l'enfant saura faire face à l'inconnu et à la séparation temporaire d'avec ses parents.

Mais en attendant, que faire?

Comment réagir face à l'enfant qui s'agrippe à sa maman comme une moule à son rocher et commence à pleurer chaque fois qu'elle quitte son angle de vue, sort de la pièce ou fait mine de s'éloigner?

Encouragez très tôt le sens de l'indépendance

Cela peut se faire dès la naissance. Aménagez pour votre bébé un coin à lui, où il peut rêver, jouer et évoluer en toute liberté. Puis laissez-le seul de temps en temps, en l'accompagnant de votre voix. Quand votre bébé se déplace, laissez-le évoluer dans la maison et s'éloigner de vous sans votre contrôle direct (mais gardez-le à l'œil tout de même!).
Enfin, chez les plus grands, récompensez toute marque d'indé-

pendance. Il veut s'habiller seul? Très bien. Descendre tout seul les escaliers? Bravo! Surveillez, mais n'intervenez que lorsqu'il demande votre aide.

Jouez à cache-cache

Dès cinq mois, bébé adore ce jeu qui consiste à cacher brièvement son visage derrière ses mains, puis à les écarter en lançant « Coucou! ». Ensuite, on se cache derrière un rideau ou une porte. Quand l'enfant se déplace seul, on joue au vrai cache-cache, en se glissant derrière un fauteuil, facile à découvrir.
Ces jeux apprennent à l'enfant que l'on peut se séparer en s'amusant, dans la certitude de se retrouver.

Habituez votre bébé à voir du monde

Si votre foyer bruisse souvent de rires, de rencontres, d'amis, de petits cousins, votre bébé aura moins peur des étrangers. Il aura pris l'habitude de passer de mains en mains et de jouer avec chacun. Ce n'est pas pour autant qu'il cessera de crier à l'approche du facteur ou de l'agent de police…

Habituez votre bébé à la séparation

Tout enfant a besoin d'avoir des contacts avec d'autres adultes et d'autres enfants. Le confier quelques heures à une baby-sitter de confiance, une journée à une voisine ou une halte-garderie accueillante, quelques jours à une grand-mère bienveillante, seront des expériences enrichissantes qui lui apprendront à vous quitter sans angoisse.

Préparez votre enfant au changement

Si vous devez le laisser dans un lieu ou avec quelqu'un qu'il ne connaît pas encore, expliquez-lui la situation et donnez-lui un temps d'adaptation suffisant avant de le laisser.
Ne permettez pas non plus à une personne inconnue de l'enfant de s'approcher de lui ou de le prendre dans ses bras sans s'être auparavant fait accepter de lui.

Prenez garde à vos propres émotions

Le petit enfant est très habile pour percevoir ce que ressent sa maman et y réagir. Vous êtes triste de le laisser? Il le sent. Si ses pleurs vous culpabilisent, cela ne fait que renforcer son inconfort. Il sent que vous hésitez à le laisser? Il crie de plus belle. L'enfant ne doit pas sentir qu'il peut vous influencer. Alors gardez un ton calme, rassurant, pour lui dire que vous l'aimez, qu'il va bien s'amuser et que vous reviendrez bien vite.

La naissance de la timidité

Ne forcez jamais votre enfant à aller vers une personne inconnue, ou quelqu'un qui l'effraie, tant qu'ils n'ont pas eu le temps de faire largement connaissance et de s'apprécier mutuellement. La manière forte n'est jamais bonne dans ce genre de situation.
La crainte de l'étranger, quand elle ne disparaît pas lorsque l'enfant grandit, évolue vers des comportements de timidité. Contraindre l'enfant face à un étranger ou rire de lui en moquant sa timidité ou son manque de courage ne peut que renforcer le problème. Mais l'inciter gentiment et l'encourager l'aideront souvent à surmonter sa difficulté.

Apprenez à lui dire au revoir

Votre départ sera plus facile si vous choisissez, pour partir, un moment où votre enfant est plongé dans une activité intéressante. Partir sans lui dire au revoir pourrait déclencher une angoisse de séparation plus grande encore. Mais ne faites pas non plus traîner inutilement les adieux. Un petit câlin, un gros bisou, et vous filez.

Pour que les retrouvailles du soir se passent bien

Des retrouvailles parfois difficiles

Votre petit Maxence a été gardé loin de vous depuis le matin. Il passe ses journées à la crèche ou chez son assistante maternelle, pendant que les vôtres se déroulent au bureau. Quand arrive la fin d'après-midi, vous courez dans les transports ou vous vous faufilez dans les embouteillages, toute à la joie de le retrouver. Lui, de son côté, vous attend depuis un moment déjà. Il a bien repéré que vous arriviez après la maman de Bastien mais juste avant le papa de Virginie.

Pourtant votre arrivée provoque des réactions inattendues et pour le moins désagréables. Non seulement Maxence ne se précipite pas dans vos bras, mais il feint carrément l'indifférence, d'un air de dire: « Ah, tiens, tu es là? Attends donc deux minutes et je suis à toi. » Il y a six mois, dès que vous arriviez, il courait à l'autre extrémité de la pièce se cacher sous la table. Si vous faisiez mine de l'attraper, il hurlait. L'an dernier, il fondait en larmes quand vous quittiez ensemble la crèche... Décidément, ces retrouvailles sont bien difficiles. Et si frustrantes pour les mamans, fatiguées de leur journée de travail et pressées de récupérer leur petite famille. Pourquoi ces réactions des petits enfants? Faut-il s'en inquiéter? Que faire?

Le temps n'est pas le même pour chacun

Les journées, pour un bébé (moins de dix ou douze mois), sont très longues. Le temps, pour lui, ne se déroule pas à la même vitesse que pour vous. Lorsque vous le récupérez en fin de journée, il lui semble vous avoir quittée depuis déjà longtemps. Il est dans son présent de la crèche ou de la nounou, dans un autre monde que celui que vous représentez, vous et la maison.

Si vous voulez qu'il vous sourie et vous tende les bras, prenez le temps nécessaire. Asseyez-vous face à lui et parlez-lui doucement en l'appelant par son nom: « Bonjour Lisa, c'est maman. Tu as passé une bonne journée? Je viens te chercher pour rentrer à la maison... » Votre bébé va reconnaître votre voix, faire le lien avec votre visage, puis marquer sa joie. Vous pouvez alors le prendre dans vos bras sans risquer une mauvaise surprise.

Les comportements à éviter

- Attraper votre bébé par-derrière, sans qu'il vous voie.
- Montrer combien vous êtes pressée.
- Faire durer la situation plus de dix minutes.
- La laisser dégénérer. Crier, frapper.
- Échanger les bonnes grâces de l'enfant contre un pain au chocolat ou des bonbons.

Dès que vous arrivez...

À la crèche ou chez l'assistante maternelle, l'enfant, qui était si mignon jusque-là (si, si, on vous le promet):
- court à l'autre bout de la pièce,
- grimpe sur le canapé ou se roule sous la table,
- refuse de mettre ses chaussures,
- hurle si vous faites mine de vouloir l'emmener.

Mais oui, tout cela est normal!

Le moment de fatigue

Entre douze et quinze mois, l'enfant entre dans une phase qu'on peut appeler hyperactive. Il se dépense sans compter et ne prend pas toujours le temps suffisant pour dormir ou même se reposer. Il y a tant de choses à explorer! Si bien qu'en fin de journée, il est épuisé. C'est l'heure où vous arrivez. Rassuré par votre présence, il se sent soudain submergé par toutes les tensions accumulées. Avec vous, il sait qu'il peut se laisser aller: il est en de bonnes mains. Alors il va pleurer, pour un rien. Pleurer de fatigue et d'énervement. C'est le cadeau qu'il vous fait: en vous, il a confiance. Vous vous énervez, vous montrez votre déception? Il pleure de plus belle. Lui ne veut que vos bras. Il va tomber bien vite de sommeil, le nez dans l'assiette de soupe. Que faire? Pas grand-chose. Comprendre, apaiser, donner un petit bain chaud, prendre patience. Dans quelques mois, votre enfant sera plus costaud, fera de plus longues siestes et supportera mieux les fins de journée.

Il vous « en fait voir »

Vers un an et demi, deux ans, autre scénario. On pourrait l'intituler, dans sa version douce: « Tu m'as fait attendre, maintenant à toi! », et dans sa version dure: « Tu m'as laissé toute la journée, maintenant je me venge! » L'enfant de cet âge sait très bien que vous le laissez pour aller faire votre vie ailleurs, avec d'autres gens. Il voit que certains enfants repartent plus tôt. Pour tout cela, il vous en veut, même s'il est heureux à la crèche ou qu'il adore sa nounou. Tant que vous n'êtes pas là, il vous guette anxieusement, mais dès l'instant où il vous a vu arriver, il marque la distance. Certains jours, il va continuer son jeu sans même montrer qu'il vous a vu. D'autres jours, il va s'enfuir et se débattre comme s'il ne voulait pas repartir avec vous.

Que faire?

- Comprenez que l'enfant n'a pas le même rythme que vous et que les transitions sont toujours pour lui des moments délicats.
- Donnez-vous un temps pour lui dire bonjour et échanger sur ce qu'il est en train de faire. Montrez-lui que vous respectez ses activités. Comme tout le monde, il déteste être interrompu.
- Parlez quelques minutes avec la personne qui le garde.
- Il viendra quand il l'aura décidé. Alors bavardez, dites votre joie de le retrouver, évoquez le dîner du soir, ce que vous ferez ensemble et entraînez-le doucement vers la sortie.
- La situation dégénère en une grande scène? Prenez votre enfant sous le bras et partez. Vient un moment où il faut dire stop.

Le retour des vacances

Retourner à la crèche, chez son assistante maternelle ou à l'école, après une période de petites ou de grandes vacances, peut être un moment difficile. Plus les vacances ont été longues, plus il va falloir de temps pour se réadapter. Le matin, quand vous le laissez, votre enfant réalise qu'il va à nouveau être séparé de vous tous les jours, au contraire de ce qui se passait en vacances. Il va souvent se sentir un peu perturbé par ce changement d'habitudes et de rythmes. D'où une fatigue inhabituelle et des retrouvailles du soir qui risquent d'être un peu difficiles.
Mais soyez sans crainte: votre enfant aura vite fait de digérer le changement et de retrouver ses petites habitudes.

Il hurle en arrivant chez le pédiatre

Un bébé, vers l'âge de un à deux ans, a déjà souvent eu affaire au pédiatre ou au médecin de famille (certains ont peut-être même été hospitalisés). Le bébé sait bien que le médecin va l'embêter: lui mettre des objets bizarres dans la gorge, les oreilles ou le nez, le mettre nu, etc. Comme il a déjà eu des vaccins, il sait aussi que le médecin peut faire des piqûres. Ce qu'il ne sait pas encore, en revanche, c'est que toutes ces petites misères qu'on lui fait sont pour son bien, pour sa meilleure santé.

Une accumulation de mauvais souvenirs...

Si bien que le bébé qui, il y a quelques mois encore, venait chez le pédiatre en gazouillant, se met maintenant à hurler dès l'arrivée dans la salle d'attente. Pour peu qu'il soit arrivé calme, les cris des autres enfants en provenance de l'intérieur du cabinet mettront vite fin à cette belle confiance. D'autres jeunes enfants sont simplement tendus et ne protestent violemment que lorsque le médecin veut les toucher.

Non seulement l'enfant de cet âge a la crainte de l'étranger, ce qui joue avec l'approche du médecin, mais celui-ci est en plus associé à de très mauvais souvenirs. On comprend bien pourquoi cette peur est aussi répandue à cet âge.

Que faire?

Rassurer l'enfant verbalement et l'encourager est le plus souvent inefficace. Cette peur du médecin subsiste généralement jusque vers trois ans. Il arrive qu'elle persiste sous une autre forme (peur des piqûres, peur du sang). À cet âge, je ne connais personnellement que trois recettes.

- La première consiste à demander au médecin d'examiner l'enfant sur vos genoux. Vous restez assise dans le fauteuil de consultation, votre enfant contre vous. Vous le déshabillez partiellement. C'est le médecin qui s'approche de l'enfant et non le contraire. Si votre bébé doit être pesé et mesuré, vous restez en permanence à ses côtés, lui tenant la main.

- La seconde consiste à miser sur sa curiosité. Tout enfant est naturellement curieux. Son envie de connaître, d'expérimenter

Préparez votre liste de questions

À la maison, on a toujours beaucoup de questions en tête. Puis, lors de la consultation, entre le bébé qui hurle et le médecin qui se concentre, déjà en retard dans ses rendez-vous, on oublie la moitié de ce que l'on voulait demander. La meilleure solution consiste à noter ses questions au fur et à mesure où elles viennent à l'esprit et à passer sa liste en revue avant de quitter le médecin.

Changer de médecin

Si les consultations se passent trop mal, changez de médecin. Votre enfant a définitivement assimilé celui-ci à quelqu'un qui lui faisait mal, et les choses sont dans ce cas difficilement récupérables. De plus, tous les pédiatres n'ont pas le même savoir-faire pour se faire accepter des enfants.

et de savoir comment marchent les choses peut prendre le dessus sur son appréhension. Encore faut-il lui permettre de toucher le stéthoscope et de tripoter une languette comme celle qu'on va lui mettre dans la bouche.

- Finalement il s'agit de le prévenir de ce qui va se passer et mettre des mots sur ce qu'il vit. Même si l'enfant ne comprend pas le sens exact de tout ce que vous lui dites, il est tout à fait conscient, par le son de votre voix, que vous cherchez à le rassurer.

Voici quelques idées qui vous aideront

- Choisissez un médecin chez qui la salle d'attente comporte des jouets, où l'ambiance est calme et qui est à l'heure à ses rendez-vous. Rien de pire que d'attendre une heure dans une salle d'attente, son enfant malade sur les genoux, avec sa peur qui monte et les cris des autres enfants.
- Expliquez à l'enfant ce que le médecin va faire et pourquoi il va le faire. Montrez-lui sur l'ours en peluche les différents gestes: dans la gorge, les oreilles, l'auscultation, la pesée, etc. Emmenez la peluche chez le médecin.
- N'oubliez surtout pas le doudou! C'est l'élément essentiel qui sécurisera votre enfant avant la consultation et le consolera après.
- Dès qu'il en a l'âge, offrez à l'enfant une petite trousse de médecin et laissez-le jouer avec les instruments. Dès que l'enfant est capable de « s'identifier » au médecin en faisant avec sa poupée ou son ours ce que le médecin fait avec lui, c'est comme s'il reprenait une part des initiatives. Il n'est plus la victime de gestes qu'il ne comprend pas et qui lui font mal. Il redevient acteur de sa vie, donc moins angoissé.
- Prévoyez de quoi occuper, amuser ou calmer votre enfant dans la salle d'attente.
- Manger un ou deux petits biscuits remonte toujours le moral. Un petit biberon de jus de fruit à la fin de la consultation, est souvent une bonne consolation.
- Ne parlez pas devant l'enfant de vos propres peurs de la maladie, du médecin ou du dentiste. Ne le menacez pas de maladie avec des phrases du type: « Si tu sors sans ton manteau, tu vas être malade » ou « Si tu avales ça, il va falloir aller voir le docteur! »
- Faites-vous expliquer en détail ce dont souffre votre enfant, ce qu'est sa maladie et comment le traitement est supposé agir. Vous pourrez ainsi l'expliquer à votre tour à l'enfant, avec des mots simples et clairs.

Le pédiatre idéal

- Sa salle d'attente est bien équipée pour recevoir des parents et de jeunes enfants (jouets, livres, coloriage, pot dans les toilettes, etc.).
- Il vous donne rendez-vous rapidement.
- Il vous prend au téléphone sans trop vous faire remarquer que vous le dérangez inutilement en pleine consultation.
- D'une fois sur l'autre, il se souvient de vous, du prénom de votre enfant et de votre histoire.
- Il n'est pas systématiquement absent les samedis, le soir après dix-neuf heures et toutes les vacances scolaires.
- Il sait faire appel à un autre spécialiste en cas de doute.
- En cas d'hospitalisation, il va voir votre enfant et reste en contact avec l'équipe qui le soigne.
- Il sait vous écouter, vous expliquer et vous rassurer.

Faire de l'enfant un allié

Il sera toujours plus facile d'amener un enfant à se soigner correctement s'il comprend le sens de sa maladie et du traitement qu'il subit. On peut parfois, avec de l'humour et des explications simples sur « les méchants virus qui attaquent le corps », « nos défenses efficaces mais parfois submergées » et « les gentils médicaments qui sont là pour nous venir en aide afin de chasser l'ennemi infiltré dans nos lignes », obtenir une vraie coopération de l'enfant. Il coche sur le calendrier les jours qui restent à tenir et va seul chercher sa boîte de médicaments. Vous le félicitez régulièrement de si bien guérir, afin qu'il comprenne qu'il est responsable de sa propre santé, et vous lui promettez un petit cadeau pour le jour où il aura définitivement remporté la victoire!

Comment lui faire prendre ses médicaments

Une épreuve pénible mais indispensable

Prendre des médicaments, gouttes, sirop, suppositoires ou piqûres, n'est certes pas une expérience agréable, mais c'est parfois indispensable. C'est ce qu'il convient de faire admettre à l'enfant pour éviter les bagarres, l'exaspération, les bouches aux mâchoires serrées, les rejets, la colère ou les hurlements. Jusqu'à l'âge de six ou sept ans, l'enfant a du mal à concevoir que ces séances se déroulent « pour son bien ». Lui ne voit que l'immédiat, ce sirop infâme qu'il va devoir avaler ou ces gouttes pour le nez qui vont lui brûler la gorge. Il vit son corps comme une enceinte bien protégée, dans laquelle il ne peut permettre aucune intrusion qu'il n'ait lui-même choisie. Ces crises à répétition autour de la prise des médicaments sont parfois si terribles qu'elles créent un vrai traumatisme pour les parents comme pour l'enfant. Voyons comment il est possible d'éviter cela.

« C'est pour ton bien! »

Tout le secret réside dans l'attitude mentale du parent. Si l'adulte se comporte tout à fait normalement, comme s'il ne pouvait même imaginer un refus de l'enfant, il présente alors la prise de médicaments comme une contrainte de la journée aussi naturelle que se laver les dents. L'enfant suivra d'autant mieux qu'il sentira, dès le départ, que toute résistance serait inutile et qu'il finira, d'une manière ou d'une autre, par prendre ses médicaments. Pas de négociation possible. Son choix se limite à la façon de les prendre. Beaucoup préféreront alors la manière douce, ce dont il convient de les féliciter.

Comment s'y prendre?

Avec un jeune enfant, le plus simple consiste à l'asseoir à table ou dans sa chaise haute, à bavarder avec lui et à lui présenter le médicament dans une cuiller habituelle, sans s'interrompre, comme on lui ferait goûter une préparation culinaire. On montre ainsi tout naturellement que se soigner fait partie de la vie et du respect que l'on a pour son propre corps.

Les enfants sont naturellement curieux. Ils apprécieront que vous leur expliquiez brièvement ce dont ils souffrent et quel intérêt pour eux présente ce médicament.

L'attitude la pire, parce qu'elle suscite en réaction le refus de l'enfant, est celle qui consiste à s'excuser de devoir lui faire des choses si terribles, en fournissant des explications embrouillées, comme si l'on s'attendait à son opposition.
Oubliez aussi les techniques consistant à lui pincer le nez pour lui faire ouvrir la bouche, ce qui pourrait provoquer une fausse route alimentaire, ainsi que les menaces ou les représailles.

Certains conseils pratiques tout simples peuvent beaucoup aider

- Une boisson glacée a moins de goût: vous pouvez soit mettre le sirop au réfrigérateur, soit proposer à l'enfant de sucer brièvement un glaçon avant de l'avaler.
- Si vous devez mélanger un sirop ou des gouttes à une boisson pour en dissimuler le goût, choisissez de préférence un jus de fruit plutôt fort et inhabituel, comme un jus de prune ou de raisin.
- Un comprimé écrasé entre deux cuillers n'est pas forcément plus mauvais à avaler ou plus difficile à faire prendre qu'un sirop. On peut, au choix, déposer la poudre de médicament entre deux couches de confiture, de compote, de miel, de banane écrasée ou de sirop de fraise, selon les goûts de l'enfant.
- Le suppositoire n'est plus une obligation, sauf si l'enfant vomit beaucoup. Certains enfants y sont totalement réfractaires. Presque toutes les médications existent sous une autre forme. Comme le thermomètre, le suppositoire glissera mieux si sa pointe est enduite de vaseline.
- Une seringue sans aiguille permet de faire glisser directement le liquide dans la bouche de l'enfant, sous sa langue. Si celui-ci est sur le dos, il ne peut recracher. Pour les tout-petits, pensez aussi à mettre le sirop dans une tétine que vous approchez au-dessus de la bouche de l'enfant.
- Les gouttes tiédies sont moins désagréables pour l'oreille. Attention si vous réchauffez le flacon au four à micro-ondes: cela peut vite devenir brûlant. Mieux vaut les poser sur le radiateur.
- Tout médicament comme les gouttes dans le nez ou les oreilles est plus facile à accepter si on est concentré devant un dessin animé.
- Apprenez dès que possible à votre enfant à avaler les comprimés avec un verre d'eau. La technique consiste à tirer la langue et à placer le comprimé le plus loin possible sur la langue. Puis à l'avaler avec un peu d'eau, en déglutissant. Montrez-lui le geste, puis faites-le essayer avec un petit pois. Du jour où il y parvient, vous êtes en partie tiré d'affaire.

Avoir un enfant en bonne santé

La santé n'est pas qu'une question de chance. En tant que parents, vous y pouvez quelque chose. L'état d'esprit dans lequel on aborde ces questions est déterminant. Il s'agit de vivre dans la perspective de la santé et non de la maladie. Voici quelques exemples:

- **Au lieu de dire à l'enfant: « Mets ton bonnet sinon tu vas encore t'enrhumer », on lui dit: « Tu es trop costaud pour t'enrhumer, mais mets donc ton bonnet, il te va si bien! »**
- **On reste serein et optimiste face aux bobos.**
- **On ne se précipite pas sur les médicaments à la moindre alerte.**
- **On ne passe son temps à se plaindre de sa propre santé.**

Pourquoi l'enfant ne veut-il pas se coucher?

Le lit est le dernier endroit où il souhaite se rendre: pour l'enfant, cela signifie se séparer de ses parents et de ses jouets, stopper ses exploits et ses explorations pour une douzaine d'heures, se retrouver seul dans le noir, face aux démons de la nuit... On comprend son manque d'enthousiasme. Il se sentirait tellement mieux sur le canapé du salon, tendrement coincé entre papa et maman, ou, à la limite, dans le lit parental...

Seule la confiance en lui et dans ses parents lui permettra de devenir autonome. Il faut donc d'une part que ces derniers montrent un front uni, convaincant et ferme, d'autre part que l'enfant ait reçu le temps d'attention affectueuse dont il a besoin avant de se séparer. C'est le rôle du rituel.

L'heure du lit: s'endormir en douceur

Quels parents n'ont jamais eu de problèmes pour coucher leur enfant? Les difficultés pour mettre au lit ces chers petits et pour les convaincre d'y rester sont parmi les plus fréquentes... et les plus pénibles pour les parents épuisés qui rêvent d'une soirée tranquille. C'est une certitude: l'enfant a besoin de sommeil, mais comment l'en convaincre lorsqu'à onze heures du soir il a déjà appelé cent fois pour un dernier verre d'eau ou un ultime câlin?

Une chose à admettre d'emblée: on ne peut faire dormir un enfant de force

Aussi le but à se fixer n'est pas d'endormir l'enfant, mais d'obtenir de lui qu'il reste tranquille dans son lit ou dans sa chambre passé une certaine heure, ce qui est beaucoup plus facile. L'enfant, au calme, s'endormira de lui-même lorsque le sommeil viendra.

Un rituel important

La réussite de la mise au lit dépend beaucoup de l'heure qui précède. Fixez une fois pour toutes une heure raisonnable de coucher, qui tient compte du temps de sieste de l'enfant, de son heure de lever, du temps qu'il a passé en famille, etc. (une fois l'habitude installée, il deviendra possible de faire parfois des exceptions). Une heure avant, annoncez: « Dans une demi-heure, on va se préparer au lit », puis « Dans dix minutes » (au besoin, mettez en route le compte-minutes), enfin: « Allez, il est huit heures: pipi/les dents et au lit. » Les enfants, qui détestent les moments de transition, apprécieront le fait d'être prévenus.

Une demi-heure avant le coucher, mettez en route le rituel, immuable dans son déroulement (un enchaînement prévisible, donc rassurant, est l'une des clés du succès). Selon les familles, la séquence des événements change peu. Vont se succéder le lavage des dents, le passage aux toilettes, l'échange sur les événements du jour, la lecture de l'histoire, le coucher des peluches, le câlin à papa et maman, l'installation du verre d'eau, la quête du doudou, etc.

Savoir se séparer

Vient le moment de quitter votre enfant sur un dernier baiser et sur une phrase, dite d'une voix assurée et calme, comme: « Fais

de beaux rêves, on se revoit demain matin. » Et ne revenez plus, sauf réelle urgence.
Si vous le sentez fatigué et prêt à s'endormir, éteignez la lumière. Certains enfants ont besoin d'une veilleuse ou bien réclament que la porte reste entrebâillée Pourquoi pas? De même si votre enfant dit qu'il n'est pas fatigué, vous pouvez tout à fait lui laisser la libre disposition de la lampe de chevet et lui confier un dernier petit livre qu'il feuillettera tout seul, ou bien le laisser écouter une cassette. À la réflexion « Je n'ai pas sommeil! », il est plus simple de répondre: « Eh bien tu dormiras plus tard, je te demande juste de rester calme dans ton lit (ou dans ta chambre). Maintenant ce n'est plus l'heure des enfants, c'est l'heure des papas et des mamans. Si tu es sage, je reviens te faire un baiser dans dix minutes. »

Et si ça proteste…

- Donnez vos raisons: « Tout le monde doit dormir pour se sentir en forme et joyeux le lendemain. À cette heure-ci, moi aussi je suis fatiguée et j'ai envie d'avoir un petit temps seule avec ton papa. »
- Si l'un des deux doit retourner dans la chambre, le père est souvent plus efficace. Il peut dire par exemple: « Voilà ton verre d'eau. C'est la dernière fois que je me dérange. Inutile d'appeler à nouveau: ta maman ne reviendra pas; elle se repose, tu la verras demain. »
- Quand vous avez dit que c'était la dernière fois, ne revenez plus. Sinon, il n'y aura jamais de dernière fois.
- Résistez au désir de vous coucher à côté de votre enfant jusqu'à ce qu'il s'endorme. Vous le privez ainsi de l'occasion d'apprendre à devenir autonome et vous risquez, paradoxalement, d'aggraver ses difficultés d'endormissement. Vous n'avez pas à être son doudou.
- Anticipez les demandes afin qu'il n'ait plus rien à vous réclamer. Soyez très tendre pendant tout le temps du rituel, mais ferme et presque distante ensuite. Si votre enfant n'a pas l'espoir de vous faire marcher et revenir cent fois, il cessera d'essayer.
- Une phrase répétitive, énoncée à distance à chaque appel, comme « Oui, je suis là, dors, tout va bien, on se verra demain » aura le mérite de le lasser par sa monotonie.

Le but est de ne pas donner l'impression à l'enfant qu'il est maître de la situation et qu'il peut manipuler ses parents à son gré. Au-delà d'une satisfaction superficielle, cela le met dans une grande insécurité. Ce qui le rassure en profondeur, ce sont des parents qui savent ce qui est bon pour lui.

Les attitudes à éviter

- Coucher son enfant dans le lit parental ou le laisser s'endormir d'épuisement sur le canapé du salon.
- « Récompenser » ses crises en l'autorisant à se relever ou en satisfaisant ses multiples demandes.
- Se mettre en colère: plus on montre un calme décidé, plus l'enfant cesse vite de réclamer.
- Changer d'attitude chaque nuit face à son refus de dormir.
- Le coucher en vitesse, comme pour se débarrasser de lui.
- Lui donner des médicaments pour dormir.
- Le menacer du lit comme d'une punition.
- Oublier de féliciter l'enfant qui s'est couché sagement ou qui a fait des progrès.

Le calme par les plantes

L'usage des sirops pour dormir, dont les enfants français font une grande consommation, doit rester exceptionnel et limité dans le temps. Ces produits masquent les conséquences des troubles mais n'en soignent pas la cause. Ils ont un effet perturbant sur la nature du sommeil et entraînent parfois chez l'enfant un effet paradoxal et une lutte encore plus forte contre le sommeil.

L'usage des plantes aux vertus apaisantes est, lui, tout à fait recommandé. En tisane ou en infusion, vous pouvez donner à boire à votre enfant du tilleul, de l'oranger ou de l'aubépine. Ces infusions peuvent aussi être versées dans l'eau d'un bain chaud. À essayer également: valériane, teinture de passiflore et eau de fleur d'oranger, à raison d'une vingtaine de gouttes dans un demi-verre d'eau (ou de lait) chaude et sucrée.

Il se réveille la nuit: comment réagir?

Pour le jeune enfant, traverser la nuit est une épreuve. Cela implique se séparer le soir de ceux qu'il aime, puis affronter la solitude de son lit pour de longues heures. Presque tous les enfants vont un jour montrer leur désaccord en tentant de se relever: ces petits problèmes de sommeil font partie de la vie de l'enfant. Mais il arrive que le trouble du sommeil s'installe et perturbe la vie de famille de manière importante. Mieux vaut intervenir rapidement.

Quand les réveils se multiplient...

L'exemple de Léonore, dix-huit mois, est typique. Une banale rhinopharyngite, en l'empêchant de bien respirer, a provoqué quelques réveils nocturnes auxquels sa maman a réagi avec efficacité: lavage de nez, gouttes, petit câlin et dodo. Le rhume a guéri. Léonore a continué à se réveiller et à appeler sa maman. Elle a vite compris que les heures de la nuit étaient douces, que sa mère était disponible, sa sœur endormie: bref, c'était le moment idéal pour se retrouver. Très vite, les réveils se multiplient, jusqu'à quatre ou cinq par nuit. À chaque fois, le scénario est le même: Léonore appelle, pleure, crie, réveille tout le monde, et ne se calme qu'après une intervention parentale.

Au bout de quelques mois, les parents dans cette situation sont épuisés par ces nuits écourtées. Certains ont fait preuve d'une grande tolérance, trouvant ces appels normaux. D'autres, excédés, sont vite dans l'intolérable. Ils ont la sensation d'avoir tout essayé: sirop pour la toux, lit parental, etc. Les enfants, quant à eux, sont vifs et pleins de vie, apparemment peu affectés par ces nuits agitées. Si la recette miracle pour faire dormir les enfants n'existe pas, il y a cependant quelques pistes à suivre ou des erreurs à éviter.

Les conditions qui favorisent un bon sommeil

- Pour qu'un enfant supporte d'être séparé de ses parents toute la nuit, il faut qu'il ait reçu une quantité suffisante d'affection et de présence de leur part. L'enfant qui n'a pas eu assez d'échanges complices, d'attention personnelle, cherchera à se rattraper la nuit, lorsque ses parents sont « disponibles ».
- C'est le jour que se règlent les problèmes de la nuit, très liés à la

sécurité intérieure de l'enfant. S'il développe une bonne autonomie affective et qu'il gère bien les moments de séparation et les moments de solitude le jour, il saura mieux gérer ses inquiétudes nocturnes.
- Il est bon que l'enfant ait, pour dormir, un petit coin à lui, un petit nid où il se sente bien, en sécurité, qui ne soit pas la chambre de ses parents. Un petit lit à sa taille, où il est accompagné le soir par un rituel apaisant.

Comment réagir sur le moment?

Ce n'est pas sur le moment que l'on peut traiter le problème, mais la manière d'intervenir « à chaud », lorsque l'enfant se réveille, crie et appelle, peut suffire à atténuer le trouble. Cela tient en quelques points:
- S'assurer rapidement qu'il n'y a pas de problèmes de santé.
- Rassurer l'enfant en lui parlant à voix basse, une main posée sur son dos, sans le prendre dans ses bras ni le sortir de son lit, sans allumer la lumière. Il s'agit de maintenir le plus possible les conditions de la nuit.
- Lui redonner le doudou qui lui est indispensable, mais rien à manger s'il est déjà bien réglé à quatre repas.
- Expliquer doucement mais fermement, avec des mots simples: « C'est la nuit, tout le monde dort, tout va bien, tu peux te rendormir, on se verra demain », sans s'attarder plus d'une ou deux minutes.
- Éviter toute stimulation, toute marque d'intérêt, afin que l'enfant ne trouve aucun « bénéfice » au fait de se réveiller. Il est bon qu'il sente aussi qu'il vous dérange et que vous n'aimez pas être réveillés.

À plus long terme

Les réveils multiples sont parfois le résultat d'une mauvaise habitude et de parents plutôt complaisants. Mais ils sont plus souvent un signal d'alarme que l'enfant met en place pour dire son malaise. L'aide d'un psychologue peut être la bienvenue pour mieux comprendre ce que l'enfant ne peut dire avec des mots: une inquiétude enfouie, un changement mal accepté, une mauvaise entente familiale, etc.
Puis il faudra mettre en place un programme progressif de rééducation du sommeil. Après avoir rassuré l'enfant et lui avoir bien expliqué ce que l'on attend de lui et pourquoi, on va lui apprendre peu à peu à gérer seul ses réveils et à se rendormir sans l'aide de l'adulte. Lorsque les parents sont unis et bien décidés, le problème se règle souvent en quelques jours.

De combien d'heures de sommeil un enfant a-t-il besoin?

C'est très variable d'un enfant à l'autre. Dès les premiers mois, on constate l'existence de gros et de petits dormeurs. Jusqu'à dix-huit mois, le sommeil est plus ou moins « à la carte ». À cet âge, certains enfants font encore deux siestes par jour, d'autres plus du tout. Cela dépend, entre autres causes, de la durée et de la qualité du sommeil de nuit. De deux à six ans, les enfants dorment en moyenne une douzaine d'heures la nuit, d'abord avec une sieste en plus, puis sans sieste.
Certains enfants sont du soir et tardent à s'endormir. D'autres sont du matin et s'obstinent, à trois ans passés, à se réveiller à six heures du matin.
Pour savoir s'il dort suffisamment, regardez votre enfant: s'il est à l'aise, énergique, qu'il a bonne mine et bon appétit, qu'il n'est pas fatigué le jour et qu'il se réveille spontanément, vous n'avez pas de souci à vous faire: il a son compte de sommeil.

C'est un lève-tôt: que faire?

La journée se déroulera mieux si elle commence pour chacun, parent comme enfant, dans la bonne humeur. Or, il est très désagréable d'être réveillé par des cris d'enfant à six heures du matin quand le réveil ne doit sonner qu'à sept et que cette heure-là fait toute la différence. Sans parler des dimanches, où l'on donnerait cher pour faire une grasse matinée. Comment y parvenir?

Parfois, l'enfant n'a pas assez dormi

Deux cas se présentent. Dans le premier, votre enfant n'a pas assez dormi (et vous non plus…) pour passer une journée en forme. La stratégie à mettre en place consiste à lui permettre de dormir davantage ou bien à lui apprendre à se rendormir sans votre aide. Elle sera différente selon l'âge de l'enfant, mais, dans tous les cas, n'espérez pas de miracles. Les progrès seront limités et très progressifs. S'il se réveillait à six heures, il ne passera pas à huit en l'espace d'une semaine, mais peut-être à six heures et demie, puis sept heures…

- Le réveil de l'enfant est souvent dû à la perception de la lumière du jour ou de bruit dans sa chambre (« C'est le matin, donc je me lève ! »). Dans ce cas, quelques aménagements simples (rideaux épais par exemple) peuvent aider à régler le problème.
- Ne vous précipitez pas au premier appel. Attendez une dizaine de minutes avant d'aller dans sa chambre: parfois l'enfant se rendormira seul. Si vous y allez, chuchotez comme si c'était la nuit. Faites-lui comprendre qu'il n'est pas encore l'heure et qu'il n'est pas question de se lever maintenant.
- Si c'est lui qui vient dans votre chambre, soyez direct et ferme en lui disant de retourner dormir, que ce n'est pas l'heure. Parfois, le ton très ferme et convaincu des parents suffit. Si vous choisissez de l'accueillir dans votre lit, soyez conscient que la situation risque fort de se reproduire tous les jours. C'est parfois le prix d'une matinée un peu prolongée.
- S'il s'agit d'un enfant plus grand, assurez-vous qu'il n'est pas réveillé par l'anxiété de ne pas se réveiller à temps (pour l'école, par exemple). Si c'est le cas, confiez-lui un réveil.

Et s'il avait faim?

On croit souvent que c'est la faim qui réveille l'enfant. En réalité, à partir du moment où le bébé est passé à quatre repas, il n'a plus besoin, sauf exception, du biberon de nuit. Mais, une fois réveillé, il ressent certainement la faim, puisqu'il n'a pas mangé depuis la veille au soir. D'où l'intérêt qu'il ait à portée de main (ou de lui fournir, puis de se recoucher) un petit en-cas qui l'occupera et l'aidera à patienter.

Alouette ou rossignol?

Si votre enfant est du matin, vous n'en ferez pas un « lève-tard » facilement. Mieux vaut prendre son mal en patience et lui donner les moyens de son autonomie. Même à un enfant jeune, on peut apprendre à patienter un peu, au moins certains jours de la semaine.

Et s'il a assez dormi?

Vous le saurez à certains signes:
- s'il dort à peu près autant toutes les nuits, même pendant les vacances;
- s'il se réveille en pleine forme;
- s'il vit joyeux toute la journée;
- s'il a toujours dormi moins que les autres.

Dans ce cas, votre but sera d'entraîner votre enfant à rester dans son lit ou dans sa chambre et à y jouer jusqu'à une heure raisonnable. N'espérez quand même pas qu'il puisse tenir jusqu'à dix heures du matin! Le jour où il saura se verser ses céréales et aller les manger devant la télé, ce sera gagné…

Voici quelques idées pour l'aider à passer le temps

- Remplissez un grand sac de « joujoux du matin », auquel il n'a droit qu'à ce moment-là, et que vous glissez dans son lit en vous couchant.
- Renouvelez les jouets et ajoutez-y un paquet de cartes: cela peut occuper un petit un bon moment.
- Enregistrez-lui des histoires sur des cassettes réservées à cet usage, qu'il pourra écouter seul sur son lecteur. Vous entendre lui parler sera pour lui un grand plaisir.
- Grignoter est l'une des activités favorites de l'enfant, et l'une des plus prenantes: déposez le soir, à portée de sa main, un petit biberon de jus de fruit et quelques biscuits qu'il trouvera à son réveil.
- S'il est déjà sensible à la notion d'heure, installez une pendule au mur de sa chambre. Dites-lui qu'il ne doit pas vous réveiller (sauf problème grave) tant que la petite aiguille n'a pas atteint tel chiffre, que vous matérialisez par une gommette de couleur. Intéressez l'exercice: chaque fois qu'il y parvient, marquez une croix qui lui donnera droit, au bout de cinq, puis de dix, à un petit cadeau.

Aucun de ces conseils n'a d'effets magiques. Les choses s'arrangeront doucement. Les petits sont du matin et les parents aimeraient bien les voir dormir davantage. Les adolescents sont du soir et les mêmes parents aimeraient bien les voir se lever plus tôt. Tout cela est donc une question d'âge… et de patience.

L'heure du coucher

Certains parents peuvent être tentés, pour que leur bébé se réveille plus tard le lendemain matin, de le coucher plus tard la veille au soir, voire de lui faire manquer une sieste. Cela marche rarement. La fatigue énerve l'enfant plus qu'elle ne le fait dormir davantage. D'autre part, le bébé, pour avoir un bon sommeil, a besoin d'une vie assez régulière.
S'il a l'habitude d'être réveillé à sept heures les jours de semaine pour partir à la crèche ou chez l'assistante maternelle, il serait bien étonnant qu'il accepte, parce que vous l'aurez couché plus tard, de dormir jusqu'à dix heures le dimanche matin!
Certains parents alternent les jours: ils sont de garde un week-end sur deux, afin que chacun, à tour de rôle, ait des matinées de repos. À vous de trouver votre propre organisation.

Le contrat

Dès que vous avez trouvé l'assistante maternelle à qui vous allez confier votre bébé, vous devez établir avec elle les termes du contrat qui vous liera, le rédiger et le signer. Cela vous évitera bien des désagréments par la suite, notamment les petits conflits qui viennent se nouer, entre l'assistante et les parents, concernant les points qui n'ont pas été discutés au préalable. Le contrat règle toutes les conditions matérielles de votre accord:

- les heures où vous déposerez et viendrez rechercher l'enfant, la régularité ou non de ces horaires, le nombre de jours de garde par semaine (aucune durée légale n'est prévue, donc l'accord est libre);

- les fournitures (couches, lait en poudre, eau minérale, etc.);

- la répartition des tâches (Lave-t-elle le linge sali chez elle? Donne-t-elle le bain? Quand sort-elle l'enfant?);

- les dates des congés d'été ou d'hiver;

- la rémunération des jours d'absence, des ponts, etc.

Changer d'assistante maternelle: un choix délicat

Un bébé s'habitue à son assistante maternelle. Il tisse avec elle des liens affectifs forts. C'est pourquoi la décision de changer d'assistante maternelle ne doit jamais être prise à la légère. Il faut pour cela de bonnes raisons. Et agir avec beaucoup de précautions, toujours dans le souci de protéger le sentiment de sécurité du jeune enfant.

En cas de déménagement

Sophie avait dix-huit mois et était depuis un an chez sa « Tata » lorsque ses parents ont été mutés dans une autre région. Ils ont mis à profit les deux mois qu'ils avaient devant eux pour bien préparer Sophie, lui expliquer la situation et amorcer la séparation avec Tata. Dès qu'ils ont su où ils habiteraient, ils se sont mis à la recherche d'une nouvelle assistante maternelle qui pourrait accueillir Sophie. Ils espéraient surtout retrouver chez elle les mêmes qualités de patience et de gaieté. Brigitte, sa maman, prévoyait déjà de se rendre disponible une semaine pour faire l'adaptation de Sophie dans son nouveau lieu de garde.

C'était le temps qu'il faudrait pour passer du temps avec elle chez sa nouvelle assistante maternelle, tout expliquer de ses habitudes et de ses goûts et lui faire faire, les premiers temps, de petites journées. Il était prévu aussi d'envoyer de temps à autre des nouvelles à Tata de la petite Sophie, dont elle regrettait d'avoir été si vite séparée.

Et si bébé n'était pas heureux la journée?

Dans d'autres cas, les parents, pour différentes raisons, sont insatisfaits de l'assistante maternelle qui garde leur enfant: la question du changement se pose. La décision est ici plus difficile à prendre, car le fait de changer est toujours mal vécu par le bébé qui a pris ses habitudes.

Il arrive que les parents aient l'impression que leur bébé ne se plaît pas chez son assistante maternelle et se sentent anxieux lorsqu'ils le déposent le matin. Il est souvent nécessaire de faire la part des choses. Certaines mères sont toujours insatisfaites:

désirant, au fond, rester avec leur bébé, elles veulent pour lui quelqu'un qui s'en occupe comme elles l'auraient fait elles-mêmes. Une exigence impossible à satisfaire.
D'autre part, certains enfants ont besoin d'un peu plus de temps que d'autres pour s'adapter à leur nouvelle vie. On voit ainsi certains bébés pleurer beaucoup pendant un mois ou deux, puis s'adapter très bien et redevenir gais. Se séparer de sa maman après plusieurs mois de vie commune n'est pas chose facile pour un bébé. Aussi est-il nécessaire de patienter un peu.
Cela dit, si un bébé est en souffrance, il faut faire quelque chose. Cela se remarque aux points suivants: l'enfant est triste, il ne sourit plus, il ne gazouille plus comme avant, il pleure et ronchonne souvent, il change rapidement et durablement ses habitudes de sommeil et de repas sans que rien semble le justifier. Tous ces signes doivent alerter les parents.
S'ils ont un doute, ils peuvent passer à l'improviste une fois ou deux chez l'assistante maternelle en cours de journée: ils seront mieux à même d'apprécier le comportement de leur enfant en leur absence. Il est bon de s'ouvrir de son inquiétude à la directrice de la crèche familiale ou à la puéricultrice du centre de P.M.I. dont dépend l'assistante maternelle. Il est nécessaire de parler aussi à l'enfant: lui dire ce que l'on ressent de son malaise et que l'on va chercher une solution. S'il sent sa difficulté reconnue, il aura plus de facilité à la supporter et à prendre patience.

Une décision à ne pas prendre à la légère

Parfois, échanger avec l'assistante maternelle suffira à arranger les choses. Mais ce n'est pas toujours le cas. Si elle parle de bébé en termes désobligeants, par exemple: « Il n'a pas été gentil aujourd'hui. C'est un coquin. Il pleure tout le temps et ne veut pas finir ses biberons », et si l'on sent qu'elle se fâche sur lui, alors il faut changer. Si l'on a perdu toute confiance, il est inutile de continuer. Pas de culpabilité. On ne trouve pas toujours la bonne adresse du premier coup. Si l'opinion des parents est fondée, leur décision prise, et s'ils ont trouvé un nouveau lieu d'accueil, inutile de tarder. Reste à expliquer la situation calmement à l'enfant et à prévoir quelques jours pour l'adapter en douceur chez sa nouvelle assistante maternelle.

Une bonne relation

**Le matin, il est normal de prendre un petit temps d'échange autour de l'enfant. Le soir aussi. Le temps de savoir comment il a passé sa journée, de regarder son lit, ses joujoux, de l'habiller.
Vous serez en retard? Prévenez. Vous arrivez régulièrement plus tard que ce qui était prévu? Payez une heure supplémentaire. Votre assistante maternelle peut vous rendre de grands services, et le fera volontiers, si vous ne considérez pas comme normal qu'elle emmène votre enfant chez le pédiatre ou chez le kiné, qu'elle lui donne son bain et le fasse dîner quand vous êtes en retard, qu'elle le garde lorsqu'il a 40° de fièvre, etc.
L'assistante maternelle a une expérience des enfants supérieure à la vôtre: inutile de le lui rappeler en lui téléphonant le dimanche ou au milieu de la nuit parce que votre petit vous fait une grosse colère, une montée de fièvre ou une poussée d'urticaire.**

Le « jeu » de l'enfant est inconscient

Inutile, une fois la crise passée, de faire la leçon à l'enfant en lui disant qu'on ne se fera plus avoir, ou de se moquer de lui. L'enfant ne fait pas du « cinéma », il ne fait pas « exprès » de perdre connaissance. En réalité, il est totalement inconscient des mécanismes de « manipulation affective » auxquels il recourt.

Ne laissez pas l'enfant devenir un tyran

Nombreux sont les parents qui n'osent pas contraindre ou sanctionner leurs enfants. Les enfants sentent cette hésitation ou cette culpabilité sous-jacentes et ils vont vite apprendre à en profiter. Ils font des « comédies » à tout propos. Quant aux parents, ils se sentent débordés.

Le spasme du sanglot

Il s'agit d'une brève perte de connaissance de l'enfant, de l'ordre de quelques secondes (mais cela peut sembler très long…). Bien que bénin, le spasme du sanglot impressionne vivement ceux qui en sont témoins. Bien que n'ayant aucune conséquence sur le plan médical, il n'en est pas moins une réaction étrange qui mérite quelques explications.

Quand survient le spasme du sanglot?

L'âge le plus fréquent se situe entre dix-huit mois et deux ans, mais il n'est pas rare de trouver aussi des spasmes chez des petits dès six mois. Il semble que 5 % environ des enfants, aussi bien les filles que les garçons, fassent un jour un spasme du sanglot, ce qui en fait une réaction relativement courante. Réaction à quoi? À une vive émotion, à une contrariété, à une colère, à une frustration, à un petit accident…

À quoi ressemble un spasme du sanglot?

La forme la plus courante est la « forme bleue ». Au cours d'une crise de larmes ou de colère, l'enfant se met à hoqueter et perd son souffle. L'apnée survient, l'enfant se cyanose (il devient bleu) et perd connaissance. Cela suffit à faire cesser les spasmes et sa respiration redevient normale. Pendant un petit moment, l'enfant reste blanc et apathique, les yeux dans le vague, un peu mou. Puis tout rentre dans l'ordre.

La « forme pâle », moins fréquente, survient à la suite d'une frustration. L'enfant devient tout blanc et perd également connaissance. Il reprend ensuite rapidement ses esprits.

Est-ce grave?

S'il s'agit d'un vrai spasme du sanglot, ses causes sont psychologiques. Médicalement, le spasme du sanglot n'est absolument pas grave et ne laisse jamais de séquelles.

C'est différent sur le plan psychologique. Le premier spasme survient généralement de façon accidentelle: l'enfant s'est cogné ou a fait une très grosse colère. C'est alors que la réaction de l'entourage sera déterminante pour la suite des événements. La peur et la sollicitude immédiates de la mère n'échappent pas à l'enfant. Elles vont agir comme un renforcement, l'encourageant à récidiver et à répéter ces spasmes du sanglot.

Il est vrai qu'y assister est très impressionnant, pour qui n'est pas averti. La maman, craignant un nouveau spasme, en vient à surprotéger l'enfant et n'ose plus rien lui refuser. Les conséquences ne se font pas attendre: l'enfant devient tyrannique et joue avec l'anxiété de ses proches pour obtenir tout ce qu'il veut!

Comment réagir?

Lors de la crise, l'essentiel est de garder son calme et de ne pas montrer à l'enfant à quel point elle déclenche en soi de frayeurs. Allongé sur le sol, l'enfant reprend vite des couleurs. Une autre technique consiste tout simplement à souffler doucement sur sa figure, pour lui faire reprendre son souffle. Mais le mieux est encore, lorsque l'on sent la crise s'annoncer (la grosse colère suite à une frustration par exemple), de sortir tout simplement de la pièce. Sans spectateur, le spasme tourne court.
Si les parents sont convaincus que ce symptôme est sans gravité et qu'il ne sert à l'enfant qu'à obtenir ce qu'il veut, ils ne se laissent plus impressionner et les spasmes cessent. En effet, le petit enfant ne fait de spasme du sanglot, le plus souvent, qu'en présence d'une seule personne, de préférence la plus anxieuse, ou celle dont il souhaite avant tout capter l'attention.

Essayer de comprendre

Le spasme du sanglot est une réaction psychosomatique sans conséquences médicales. Il est toutefois recommandé de consulter son médecin après une première crise afin de confirmer le diagnostic et d'essayer d'éclaircir les causes qui l'ont déclenchée. Bénin en lui-même, le spasme peut être associé durablement à d'autres troubles (refus de manger, perturbations du sommeil...) et révéler alors une difficulté éducative sur laquelle il est important de faire le point.
Avec du recul, il est nécessaire de s'interroger sur la nécessité qu'a l'enfant d'attirer ainsi l'attention. N'est-il pas entouré d'un climat trop anxieux? Ses parents ont-ils su mettre en place une relation de confiance où l'enfant ne peut douter de l'amour qu'on lui porte, même en cas de conflit? Une discipline ouverte mais ferme est-elle appliquée ou bien les parents se sentent-ils « débordés » par leur enfant? Ce sont de telles questions qu'il convient de se poser si les spasmes du sanglot se reproduisent.

L'agressivité des petits

L'agressivité est une énergie vitale, qui débouche parfois sur l'agression. Elle est un comportement universel chez les jeunes enfants, au point que l'on peut même se poser des questions sur celui qui n'en exprime aucune.
Apprendre à contrôler cette agressivité est une part importante du processus de socialisation. Elle se développe souvent si l'enfant a repéré que l'agressivité était la stratégie la plus efficace, et si elle est payante, c'est-à-dire si elle lui permet d'obtenir ce qu'il veut.
Ce qui diminue les comportements agressifs:
- de bonnes relations affectives et sociales précoces;
- ne pas laisser l'agresseur « gagner », mais lui montrer d'autres stratégies;
- ne pas avoir de comportements agressifs envers l'enfant.

Garder son calme face à ses colères

Marlène, deux ans, n'accompagne plus sa maman au supermarché. Ses cris et ses mouvements de rage, à chaque refus de ce qu'elle réclame, ont eu raison de la patience maternelle. Comment ne pas se sentir à la fois désarmée et énervée devant un petit bout de fille qui hurle, trépigne, escalade le chariot et vous fait regarder des clients comme un bourreau d'enfants?

Des petits facilement coléreux

Flavio n'a que dix-huit mois, mais ses colères sont déjà terribles. S'il voit un objet et le réclame, il ne peut supporter qu'on le lui refuse. Cela va du gâteau pour le dessert au trousseau de clés de son papa. La frustration lui semble tellement insupportable que ses parents se demandent s'ils ne sont pas trop durs avec lui et s'ils ne devraient pas lui céder davantage.

Les petits, entre dix-huit mois et quatre ans environ, sont volontiers coléreux. La frustration ou le dérangement, en fait tout ce qui s'oppose à leur désir immédiat, peuvent être le prétexte d'une crise. Ils voudraient décider de leur vie, mais ils se sentent petits et impuissants. Obéir? C'est insupportable. Ou alors vraiment pour faire plaisir...

Comment réagir à ces colères?

Sur le moment

- L'enfant, lancé dans une crise de colère, perd tout contrôle émotionnel. Il n'entend rien, il vole en éclats. Le contraindre ou le raisonner ne ferait que renforcer ses cris.
- La tension nerveuse doit d'abord se vider. Le mieux est de laisser un temps à l'enfant pour décharger cette énergie, soit en l'ignorant, soit en l'isolant lorsque c'est possible (« Tu vas aller un moment crier dans ta chambre, tu reviendras lorsque tu seras calmé »).
- Ne cédez pas. Si les colères « payent », elles deviendront plus fréquentes.
- Ne piquez pas une colère plus forte que la sienne. Il serait terrifié. Souvenez-vous que votre attitude a toujours valeur d'exemple pour l'enfant.

Apprendre la négociation

Parfois un oui limité, qui est l'aboutissement d'une négociation, peut désamorcer un conflit. C'est la méthode sans perdant:

- **« D'accord pour le bonbon, mais un seul. »**
- **« OK pour que tu continues ton jeu mais cinq minutes seulement. »**

De son côté, l'enfant apprend à faire valoir ses arguments et il se sent entendu de vous. Même s'il n'a pas tout ce qu'il veut, il en a une partie. De votre côté, vous avez obtenu de votre enfant qu'il vous obéisse sans déclencher de conflit. Une fois que l'accord est trouvé, il est important de s'y tenir: cinq minutes, c'est cinq minutes, pas quinze. Sinon, votre accord n'en était pas un et votre parole perd sa crédibilité.

Attention: tout ne se négocie pas. Si vous ne trouvez pas d'accord avec votre enfant, c'est vous qui devez avoir le dernier mot.

À la fin de la colère

- Lorsque vous sentez que l'enfant a vidé une grande partie de sa rage, vous pouvez, s'il accepte, l'aider à terminer. Enveloppez-le dans vos bras et tenez-le un moment contre vous, de manière ferme et tendre. Bercez-le doucement. Cela l'aide à se reconstruire.
- Si vous l'avez envoyé dans sa chambre, rappelez-lui qu'il peut en sortir et revenir vers vous dès qu'il aura fini sa colère.
- Ne restez jamais sur un conflit. C'est à vous de faire le premier pas vers la réconciliation. L'enfant a absolument besoin de savoir que sa colère n'a pas amoindri l'amour que vous lui portez.
- S'il a eu des gestes violents qui ont fait mal ou cassé quelque chose, aidez-le à réparer. Il peut demander pardon à son frère, ou ramasser les morceaux du puzzle qu'il a lancé en l'air.
- Expliquez-lui qu'il a, comme tout le monde, le droit de ressentir et d'exprimer de la colère, mais pas celui de détruire ou de faire mal.

À froid

- Si votre enfant est très coléreux, s'il réagit à la moindre contrariété ou frustration, c'est le moment de vous interroger. Avez-vous su lui imposer progressivement des limites? Est-ce bien clair que ce n'est pas lui qui commande à la maison?
- Donnez-vous à votre enfant, ainsi que son père, l'exemple d'adultes qui savent contrôler leurs émotions, dériver leur propre colère et garder leur calme? L'exemple des parents est fondamental dans la façon qu'aura l'enfant d'apprendre à gérer ses propres émotions. Quand vous sentez une colère en vous, dites-lui: « Je sens la colère qui monte en moi à cause de ce qui vient de se passer; je vais m'isoler un petit moment et sortir sur le balcon respirer pour reprendre mon calme. »

Comment éviter la prochaine colère?

- Essayez, très rapidement, de détourner son attention vers quelque chose qui l'intéresse. Cela va de: « Oh, regarde le pigeon sur la terrasse! » à « N'est-ce pas l'heure de ton feuilleton? ».
- Montrez que vous comprenez son désir, avant de refuser de le satisfaire: « Tu as raison, ces bonbons ont l'air délicieux, la prochaine fois c'est ceux-là que nous achèterons. »

La colère a un sens

La colère est un débordement violent qui emporte l'enfant. Parfois soudaine, il arrive même que les parents en ignorent la cause. Les petits sont susceptibles et cette sensibilité leur est toute personnelle. En retour, la colère provoque énervement, tension, embarras. Ou bien une autre colère, des parents cette fois. La colère de l'enfant a beau paraître soudaine et excessive, elle a pourtant un sens:

- **Elle dit la frustration: « Je veux faire quelque chose mais je n'y arrive pas. »**
- **Elle dit la peur et l'angoisse d'abandon.**
- **Elle dit l'envie d'être autonome, grand et de décider pour soi.**
- **Elle dit le besoin de respect et la révolte contre ce qui semble injuste.**

Une bonne fessée vaudrait-elle mieux qu'un long discours?

Non.

● La fessée est toujours un échec. Échec de la patience, de l'éducation, de l'obéissance. Elle ne peut se concevoir que comme une solution exceptionnelle, donnée dans l'urgence de sévir et dans l'impuissance de trouver mieux sur l'instant. Elle ne soulage que celui qui la donne, mais doit toujours être administrée sans violence, ce qui est parfois difficile. Alors autant l'éviter : il y a d'autres moyens plus éducatifs de se faire obéir.

● Quant au discours, mieux vaudrait le faire bref et clair. Long, il va vite lasser l'enfant, qui cessera tout simplement d'écouter. Les phrases simples et répétitives (du style : « Non, tu ne touches pas au four. Tu risques de te brûler, alors c'est interdit ») sont celles qui s'inscrivent le mieux dans l'esprit de l'enfant.

Les limites et l'autorité… bien tempérée

Une ou deux années difficiles…

Tant que l'enfant est très jeune, pas de problème : ses déplacements dans la maison, donc les occasions de bêtises, sont limités. De gros yeux et un haussement de voix suffisent généralement à impressionner bébé.

Vers dix-huit mois ou deux ans, changement de ton. L'enfant veut décider de tout, s'oppose volontiers et refuse d'obéir. Il ne supporte plus la frustration. Il court partout, touche à tout, se montre volontiers provocateur, et déclenche ainsi toutes sortes de situations difficiles à gérer par les parents. Eux qui rêvaient de relations pacifiques et raisonnables avec leur enfant se trouvent entraînés dans des rapports de force, où ils essaient, naviguant à vue, d'éviter les écueils du laxisme ou de l'excès d'autorité. Les mois passent.

L'enfant continue à hurler quand on lui demande d'arrêter son jeu, à glisser ses feutres dans la fente du magnétoscope ou à refuser de donner la main pour traverser. Comment s'y prendre pour se faire obéir de son enfant, sans prendre ni lui laisser le rôle du tyran?

L'essentiel tient en quatre points

Des adultes qui savent où ils vont

Il est normal que l'enfant s'oppose et pousse l'adulte à bout, mais il est souhaitable qu'il trouve en face de lui une volonté supérieure à la sienne qui sache faire preuve de la fermeté nécessaire. Même si l'enfant proteste pour la forme, il est profondément sécurisé s'il se sent guidé par des adultes qui savent où ils vont et défendent ce en quoi ils croient. Discipliner vise bien à former des disciples.

Peu de règles, mais cohérentes

Les règles étant difficiles à faire appliquer, mieux vaut s'en tenir à l'essentiel. Se limiter à quelques exigences raisonnables, respectueuses et en accord avec l'âge de l'enfant est un gage de réussite. Autant il est légitime de demander à un enfant de ne pas manger sa soupe avec les doigts, tirer la queue du chat ou se mettre debout sur sa chaise haute, autant il sera difficile d'exiger qu'il se couche à huit heures si son père rentre à neuf, ou bien qu'il ne touche pas aux poupées de collection qui sont à portée de main sur le buffet.

Expliquer sans se justifier

Une fois définis les quelques règles et interdits simples et cohérents qui régissent la vie de l'enfant, il va falloir les faire appliquer. La première étape est de les expliquer brièvement, avec des mots simples (« Tu ne touches pas la porte du four parce que tu risquerais de te brûler très fort. C'est interdit. »).
La seconde de les répéter chaque fois que nécessaire (« Tu te souviens, je t'ai dit de ne pas toucher au four. C'est dangereux. »). Attention : à cet âge-là, explication n'est pas discussion ou justification.
La troisième étape est d'appliquer les conséquences : féliciter et encourager largement l'enfant qui obéit ; sinon, montrer sa réprobation. Il peut être nécessaire de punir (« Si tu lances encore une fois de l'eau hors de la baignoire, tu sors tout de suite du bain. »), mais en étant économe de menaces : pour être efficaces, elles doivent être suivies d'effet !
Dans tous les cas, on constate vite que l'adulte est mieux entendu par le jeune enfant s'il base son autorité sur une relation de confiance et d'affection. Le calme est beaucoup plus efficace que les cris : faire monter sa mère sur ses grands chevaux peut vite devenir le jeu favori de l'enfant !

Un amour inconditionnel

Autant certains comportements de l'enfant sont inacceptables (pour des raisons de sécurité entre autres), autant il doit se sentir totalement accepté et respecté dans ses désirs et dans ses émotions. Il a le droit de se sentir en colère, mais pas de frapper sa petite sœur. Il a raison d'avoir envie d'un pain au chocolat, mais pas de hurler dans la boulangerie si on le lui refuse. Il est essentiel de bien lui faire sentir cette différence : lui est aimé, pas ses caprices.

« Qui c'est le chef, ici ? »

Beaucoup de parents se demandent, finalement, s'ils savent se faire obéir de leur petit enfant. Une manière simple de le savoir est de répondre honnêtement à cette simple question : chez vous, qui mène le jeu ? Qui décide pour ce qui concerne la vie quotidienne de l'enfant ? Est-ce lui ou vous qui décidez de sa façon de s'habiller, de son heure de coucher, de la composition de son repas, etc. ?

D'où vient l'autorité ?

● Autorité vient du latin *auctor* qui signifie « auteur », mais aussi « garant », celui qui accroît, « celui qui fonde », « celui qui est à l'origine des choses et en est responsable ». L'auteur, c'est celui qui a des valeurs à transmettre, pour que la personne à qui l'on transmet devienne à son tour acteur de sa vie et auteur pour d'autres.

● Avoir l'autorité, étymologiquement, c'est avoir le droit de commander, mais c'est aussi être celui qui aide à se développer, à grandir et à se construire soi-même.

● Faire autorité, c'est être la référence, le modèle, l'exemple, le guide.

L'autorité repose sur la confiance, sur la certitude d'être aimé et sur le calme. L'enfant a alors naturellement le désir d'obéir pour faire plaisir et parce qu'il sent que l'adulte est « raisonnable ».

b

école maternelle

propreté

curiosité

s'habiller seul

ain

Découvrir les joies du bain

Tous les petits bébés adorent le bain, paraît-il, et barbotent gaiement dans leur petite baignoire… sauf le vôtre. Dès que vous déshabillez Timothée, il commence par grimacer de mécontentement. Nu, il pleure. Plongé dans l'eau, il hurle franchement. Pourtant, comme tous les autres bébés, Timothée a passé les neuf premiers mois de sa vie dans le milieu liquide du ventre maternel. La sensation de l'eau sur sa peau lui est connue avant la naissance et on pourrait penser qu'il apprécie de la retrouver. Le premier bain de l'enfant donné parfois par la sage-femme en salle de travail le prouve. Le bébé se détend, son visage s'épanouit…

Une mauvaise expérience suffit parfois…

Alors, que s'est-il passé pour que Timothée, à huit semaines, réagisse aussi mal? Il semble bien que, pour le bébé, une seule expérience désagréable suffise à lui faire craindre le bain. A-t-il eu un jour du savon dans les yeux? Un bain a-t-il, à la maternité, été donné par une auxiliaire trop pressée, ou dans une eau trop froide? Le bébé a-t-il ressenti parfois un sentiment d'insécurité parce qu'il n'était pas bien soutenu? Pour une raison ou une autre, le nouveau-né a associé bain et expérience désagréable. Depuis, il pleure.

Que faire?

La première mesure d'urgence consiste à arrêter provisoirement de donner le bain au bébé. Ne vous inquiétez pas: il ne sera pas sale pour autant! Puis il est conseillé d'agir de manière progressive, patiente et douce, pour réconcilier l'enfant avec l'eau et lui faire retrouver la notion de jeu et de plaisir. En attendant, vous pouvez procéder de la manière suivante: faites chauffer une grande serviette de toilette, enveloppez votre bébé nu dedans, et lavez-le doucement avec un gant bien chaud et un savon neutre. Pendant quelque temps, ne trempez pas votre bébé entièrement dans l'eau. Il appréciera de rester tout ce temps dans vos bras. Pour plus de confort, vous pouvez vous asseoir, à côté du lavabo, votre bébé sur les genoux.

Les jouets de bain

Même très jeune, le bébé peut apprécier d'avoir à sa disposition, dans sa petite baignoire, un ou deux jouets de bain qu'il aura plaisir à retrouver chaque jour et à voir flotter. Petit canard en plastique ou balle de ping-pong colorées feront l'affaire.

Le petit « plus »

Les bébés adorent qu'on achève de les sécher avec le séchoir à cheveux. Une fois essuyé grossièrement avec la serviette, étendez votre bébé sur la table à langer, puis passez doucement le sèche-cheveux un peu partout sur son corps, en insistant sur les petits plis et le lieu des rougeurs. Réglez la température pour qu'il ait bien chaud sans être incommodé. Cela deviendra vite pour lui un grand plaisir!

Réapprendre le bain-plaisir

Voici maintenant quelques conseils pour réconcilier votre bébé avec le bain et faire de cette heure un moment vraiment privilégié.

- Tenez votre enfant avec des gestes fermes et confiants, afin de lui transmettre un sentiment d'aise et de sécurité.
- Remplacez le shampooing par un gant savonné. Et n'oubliez pas qu'une main pleine de savon est bien plus douce qu'un gant ou une éponge et glisse mieux dans les petits plis du corps du bébé.
- Procurez-vous un thermomètre de bain pour être sûr que l'eau est bien chaude et n'hésitez pas à brancher un chauffage d'appoint.
- Essayez de laver votre bébé dans le lavabo, plutôt que dans la baignoire, une serviette ou un torchon posé au fond évitant les glissades.
- Attirez l'attention de votre bébé sur autre chose que son inconfort: collez des autocollants antidérapants de couleurs vives, ou bien laissez flotter quelques jouets multicolores à la surface de l'eau. Fasciné de les voir bouger autour de lui, il en oubliera vite ses craintes.
- Le bain fini, enveloppez votre bébé dans une serviette chaude… Un régal!

Il serait bien étonnant que le bain ne devienne pas bientôt un grand plaisir. En attendant, montrez le vôtre! Donnez le bain gaiement, en bavardant avec votre bébé, en chantant pour lui. Cela l'enchantera. Progressivement, vous prendrez confiance en vous et dans vos gestes, ce qui l'aidera à se sentir complètement à l'aise.

La nudité

Il faut savoir que certains nouveau-nés, particulièrement sensibles, ne supportent pas la nudité et particulièrement la sensation de l'air sur leur peau nue. Si votre bébé est dans ce cas, il appréciera que vous laviez d'abord le haut de son corps, puis le bas, sur la table à langer, sans jamais le mettre entièrement nu, et d'être toujours enveloppé de chaud.

Le bain avec papa ou maman?

L'eau du bain dans laquelle un adulte se baigne après une journée d'activité devient vite un véritable nid à microbes, peu recommandé pour un tout-petit. Alors, si vous voulez partager le plaisir d'un bain avec votre bébé, prenez soin de prendre une douche au préalable et de vous glisser, propre, dans l'eau de la baignoire.

Imiter, c'est apprendre

Ce n'est pas spécialement pour vous embêter que votre petite fille de deux ans vide votre sac à mains et se barbouille de rouge à lèvres dès qu'elle en a l'occasion Pendant ce temps-là, votre fiston de trois ans attend que vous ayez le dos tourné pour grimper sur le lavabo et tenter d'attraper le rasoir de son père. Puis, complices, ils vous barbotent votre téléphone portable et vident votre forfait en tentant d'appeler mamie... Inutile de vous déchaîner. Ils ne font rien d'autre qu'apprendre la vie.

L'étape des quinze mois

L'enfant devient chaque jour plus conscient de son environnement et des événements qui s'y déroulent. Il mémorise, il se prépare. Si ses capacités ne lui permettent pas encore d'intervenir autant qu'il le voudrait, il étudie de très près la question pour le jour où... Il n'attend qu'une chose: que son tour vienne d'agir sur les objets et sur les gens. Déjà, il marche et il comprend ce qu'on lui dit, il revendique ou refuse, il prémédite ses actes.... Dans quelle impatience se tient-il de pouvoir manipuler la télécommande ou actionner le mixer! Quinze mois, c'est l'explosion de toutes les capacités. C'est clair: bébé n'en est plus vraiment un.

Pour prendre sa place, l'enfant va désormais emprunter trois chemins: le premier est l'exploration permanente, doublée d'une insatiable curiosité. Le second est le refus: dire non est une façon efficace de se faire reconnaître. Le troisième est l'imitation.

La naissance du jeu symbolique

Au cours de sa seconde année, l'enfant attribue une existence propre aux objets, ce qui lui donne sur eux une puissance nouvelle. D'une casserole, il peut faire tour à tour un tambour, un chapeau ou un récipient. De ce jour, l'enfant est roi d'un nouveau monde dont son imagination seule définit les limites. D'un bâton, il fait une épée; d'un biscuit grignoté, un pistolet; d'un vieux chemisier, elle fait une robe de princesse et d'un vieil ours, un copain imaginaire qu'il faut nourrir et corriger.

Savoir faire semblant ouvre la porte à tous les comportements d'imitation, qui se développent surtout à partir de la troisième année. C'est l'âge où l'on commence à faire des gâteaux en sable

L'enfant est observateur

Parce qu'il est très attentif, l'enfant repère vite comment les adultes (ou les frères et sœurs aînés) se servent des objets et il n'attend pas toujours qu'ils aient le dos tourné pour essayer à son tour. Il est impatient d'essayer de copier. À un an, l'important est de tripoter de nouveaux objets. À quinze mois, de s'en servir comme les grands. Apprendre, c'est, dans le plaisir de la maîtrise progressive d'un nouveau comportement, imiter l'autre qui sait mieux et participer à ce qu'il fait. Le bébé naît avec cette capacité à observer et reproduire. Il en fait la démonstration dès les premières semaines de sa vie, mais c'est vers quinze mois que cette compétence devient pleinement efficace.

L'enfant en collectivité

Le petit enfant n'observe pas que ses parents ou ses aînés. Celui qui passe des journées avec des enfants de son âge les imite aussi beaucoup. C'est pourquoi il chipe la balle de celui qui a l'air de si bien s'amuser avec, ou qu'il s'installe, avec ses briques, à côté de celui qui sait déjà les encastrer. Les enfants s'enseignent mutuellement, pour le progrès de chacun.

que maman doit faire semblant de manger et où l'on « conduit » très sérieusement sa voiture en tenant un couvercle à bout de bras.

Les jeux d'imitation jouent plusieurs rôles essentiels

L'enfant va reproduire, avec ses peluches ou ses petits personnages, les expériences passées. Les situations, que l'enfant a vécues mais n'a pas totalement assimilées, vont être rejouées, autant de fois que nécessaire, jusqu'à ce qu'elles aient été totalement apprivoisées. C'est ainsi que l'on entend l'enfant gronder son lapin parce qu'il ne mange pas, lui faire une piqûre ou le contraindre à s'habiller sous peine d'une fessée. L'enfant se met à la place du parent, ce qui est une façon de reprendre le pouvoir et la maîtrise de la situation. Puis il rejoue l'événement, en le modifiant au besoin, jusqu'à ce qu'il en ait vraiment fait le tour.

- Ces jeux, où l'enfant joue le rôle des adultes (parent, maîtresse, docteur, marchande, etc.) lui permet de les connaître « de l'intérieur ». Il se met, pour les premières fois de sa vie, à la place de quelqu'un. Lui qui était jusqu'ici centré sur lui-même et sur ses propres émotions commence à devenir capable d'imaginer ce que vit et ressent autrui.
- Ces jeux permettent à l'enfant de mieux appréhender le monde, de comprendre les relations entre les événements. Parler tout haut en jouant, seul ou avec des copains, développe l'habileté langagière. L'invention merveilleuse du « copain imaginaire », tantôt bon tantôt infernal, permet, tout en se défendant contre la solitude, d'apprendre à faire la part entre le « bien » (ce que les parents approuvent) et le « mal ».
- Cette année est également celle au cours de laquelle l'enfant apprend à se reconnaître garçon ou fille et ce qu'il en est de son futur rôle. Le garçon bricole, joue à la guerre et se fascine pour ce qui roule. La fille joue à la dînette, berce ses poupées et, perchée sur les chaussures à talons de sa mère, se déguise en star...

Une vigilance obligatoire

Cette période n'est pas de tout repos pour les parents. L'enfant n'a pas conscience du danger et ignore les risques qu'il prend en imitant « les grands ». Les accidents domestiques sont nombreux à cet âge. Aussi faut-il périodiquement revoir l'aménagement de la maison en fonction des nouvelles capacités de l'enfant. Mais c'est aussi une période passionnante, riche en découvertes et en fous rires.

Que lui offrir?

- Des fripes d'adultes (ou des panoplies) et du maquillage pour se déguiser en parent, en cow-boy, en Zorro, en princesse, en danseuse...
- Des matériaux de construction (briquettes, cubes, grands cartons, etc.), pour fabriquer à volonté un garage, une ferme, un aéroport, un magasin, une station-service ou une maison de poupée, ainsi que des accessoires pour rendre la construction plus ressemblante.
- Des petits personnages, des animaux de la ferme, un landau, des petits outils de bricolage ou de ménage, une petite poupée souple facile à habiller, etc.
- Une trousse de médecin avec pansements, coton-tige, coton, flacons, sparadrap, etc.
- Un drap et une structure pour fabriquer une tente ou bien un grand carton pour faire une cabane.
- Un faux téléphone, ou bien un vrai hors d'usage.

L'apprentissage du pot: à faire, à éviter

Tant que l'enfant est petit, il n'y a pas de problème: tous les parents trouvent normal de changer ses couches plusieurs fois par jour. Puis vient un moment où ses parents auraient bien envie que leur enfant soit « propre ». La lassitude joue certainement un rôle, mais aussi la comparaison avec d'autres enfants du même âge qui, eux, font déjà dans le pot. On pense qu'il a bien grandi, qu'il pourrait sûrement se retenir. Les conseils contradictoires entendus ici ou là génèrent chez les parents une anxiété bien inutile. Comme tous les mammifères, l'homme est naturellement continent. La quasi-totalité des enfants finissent donc par être propres, certains plus tôt ou plus facilement, d'autres moins. L'âge d'acquisition de la propreté n'a aucun rapport avec le reste de son développement.

Une acquisition normale, mais cependant complexe

Il s'agit bien d'une acquisition normale, mais elle est pourtant complexe. D'abord il s'agit d'un domaine sensible, que les parents investissent beaucoup et qui peut, de ce fait, devenir un champ privilégié d'opposition. Ensuite, devenir propre suppose au préalable l'acquisition de certaines compétences physiques, nerveuses, intellectuelles et langagières. C'est pourquoi un enfant est rarement propre avant dix-huit mois ou deux ans, le plus souvent entre deux et trois ans. Avant cette maturité, l'enfant ne peut se contrôler: il ne s'agit pas d'éducation mais de conditionnement.

Si les parents attendent que l'enfant soit prêt avant de commencer l'apprentissage de la propreté, celui-ci peut se faire sur quelques jours seulement, parfois quelques semaines. À condition de reconnaître le moment où l'enfant est prêt, de savoir s'y prendre, et de ne pas faire d'erreur rédhibitoire…

Ce qu'il faut éviter

Tout se passera bien et votre enfant sera propre tout naturellement, à son rythme, à condition d'éviter les quelques maladresses que voici…

- **Attendre trop de l'enfant, et trop tôt, à un âge où il ne peut le donner. On le met alors dans une situation d'échec bien douloureuse. Il voudrait faire plaisir à maman, mais il s'en sent incapable. Or, l'âge varie d'un enfant à l'autre. Lui seul peut dire s'il est prêt.**
- **Faire fortement pression sur l'enfant, l'obliger à s'asseoir sur le pot. Mieux vaut éviter tout rapport de force: la propreté n'est pas une bataille que vous pouvez gagner sans la coopération de l'enfant. Si l'enfant sent que l'adulte « attend » trop, il risque de se servir de ces situations pour « faire marcher » son entourage et attirer durablement l'attention sur lui.**
- **Laisser l'enfant sur le pot plus de cinq minutes, l'y occuper avec des jouets ou des livres. Il a envie ou il n'a pas envie, mais les toilettes ne sont pas une salle de jeux.**

Plus il y a de pots…

Tant que la propreté n'est pas totalement installée, les « petits accidents » sont nombreux et l'enfant peu à même de se retenir. Si vous vivez dans une maison, avoir un pot au rez-de-chaussée et un pot à l'étage peut être une bonne idée. Laisser l'enfant déambuler en culotte aussi.

Pour résumer, l'enfant est prêt quand:

- il connaît son corps, les mots pour en nommer toutes les parties et ceux concernant les fonctions d'élimination;
- il parle assez bien et sait demander ce dont il a besoin;
- conscient du fonctionnement de son corps, il sait quand il élimine et demande à être changé quand sa couche est sale;
- il peut rester deux ou trois heures avec une couche sèche, et se réveille parfois au sec;
- il aime imiter ses parents, ses aînés et ses copains;
- il est coopérant, désireux de faire plaisir et capable de suivre des instructions simples;
- bien coordonné, il court et grimpe: on le sent à l'aise dans son corps;
- il a compris ce que l'on attend de lui
- il est d'accord pour ôter les couches et aller sur le pot.

Ces deux derniers points sont fondamentaux. Si l'enfant est prêt et désireux de coopérer, l'apprentissage se fera tout seul.

Les comportements et les attitudes qui aident

Vient donc un moment où l'on commence à mettre son enfant sur le pot, en envisageant d'enlever prochainement les couches. Indépendamment de la méthode adoptée, voici quelques conseils qui ont fait leurs preuves.

- Si l'enfant est à la crèche ou chez une assistante maternelle, mettez-vous d'accord pour démarrer ensemble et de la même manière. Utilisez de préférence les mêmes mots.
- Achetez le pot avec l'enfant en lui laissant choisir son modèle. Puis laissez-le se familiariser avec autant qu'il veut.
- Proposez le pot à heures plus ou moins régulières, sans jamais obliger l'enfant à s'y asseoir. Laissez-le dessus un temps bref, moins de cinq minutes. Il n'a rien fait? Passez à autre chose. S'il ne se passe rien pendant deux semaines, rangez le pot. Vous le ressortirez dans deux ou trois mois.
- Il a fait? Montrez votre fierté et félicitez-le de sa réussite. Si cela devient régulier, vous allez pouvoir supprimer les couches et emmener votre enfant s'acheter de jolis sous-vêtements.
- Les « accidents » sont inévitables. La meilleure attitude consiste à changer rapidement l'enfant et à le rassurer en lui répétant votre confiance. Si les accidents sont trop nombreux, posez-vous la question de savoir si votre enfant était vraiment prêt.
- S'il fait assez chaud et si votre sol le permet, laissez votre enfant en petite culotte, voire les fesses à l'air: il sentira mieux ce qui se passe dans son corps et sera plus rapidement sur le pot.

Ce qu'il faut éviter

- **Entamer l'apprentissage de la propreté en même temps que survient un événement familial majeur (déménagement, naissance, etc.). Comme c'est un apprentissage qui va mobiliser l'enfant, mieux vaut choisir une période de calme émotionnel.**
- **Habiller l'enfant avec des vêtements difficiles à enlever: bretelles, braguettes à boutons, etc. Des habits simples l'aideront à devenir propre et autonome: quand il a envie, c'est tout de suite!**
- **Punir, critiquer ou ridiculiser l'enfant en cas d'accident. Très sensible, l'enfant peut se sentir découragé dans ses efforts si vous montrez ainsi votre contrariété, votre impatience ou votre déception. Inutile également de crier au miracle quand il a fait dans le pot. Rien de plus normal quand on devient un grand. L'enfant a besoin d'encouragement, de soutien et de sentir votre fierté à le voir grandir.**

Interrogation sur la « propreté »

Lorsqu'un petit enfant devient continent et que les adultes de référence lui apprennent les manières qui vont avec, on dit qu'il est devenu « propre ». Est-ce à dire qu'avant il était sale? Ce mot ambigu, la « propreté », qui existe dans la langue française, ne se retrouve pas dans de nombreuses autres langues, où l'on dit de l'enfant qu'il est, par exemple, « entraîné au pot ». Peut-on supposer que le mot employé a une influence sur notre manière de concevoir ce qu'il désigne?

« Moi tout seul »

Chez tout enfant, survient un âge où il revendique de faire seul. Il ne veut pas que vous touchiez à sa cuiller lorsqu'il mange et il préfère passer dix minutes à essayer d'enfiler ses chaussons plutôt que de se faire aider. C'est le moment de lui passer la main, quelles que soient les difficultés rencontrées.

Souvent les parents hésitent. Faire pour lui est finalement plus rapide et plus efficace. L'enfant est maladroit, cela prend du temps, etc. C'est exact, mais c'est une vue à court terme. Car refuser d'entendre et de satisfaire les demandes d'autonomie de l'enfant au moment où il les exprime vivement serait prendre un risque pour l'avenir, sur sa confiance en lui par exemple. Il a besoin de sentir qu'il est compétent et que vous êtes d'accord pour qu'il grandisse. Et puis, l'envie risque de lui passer. Aussi va-t-il falloir apprendre à composer...

Apprendre à s'habiller seul

L'habillage: une fréquente source de conflits

C'est chaque matin la même scène lorsque Carole veut habiller Matthieu, deux ans. Il se roule par terre et se trémousse, veut absolument mettre son short bleu en plein hiver, joue à cacher ses chaussures. Carole finit par s'énerver. Elle crie, menace d'une fessée et habille de force Matthieu qui lui lance des coups de pieds... Il est finalement habillé, mais à quel prix! Chacun finit excédé, fâché. Voilà une journée qui commence bien mal.

Il est temps d'apprendre à Matthieu à s'habiller seul. Ce qui sera gagné sur le plan de l'autonomie ne s'investira plus en opposition et bagarres. Faire de l'habillage un temps simple et agréable est encore ce qui engendrera le moins de refus et le plus de coopération.

La joie et la capacité de faire

À vous de savoir ce que votre enfant est capable de faire seul. Puis apprenez-lui le reste hors des moments de stress matinal. Voici un petit calendrier qui peut servir de point de repère:

- À deux ans, il ôte gilets et pulls que l'on a déboutonnés, et baisse culotte et pantalon.
- À trois ans, il s'habille seul si les vêtements sont bien choisis et bien présentés.
- À trois ans et demi, il boutonne.
- Un an plus tard, il maîtrise tout sauf les lacets.

Cet apprentissage sera plus facile si, dès la naissance, l'enfant a appris que s'habiller et se déshabiller sont des moments de plaisir. Selon son âge, on lui parle ou on lui chante des chansons, on lui confie un jouet ou un petit livre, on invente des comptines ou on met une cassette. S'habiller restera dans son esprit un moment agréable et non une corvée.

On peut aider l'enfant en lui préparant la tâche

Il est important de faciliter la tâche de l'enfant par le choix de vêtements appropriés, simples à mettre et à enlever. Pantalons et jupes à taille élastique, sweats plutôt que gilets, chaussons sans lacets, chaussures à fermeture de type Velcro, etc. Quand il saura maîtriser cela, vous passerez à plus compliqué.

Apprenez-lui progressivement les techniques de l'habillage. Pour

cela, vous pouvez lui montrer puis l'encourager à s'entraîner sur un gros ours en peluche ou une poupée, avec des habits de bébé très simples. Certaines poupées sont même conçues spécialement à cet effet.
Une autre façon de lui apprendre consiste à vous habiller ensemble le matin. Au fur et à mesure, vous indiquez le nom du vêtement suivant, le sens pour le mettre, vous aidez pour un bouton… et vous ne perdez pas de temps puisque vous vous habillez aussi.
Ne soyez pas trop impatients - les petites mains des enfants sont longtemps maladroites - et ne ménagez pas vos compliments à chaque progrès.

Il existe certains « trucs » pratiques

Ceux-là vous simplifieront la vie et aideront l'enfant à devenir plus vite autonome :
- Choisissez ses vêtements ensemble, la veille, et disposez-les sur le sol, dans l'ordre et dans la position d'enfilage.
- Mettez un point au feutre indélébile sur la paroi interne, à l'intérieur des chaussures et chaussons. L'enfant saura qu'il faut mettre l'un contre l'autre les deux points de la paire avant d'enfiler les chaussures.
- Le même point de feutre à l'arrière des pantalons, T-shirts et pulls évitera les « devant-derrière ».
- Enfin si vous voulez que votre enfant s'habille seul, ne le faites pas pour lui. Comme il est plus lent que vous, veillez à le réveiller assez tôt qu'il ait le temps. Rien de pire que l'urgence et les « dépêche-toi » répétés toutes les cinq minutes pour stopper un enfant dans son élan et lui donner envie, justement, de prendre tout son temps, voire d'arrêter là ses efforts…
- Le matin où vous êtes pressés, jouez à : « Je ferme un bouton, tu fermes le suivant, je mets une manche, tu mets l'autre… »

Donnez-lui le choix

Si votre enfant refuse systématiquement de porter le vêtement que vous aviez prévu pour lui, sachez que la ruse vaut mieux que le rapport de force quotidiennement rejoué. Vous allez lui donner le choix de ses vêtements, afin d'agir avec son accord et non contre lui, mais pas un choix ouvert : un choix entre deux vêtements également possibles. Non pas : « Quel pantalon veux-tu mettre ? », mais « Veux-tu le pantalon bleu ou le pantalon vert ? C'est toi qui décides… »
Cette technique est, bien entendu, valable également pour le choix du yaourt aux fruits (« Tu préfères fraise ou ananas ? ») ou celui de la peluche (« Tu préfères qu'on emmène qui ? Lapinou ou Jolinounours ? »).
L'enfant, convaincu que c'est lui qui a décidé, ne s'oppose pas au choix. Cette technique ne marche qu'un temps. Assez vite, l'enfant est assez malin pour la contourner. Mais enfin, ce sont toujours quelques mois de gagnés…

Les interdits de sécurité

L'étape du non est si pénible avec certains petits enfants que les parents peuvent être tentés de lâcher prise et de renoncer à imposer leur volonté. Faire preuve de souplesse et ne pas tout transformer en rapport de force est certes une bonne idée. Une crise évitée, c'est un peu de paix gagnée. Mais l'enfant doit aussi apprendre à plier son désir à votre volonté, surtout lorsqu'il s'agit d'interdits concernant sa sécurité. Pas question de lui demander son avis pour qu'il donne la main pour traverser ou qu'il ne joue pas avec les appareils électriques.

Expliquez-lui la notion de danger, qu'il s'agit de le protéger, et ne discutez plus.

Comme le disait justement une maman, il y a « les petits non » sur lesquels il est possible de négocier, et « les grands non », qui sont à appliquer tels quels, même si on n'a pas très bien compris pourquoi, même si c'est frustrant.

Pourquoi dit-il toujours non?

La première véritable épreuve éducative...

Tu viens te laver? Non. On va se promener? Non. Tu veux un gâteau? Non. Ce qui n'empêche pas l'affreux jojo d'attraper le petit sablé et de l'avaler vivement. Mais qu'est-il donc arrivé à cet enfant, jusque-là si mignon? Rien de grave, une phase inévitable de son développement: il est entré dans la crise d'opposition.

À dix-huit mois environ, pour quelques semaines ou quelques mois, vous allez rencontrer votre première véritable épreuve éducative. Transitoire mais néanmoins éprouvante, elle va exiger de vous un mélange de patience, de compréhension et de fermeté qui n'est pas toujours facile à équilibrer. Si vos « non » répondent aux siens, ce sera l'escalade conflictuelle. Si vous vous montrez impatient ou énervé, l'enfant va persévérer dans l'attitude qui vous irrite et aller jusqu'à la colère.

Que faire, alors? D'abord comprendre.

« Il dit non pour faire oui »

À cet âge, l'enfant commence à prendre conscience beaucoup plus nettement de sa petite personne et de son identité. Il tient à faire savoir qu'il a une volonté propre et des idées personnelles. S'opposer, c'est se poser, dire maladroitement que l'on existe. Ces « non » à tout ne sont pas toujours des refus réels. L'enfant peut refuser et faire quand même volontiers ce qui lui est demandé. C'est sa façon de dire: « Si je le fais, c'est que je le veux bien et non parce que tu me l'as demandé. J'ai ma volonté propre. » Une manière de montrer que l'on existe indépendamment de ses parents.

Dire non, c'est s'affirmer

Dans un deuxième temps, l'opposition de l'enfant cesse d'être purement verbale. Il s'oppose dans les actes, allant jusqu'à l'épreuve de force s'il le faut. Toute maman qui a essayé, à huit heures du matin, pressée de partir à son travail, d'habiller un enfant de deux ans qui ne pense qu'à courir tout nu dans la maison, voit parfaitement ce que je veux dire.

Je connais une petite Agathe qui déclenche de préférence ses crises en public, sur le trottoir ou au supermarché... Tout à son désir d'affirmer sa personnalité propre, encore incapable de se contrôler, l'enfant, à certains moments, se transforme en un monstre coléreux et ingérable.

Comment s'en sortir?

Voici quelques pistes que vous pouvez explorer…
- Essayez de respecter profondément la naissance et l'expression de cette nouvelle personnalité, même si elle est éprouvante. La crise passera d'autant plus vite que vous l'aurez gérée dans la souplesse et non dans l'autorité.
- L'enfant a besoin de sentir en face de lui un adulte ferme, sûr de ses convictions, mais non sévère. Autant il est bon de se montrer intransigeant sur les points essentiels, autant vous gagnerez à n'interdire que les choses importantes. Pour le reste, faites preuve de souplesse et négociez.
- Ne l'écrasez pas, ne lui faites jamais perdre la face en public. Mieux vaut toujours chercher une solution « sans perdants ». « Tu as raison de vouloir cette sucette, elle a l'air délicieuse, mais je te la donnerai plutôt après le repas », « Je comprends que tu ne veuilles pas lâcher ton jeu pour venir dans le bain, alors je mets le compte-minutes sur dix, et tu viendras quand il sonnera. »
- Avec les plus jeunes, ne discutez pas. Prenez-les doucement par la main et, tout en bavardant emmenez-les là où vous souhaitez, à table ou dans le bain.

Un petit mot très souvent entendu

S'il dit non, c'est qu'il l'a entendu très souvent. La phase d'exploration où il est entré a entraîné une multiplication des interdits et des refus. Ce mot « non » que les grands affectionnent, qui a le pouvoir de l'arrêter dans ses élans, il va le reprendre à son compte.
Veillez à être plus positif dans vos expressions, et votre enfant vous imitera. Au lieu de : « Non, tu n'éclabousses pas l'eau », essayez plutôt : « C'est sûrement amusant pour toi, mais moi il va falloir que j'éponge, alors je te demande de cesser d'asperger. »
Dans tous les cas, patience et souplesse, voix calme et décidée sont vos meilleurs atouts. Vous verrez : tout s'arrange en quelques mois.

Ne dites pas trop souvent « non »…

… si vous ne voulez pas que votre petit vous le répète à son tour à la moindre occasion. Claquer dans ses mains est aussi une bonne manière d'arrêter un petit dans son élan vers la bêtise.

Ne demandez pas…

… à votre enfant de deux ans s'il veut bien venir prendre son bain. Ce sera « non ». À la place, dites-lui sur un ton affirmatif et joyeux : « Nous allons prendre le bain maintenant, viens vite, c'est rigolo ! »

Maniez l'humour

Votre enfant adore l'humour et le second degré ? Il fait de l'opposition systématique ? Tentez ceci : « Ce soir, je t'interdis de te laver les dents. Rire aussi est totalement interdit. »

50 % d'enfants sous-alimentés?

Un récent sondage l'a montré: la moitié des parents sont convaincus que leur enfant ne mange pas assez, voire qu'il ne mange « rien ». Ce que contredisent toutes les études sur la santé des enfants. La preuve qu'un enfant a assez mangé, ce n'est pas qu'il a fini par avaler de mauvaise grâce 50 grammes de poisson et sa purée de céleri, c'est qu'il est en bonne santé, vif, actif et qu'il grandit bien.

Une nourriture équilibrée

En théorie, un enfant doit se voir offrir une nourriture variée et riche, qui l'ouvre sur des goûts et des substances différents… Mais certains n'aiment pas la variété et la gamme de ce qu'ils acceptent de manger est plutôt limitée… Tant pis. Pendant quelques temps, une alimentation répétitive mais équilibrée fera l'affaire.

Comment éviter les bagarres à table?

Un enfant qui mange sa purée de légumes n'avale pas que de la nourriture. Il reçoit aussi de l'amour, de l'éducation, des instructions, de la culture. À travers ces repas, il se construit et il apprend à communiquer avec les autres. Une maman qui a préparé amoureusement un délicieux petit plat, équilibré et nourrissant à la fois, donne de l'affection autant que des aliments. C'est pourquoi les refus alimentaires de l'enfant sont si mal reçus par les parents. Une mère qui ne sent plus « nourricière » s'inquiète vite pour son petit. Elle n'entend pas que son petit n'a pas faim. Elle entend qu'il ne l'aime pas, ou qu'il se laisse dépérir. Elle force. Il bloque. Tous les ingrédients du problème sont en place.

Le faire manger à tout prix…

Les parents usent une grande quantité d'énergie pour forcer à manger des petits enfants obstinés et en pleine santé. Ils emploient la séduction (« Une cuiller pour papa… »), le chantage affectif (« Moi qui me suis donné tant de mal pour cuisiner cette soupe »), le jeu (« Oh, l'avion qui rentre dans le hangar… »), la menace (« Si tu ne manges pas, tu resteras tout petit et tout maigre »). Pour un résultat le plus souvent médiocre: une demi-heure à table à supplier, un conflit qui couve et trois petits pois avalés au bout du compte…

Certains enfants aiment manger, d'autres non. Certains sont gourmands, ou gourmets, d'autres ennuyés par le simple fait de venir à table. Certains sont ronds, d'autres maigres… Mais aucun, jamais, n'a été sauvé du risque de mourir de faim par un valeureux parent qui l'aurait forcé à finir son assiette.

Ne jamais forcer

C'est la règle de base. L'alimentation est un domaine fragile, sur lequel se reportent facilement des difficultés qui n'ont rien à voir avec elle. Des insistances trop fortes risquent de bloquer l'enfant encore plus sûrement. La contrainte aboutit presque toujours au conflit et à l'installation de rejets qui n'étaient avant qu'exceptionnels.

Le mécanisme est simple. L'enfant repère très vite que sa maman vit très mal ses refus alimentaires et ses bouderies sur les haricots verts. Il comprend qu'il tient un merveilleux moyen d'attirer l'attention, de faire durer le repas, et de faire pression sur son entourage. À l'inverse, moins on insiste, plus le repas est un moment détendu, de plaisir partagé, mieux les choses vont évoluer.

Respecter son appétit

L'appétit d'un petit enfant est très variable d'un jour à l'autre. Cela varie du simple au double. Il peut ne presque rien avaler lundi et manger comme un ogre mardi. Certains ont besoin de beaucoup d'apports nutritifs, d'autres grandissent avec très peu. Seul l'enfant connaît ses désirs et ses besoins. Le seul critère est celui de sa santé. Si le pédiatre vous a dit qu'il grandissait normalement, alors n'ayez aucune inquiétude.

On parle beaucoup, depuis quelques années, de l'augmentation du nombre d'enfants et d'adultes obèses. Un des traitements consiste à apprendre aux gens à retrouver leurs sensations naturelles: manger quand on a faim, ne plus manger quand on n'a plus faim, ne pas manger quand on n'a pas faim. Le corps a une sagesse que les enfants connaissent. Faisons-leur confiance.

De la souplesse

Un jour, l'appétit de l'enfant et son rythme alimentaire vont se stabiliser. En attendant, faire preuve de souplesse est la plus grande sagesse. Souplesse n'est pas laxisme: pas question de démissionner totalement et de laisser l'enfant manger ce qu'il veut, quand il veut. Un équilibre est à trouver, entre forcer et tout accepter, à travers ces quelques conseils:

- Un enfant qui a bien mangé le midi à la crèche ou à l'école peut avoir moins besoin d'un grand repas le soir.
- Ce que l'enfant a envie de manger varie selon ses humeurs, selon les jours, plus que selon ses goûts. Inutile de se braquer: il aura peut-être envie ce soir de ce qu'il refuse ce midi.
- Mieux vaut servir de petites quantités de nourriture dans l'assiette, quitte à resservir l'enfant. Une grosse assiette, lorsque l'on n'a pas très faim, est décourageante.
- Avec ses doigts ou avec sa cuiller, l'essentiel, pendant quelques mois, c'est de manger tout seul, et avec plaisir. À vous de remplacer la soupe et la purée par les petits morceaux de légumes faciles à attraper.
- Si un enfant a refusé le steack-épinards, évitez de compenser aussitôt par un paquet de chips et un yaourt aux abricots… Il n'a rien voulu manger? Il se rattrapera au prochain repas!

Manger dans le calme

Un jeune enfant mangera mieux dans un espace calme, à des heures relativement régulières, selon une routine établie. Si les horaires de chacun le permettent, l'enfant trouvera sa place à la table familiale et sera encouragé à manger comme tout le monde. S'il mange seul avant tout le monde, un petit jouet lui tiendra mieux compagnie qu'un téléviseur allumé…

Et les fast-food?

Ne vous culpabilisez pas parce que vous aurez emmené votre petit dernier manger un hamburger et des frites avec ses aînés. D'abord, une fois de temps en temps, ce n'est pas si mauvais que ça. Ensuite, il est rassurant de voir son enfant dévorer de si bon appétit. Enfin, partager de la « nourriture plaisir », c'est aussi l'occasion de vivre ensemble un bon moment, chaleureux et complice.

Entrer à l'école maternelle à deux ans

Un choix? Pas toujours

Bien des mères ne choisissent pas vraiment. Tristan est né en mars. L'école maternelle de son quartier refuse d'intégrer des enfants en cours d'année. Quant à la crèche où il est actuellement, elle « lâche » les enfants à trois ans pile. Conclusion? Tristan ira à l'école à deux ans et demi.

Le cas de Marianne est différent: après deux ans de congé parental, sa maman doit reprendre son travail. Quitte à se séparer de sa fille, celle-ci préfère adapter tout de suite Marianne à l'école, plutôt qu'à une assistante maternelle qu'elle devra quitter quelques mois plus tard.

Quant à Fatima, elle souhaite que son fils soit le plus tôt possible au contact d'enfants et d'enseignants français.

À deux ans, est-on prêt pour l'école?

Mais entrer à l'école avant trois ans, est-ce bon pour l'enfant? Certains de ces petits sont encore immatures:

- Ils ne sont pas encore tout à fait propres le jour ou à la sieste.
- Souvent ils ne parlent pas assez bien pour comprendre ce qui leur est dit et exprimer leurs besoins.
- Ils ne savent pas toujours s'occuper d'eux-mêmes ni se défendre face à de plus grands.
- Leur besoin d'être materné s'accommode mal de classes souvent très chargées où l'institutrice, malgré toute sa bonne volonté, ne peut donner à chacun de ses « tout-petits » le temps d'attention individuelle qu'il nécessite. Nous viennent alors en tête des images émouvantes d'un petit, perdu et effrayé, suçant tristement son pouce dans un coin de la cour de récré...

Lorsque l'accueil a été pensé pour lui

La plupart du temps, ces images sont dépassées. L'accueil des enfants de deux ans s'est beaucoup amélioré ces dernières années. Dans la plupart des écoles, des structures ont été spécialement conçues: ateliers où les enfants jouent librement sans être astreints à une réelle discipline, lits individuels où l'enfant peut laisser sa peluche, institutrices volontaires et motivées...

Si l'effectif de la classe est raisonnable, si le personnel est patient, compréhensif, permissif, attentionné, il n'y a pas de raison que

Les signes qui doivent alerter

Certains petits de deux ans s'adaptent mal. Attention, c'est le cas du vôtre si:

- il régresse (recommence à faire pipi au lit, à parler bébé, etc.);
- il se retire en lui-même et se renferme;
- il se cramponne toute la journée à la maîtresse;
- il se sent rejeté, abandonné;
- même à la maison, il dort mal;
- il paraît anormalement fatigué en fin de journée;
- il fait de l'eczéma, des cauchemars, des angines à répétition;
- il pleure tous les matins, même quand son père l'emmène, depuis plus de trois semaines;
- la maîtresse s'inquiète pour lui.

chaque enfant, quel que soit son âge, n'y trouve pas une place où s'ébattre joyeusement et se développer. L'école offre aux enfants de deux à trois ans de riches possibilités de socialisation, de découvertes et de jeux. Elle lui permet de développer son langage et son autonomie, si bien que l'enfant y fait souvent de grands progrès. Stimulé, il re-crée, il invente, il se bâtit une personnalité dont il peut comparer les effets sur autrui.

Tout dépend de son « âge psychologique »

Finalement, ce n'est pas tant l'âge de l'enfant qui compte que son niveau de développement. Pour un enfant autonome, entreprenant, à l'aise dans son corps et dans le langage, dans une bonne relation de confiance avec ses parents, il n'y aura sans doute pas de problèmes, passé les premiers jours. En revanche, un enfant pas assez mûr, même s'il n'est pas en souffrance, risque de ne tirer aucun bénéfice de sa scolarisation.

Chacun sa solution

Pour un tout-petit, les journées d'école sont bien longues et bien fatigantes. À chaque parent de réfléchir et de trouver sa solution. Certains demandent à une mère de la classe de prendre leur enfant pour déjeuner, d'autres trouvent une assistante maternelle pour l'après-midi ou bien une jeune fille qui récupère l'enfant à quatre heures et demie, d'autres enfin négocient avec leur employeur de ne travailler qu'à mi-temps pendant une quinzaine de jours...

Bien des solutions sont envisageables, cette première année, pour alléger un peu la journée de l'enfant, ou pour simplement lui accorder un temps d'adaptation. C'est impossible? Alors expliquez pourquoi à votre enfant avec beaucoup de tendresse: c'est la confiance en vous et la qualité de l'accueil qui l'empêcheront d'interpréter ces longues journées comme de douloureuses séparations.

Un bon choix pour le long terme

Si votre choix est finalement de mettre votre enfant de deux ans à l'école à la prochaine rentrée, ne vous culpabilisez pas. Préparez-le, rassurez-le, et sachez que les statistiques sont formelles: plus un enfant a fait d'années de maternelle et plus sa scolarité future a de chances de bien se dérouler!

Pour le bien-être de l'enfant, deux éléments vont être déterminants

● D'abord la manière dont l'enfant est préparé à cette première rentrée. Joëlle avait pu, avant les vacances puis de nouveau en septembre, visiter l'école avec Aubin dans les moindres détails. Ensemble, ils sont restés quelques heures dans la classe de sa future maîtresse, à regarder les enfants rire et jouer. Aubin, d'abord pas très chaud, s'est finalement montré désireux de se joindre à eux.

● L'autre élément est le temps que l'enfant passe à l'école. Accueil du matin, plus classe, plus cantine, plus classe, plus accueil du soir... cela finit par faire des journées de dix à onze heures, morcelées, bien longues, bien trop longues. Aussi est-il souhaitable, au moins la première année, de s'organiser pour que l'enfant fasse de petites journées, en payant une étudiante qui le récupère à la sortie, par exemple.

L'enfant qu'on égare…

Une expérience terrifiante…

Demandez aux adolescents autour de vous: tous se rappelleront avoir échappé à la surveillance de leurs parents au moins une fois et s'être retrouvés seuls dans la foule. Demandez aux parents: tous ont vécu un épisode parallèle. Égarer son enfant est une des expériences les plus fréquentes, mais les plus terrifiantes également.

L'enfant, le plus souvent âgé de trois à sept ans, qui réalise qu'il est seul dans un lieu inconnu peut ressentir un grand sentiment d'angoisse et d'abandon. Pour les parents, c'est un moment terrible de panique absolue. Chaque minute sans nouvelles dure des heures. Heureusement, la quasi-totalité des enfants égarés sont retrouvés sains et saufs dans les instants qui suivent. Mieux vaut cependant éviter cette situation si l'on peut, et savoir comment réagir si cela arrive.

Les lieux et les situations « à risque »

Les situations « à risque » sont connues:

- ce sont tous les endroits où il y a de la foule,
- quand la curiosité de l'enfant est très sollicitée,
- lorsque les parents ont les mains occupées ou l'attention retenue ailleurs.

Citons pour l'exemple le centre commercial (surtout le samedi ou en période de Noël!), le parc de loisirs, le marché ou le supermarché, etc. Essayer d'éviter au maximum ces situations ne protège pas de tout.

Mais alors, comment préparer l'enfant au fait de se retrouver séparé de nous? Il ne s'agit pas de l'effrayer sur les dangers courus, mais de lui donner une stratégie à laquelle se raccrocher si nécessaire.

Une préparation à long terme…

- Même très jeune, un enfant peut apprendre par cœur son nom, son adresse et son numéro de téléphone. Avec cela, on n'est jamais tout à fait perdu…
- Dès qu'il en est capable (souvent plus tôt qu'on ne croit), on peut apprendre à un jeune enfant à téléphoner. Grâce aux cartes France Télécom, il peut appeler de tous les téléphones publics sans argent, simplement en mémorisant une suite de chiffres (ou une position des doigts sur le clavier numérique). Il peut aussi

On se perd aussi dans son propre quartier

Beaucoup d'enfants se perdent dans leur propre quartier, sur le chemin de l'école, du parc ou des courses. Pour éviter cela, aidez-le à se repérer aussi longtemps que nécessaire: « Tu vois, pour aller à la boulangerie, on tourne au coin de la rue, puis on passe devant la pharmacie… » Faites-en un jeu: « Cette fois, c'est moi qui te suis: tu me guides jusqu'à la maison. »

Quand vous retrouvez votre enfant…

Votre petit a eu assez d'émotions comme cela: ce n'est ni le moment de vous fâcher ni celui de lui faire des reproches. Gardez vos leçons pour plus tard. Il est juste temps de faire un gros câlin et de savourer la joie des retrouvailles.

savoir simplement composer le numéro d'urgence et expliquer ce qui lui arrive.
- N'ayez pas peur d'entraîner votre enfant comme s'il s'agissait d'un jeu, jusqu'à ce que vous soyez sûr qu'il maîtrise la manœuvre, et de recommencer de temps à autre afin qu'il ne l'oublie pas.

Le jour de la balade…

- Habillez votre enfant avec un anorak ou un pull de couleur vive, un bonnet rigolo… : vous le repérerez plus facilement dans la foule et les gens le remarqueront davantage.
- Une maman m'a raconté qu'elle utilisait un petit sifflet, suspendu à son cou. Quand elle ne voyait plus ses enfants, trois petits coups brefs les rappelaient à l'ordre et leur indiquaient la direction à suivre pour la rejoindre. Pourquoi ne pas essayer?
- Dès l'arrivée dans le lieu public, prévoyez un point de rendez-vous. Prenez le même chaque fois que vous allez à cet endroit, et redites chaque fois: « Si on est séparé, on se retrouve devant la première caisse. » Vérifiez que votre enfant sait s'y rendre.
- Expliquez à votre enfant à qui il peut demander de l'aide. Même si presque tous les gens sont honnêtes et de bonne volonté, mieux vaut qu'il s'adresse en priorité à une personne derrière un comptoir, à un agent de police ou à une maman avec des enfants.

« Surtout, tu ne bouges pas! »

- Lorsque l'endroit est inconnu de l'enfant ou qu'il s'agit d'un déplacement, la meilleure consigne est: « Si on est séparé, tu restes sur place; c'est moi qui viens te rechercher. » Il est en effet bien plus compliqué de se chercher à deux, et l'enfant risque de s'éloigner beaucoup. N'hésitez pas à redonner chaque fois la même consigne.

Le jour où Catherine s'est retrouvée dans une rame du métro et qu'elle s'est aperçue avec horreur que Martin, quatre ans, était encore sur le quai, elle s'est félicitée d'avoir été très claire: elle est descendue à la première station, a repris le métro dans l'autre sens, pour retrouver Martin, assis sur un banc, à peine inquiet: « Je savais que tu allais revenir, alors j'ai pas bougé. »

Vous croisez un petit enfant perdu…

Vous trouvez sur votre chemin un petit enfant manifestement égaré. Quelle conduite tenir?

- **Rassurez l'enfant verbalement.**
- **Essayez de lui faire dire son nom.**
- **Ne l'emmenez nulle part (la mère va sûrement revenir sur ses pas).**
- **Envoyez un autre adulte faire une annonce, prévenir le poste de surveillance ou rechercher les parents.**
- **Si vous trouvez l'enfant dans la rue, demandez aux commerçants les plus proches s'ils le connaissent : s'il est du quartier, il est probable que l'un ou l'autre le reconnaîtra.**
- **Si possible, restez auprès de l'enfant jusqu'à l'arrivée de ses parents.**

Des adultes « modèles »

L'enfant est naturellement curieux et émerveillé de tout. Il apprend vite. Il ne dépend que de ceux qui l'entourent que l'enfant s'éveille au monde et se bâtisse un tempérament d'explorateur. Encore faut-il se montrer soi-même curieux, motivé, enthousiaste et ouvert.

Le sac à main de maman

Quoi de plus attirant que cette magnifique malle aux trésors où maman range des choses aussi merveilleuses que ses clés, son téléphone portable, son rouge à lèvres, ses sous… Le contenu du sac de maman, si varié, est un ravissement pour tous les sens. Que d'objets à découvrir, manipuler, vider. S'y plonger et l'explorer, c'est espérer sans doute y découvrir un peu du pouvoir magique des adultes.

La curiosité n'est pas un vilain défaut!

Ce « défaut » est une grande qualité!

Il fourre son nez dans le moindre tiroir, il tripote le téléviseur, il sort les cassettes de leurs boîtes, il observe les fourmis, il fouille dans le sac à main, il veut savoir ce qui est écrit là, il demande d'où viennent les nuages… Sa curiosité est épuisante! Sans doute. Mais il se trouve que ce « défaut » inné, présent chez tous les enfants, est en réalité une qualité merveilleuse, à protéger à tout prix. Il s'agit d'un profond désir d'apprendre, d'explorer, de connaître, une envie de grandir et de progresser. D'un sens naturel de l'effort, aussi, pour atteindre un but fixé.

Une intelligence concrète

Un esprit scientifique qui se développe…

Le jeune enfant apprend en jouant, mais aussi en s'exerçant et en agissant spontanément sur les objets. Cette approche directe, base de l'esprit scientifique, explique qu'il soit un « touche-à-tout ». Les activités guidées par la curiosité jouent un rôle important dans le développement de l'intelligence. Plus l'enfant a des occasions variées d'exercer ses capacités, mieux il les développera. D'où l'importance de le mettre en contact physique avec des objets différents, des lieux, des expériences: l'emmener au marché ou sur son lieu de travail, lui confier un tournevis ou un râteau, apprivoiser un cochon d'Inde ou planter du persil, goûter un plat exotique ou démonter ensemble une lampe de poche. C'est cette même curiosité, ce même élan vital, qui mènera l'enfant à la découverte de la lecture, de l'écriture et de toutes les connaissances.

... Et évolue avec l'âge

Dès l'âge de un an, la curiosité pousse l'enfant à se déplacer et à explorer. Il se passionne longuement pour les petits objets, les insectes minuscules, les grains de poussière. Les portes de placard exercent sur lui un attrait évident, ainsi que d'en faire l'inventaire du contenu.

Jusque vers trois ans, l'enfant a un véritable besoin de toucher: il connaît avec ses mains, sa bouche, son odorat autant qu'avec ses yeux. Lui demander de « regarder sans toucher », c'est faire injure à son intelligence. Son champ de découvertes, son « terrain pour l'aventure », ne se limite plus à la maison et aux merveilles qu'elle renferme : il aime les parcs, les bois, les plans d'eau, les animaux.

À l'âge de l'école primaire, l'enfant est partant pour toutes les découvertes et toutes les aventures.

Un comportement à encourager

Les parents ont tout à gagner à encourager cette curiosité, quels qu'en soient les inconvénients apparents. Mais cela suppose qu'ils rendent sûrs les lieux de vie de l'enfant : il doit pouvoir explorer sans risque pour lui, pour les autres, ou pour les objets précieux. Rien de pire que l'enfant sur lequel on crie sans cesse : « Non... ne touche pas à ça... lâche ce livre... ne fais pas ça... »

Bien sûr, il ne s'agit pas de laisser l'enfant toucher à tout. Il est inévitable de lui interdire toutes les manipulations ou les explorations qui pourraient se révéler dangereuses : les appareils électriques et les produits ménagers, entre autres, doivent être tenus strictement hors de sa curiosité. Il est tout aussi légitime de vouloir préserver sa chaîne stéréo ou ses papiers personnels en en interdisant fermement l'accès aux petites mains baladeuses.

À chaque parent de définir ses interdits, qui doivent être nettement et systématiquement rappelés. Moins ils seront nombreux, plus ils seront faciles à faire respecter. Mieux vaut donc aménager temporairement l'espace familial en fonction de l'âge de l'enfant... et ranger le vase de Chine tout en haut de l'armoire.

Beaucoup de « bidules » à tripoter

Pour compenser tout ce qu'il est interdit de toucher, il est bon de laisser à la disposition du jeune enfant une quantité de petits objets fréquemment renouvelés, dans une panière ou un tiroir bas, auxquels il a librement accès : morceaux de tissu, ustensiles de cuisine, boîtes à œufs, porte-clés, papier d'emballage, vieux catalogues, pinces à linge, socquettes ou moufles de bébé, gant de caoutchouc, etc.

L'enfant a aussi envie d'explorer de nouvelles matières et de mettre les mains dans la terre, la boue, le sable : tout ce que sa mère trouve salissant et que lui adore. L'autoriser à se salir, c'est aussi respecter son développement. Plus tard, il voudra grimper aux arbres pour regarder dans les nids, faire gicler les flaques de pluie, ou s'allonger dans l'herbe pour observer les coccinelles.

Aux parents de soutenir l'enfant, à lui de choisir librement ses centres d'intérêt.

Super-idées de balades pour petits curieux (à partir de trois ans)

- **Visite d'un phare, d'un musée des transports ou des jouets, d'un élevage, d'une réserve d'oiseaux, d'un haras, d'une caserne de pompiers, d'un aquarium.**
- **Visite d'usines (de bonbons, de papier recyclé, de glaces, de parfums...), d'une imprimerie, d'un journal, d'une radio ou d'une télévision, d'artistes ou d'artisans que l'on peut voir travailler (souffleur de verre, potier, vannier, peintre, apiculteur, boulanger, marin-pêcheur, viticulteur, fabricant de bijoux ou de bougies...).**
- **Assister à un concours animal, à une régate, à une course de chevaux, à un carnaval, à une compétition.**
- **Essayer de : pêcher, ramer, faire du cerf-volant, traire une vache, escalader.**
- **Dessiner ou peindre un paysage d'après nature.**

Comment répondre à leurs « pourquoi? »

Une intelligence qui s'ouvre au monde

Dès que l'enfant commence à bien manier le langage, il s'en sert pour découvrir le monde et savoir comment il fonctionne. Ses questions s'enchaînent les unes aux autres jusqu'à l'épuisement des parents. Comment trouver les mots pour faire comprendre des notions parfois complexes? Comment ne pas se lasser parfois de cet échange permanent que demande l'enfant?
Peut-être en se souvenant que les questions de l'enfant témoignent de son niveau de réflexion et de son évolution intérieure. Par les réponses des adultes qui sauront satisfaire et relancer sa curiosité, c'est l'ensemble de son développement qui en sera favorisé.

La manière de répondre a son importance

Ce n'est pas toujours facile, loin de là, de trouver les mots pour répondre. Voici quelques conseils qui vous aideront à traverser au mieux cette période des « pourquoi ».

- Répondez de façon brève, concrète, avec des mots simples que l'enfant connaît. Les réponses trop longues le lassent vite. Le niveau de la réponse dépend bien sûr de la maturité de l'enfant. S'il veut plus de détails, il vous en demandera ou bien il reviendra un autre jour sur le même sujet.
- Montrez-vous toujours heureux de partager avec lui vos connaissances.
- Ne vous moquez jamais de l'ignorance de l'enfant, ni de ses fausses conceptions: mettez, dans vos réponses, le même sérieux que l'enfant dans ses questions.
- Ne vous croyez pas obligé d'avoir réponse à tout. « Je ne sais pas » est une réponse acceptable si elle n'est pas systématique. Il est même très formateur pour l'enfant de savoir que ses parents ont encore des choses à découvrir. On peut alors aller ensemble chercher la réponse dans l'encyclopédie ou interroger quelqu'un d'autre qui saurait la réponse.

Il faut tenir compte de l'âge de l'enfant

Chez les plus jeunes, il arrive que la « machine à questions » s'emballe et devienne un jeu auquel on ne peut plus répondre. L'enfant a trouvé là une manière d'attirer l'attention ou de retar-

Et si on a dit une bêtise?

Tout est rattrapable. Si, à l'enterrement de sa mamie, votre enfant vous a demandé: « Pourquoi elle est dans la boîte, mamie ? » et que vous avez répondu: « Elle dort et elle ne se réveillera plus », il se peut que vous ayez constaté que votre enfant a, depuis, quelque réticence à aller se coucher... Reprenez la question avec lui, afin de mieux vous expliquer: non, la mort n'est pas comme le sommeil et il peut s'endormir tranquille.

Et si on ne sait pas?

Il y a bien un jour où il faut descendre de son piédestal... Une question qui vous laisse sans réponse: voilà peut-être l'occasion de commencer à détromper votre enfant. Non, vous n'êtes pas parfaits, les plus forts, les plus beaux, les plus riches... et omniscients! Vous êtes juste des parents comme les autres, et vous avez droit à l'erreur, à l'ignorance et à la lassitude.

der le moment du coucher. Il enchaîne les « pourquoi » sans même écouter les réponses, pour les mener jusqu'à l'absurde, à la manière du jeu de langage « Marabout - bout de ficelle -... ». Vous avez le droit de dire : « Stop ! La suite des questions demain ! »
Plus l'enfant grandit, plus ses questions vont gagner en profondeur et en maturité. Elles vont concerner la mort, la sexualité, le divorce, Dieu. Une seule consigne : ne mentez jamais. Ne dites pas tout, dites avec des mots simples, mais dites vrai. La confiance qu'il a en vous dépend de cette franchise.

Que faire des questions délicates ?

Certaines questions mettent mal à l'aise : elles n'en sont pas moins légitimes. Beaucoup ont trait à la sexualité. La télévision et l'école mettent l'enfant en contact avec des réalités que vous auriez préféré aborder plus tard. Dites-vous bien que s'il a l'âge des questions, il a aussi celui des réponses. Tant mieux s'il préfère se renseigner auprès de vous. Dites votre gêne avec simplicité. Certains livres pour enfants très bien faits aident à aborder avec eux les questions délicates.
Il est toujours intéressant de saisir l'occasion de cette curiosité pour tenter de comprendre ce que sont les conceptions de l'enfant et quelles idées il peut percer dans son imaginaire. Aussi, avant de répondre, amusez-vous parfois à découvrir ce que l'enfant a en tête : « Et toi, qu'en penses-tu ? Comment crois-tu qu'il va sortir, le bébé ? » Puis : « Oui, c'est une idée, mais en fait les choses se passent un peu autrement... »

Des réponses relatives et respectueuses

« Moi, je pense comme ceci, mais d'autres pensent autrement. Et toi, qu'en penses-tu ? » est une réponse importante pour l'enfant, car elle relativise ce qui est de l'ordre de la croyance et non de la connaissance, comme la morale personnelle, le sens de la mort ou l'existence de Dieu. C'est une réponse qui inclut l'enfant dans la culture familiale, mais qui lui laisse aussi la possibilité de réfléchir de son côté pour se forger ses propres idées. Il vous saura gré, à l'adolescence, de lui avoir transmis ce à quoi vous croyez, dans le respect de sa propre quête.

En résumé, soyez vrai, disponible, simple, quitte à dire parfois : « À cela, il n'y a pas de réponse. Tu devras trouver la tienne. »

Et vous, qu'auriez-vous répondu ?

« Dis, Maman, pourquoi les avions ne tombent pas ? »
« Pourquoi les feuilles deviennent rouges ? »
« Pourquoi je suis une fille et pas un garçon ? »
« Pourquoi la mouche elle bouge plus ? »
« Toi aussi, Papy, t'en a un, de zizi ? »
« Pourquoi c'est tout froid dans le réfrigérateur ? »
« Pourquoi il est bleu le ciel ? »
« Comment c'est quand on est mort ? »
« Pourquoi il est cassé, mon camion ? »
« Comment ça se fait que je peux t'entendre dans le téléphone même si t'es pas là ? »

Quand consulter l'orthophoniste?

La plupart des troubles ont toutes les chances de disparaître si on laisse la parole de l'enfant évoluer naturellement. Inutile donc, dans les cas les plus courants, d'intervenir trop tôt. Mais, si on attend trop, le problème peut être devenu plus complexe.

C'est pourquoi on conseille généralement de commencer par un bilan, puis d'entamer la rééducation, si elle se révèle nécessaire, vers l'âge de quatre ans et demi ou cinq ans. Cela donne une bonne année pour arranger les choses avant l'entrée au Cours préparatoire. Il ne faut pas oublier qu'une bonne maîtrise de l'oral donne un maximum de chances à l'enfant pour aborder l'écrit. Toutefois, en cas de troubles sérieux de la prononciation ou d'un retard de langage important, il peut être utile de faire un bilan dès l'âge de quatre ans.

Il a un défaut de prononciation

« Moi ze veux un bonbon! », « T'as vu le zoli sa? » À trois ans, c'est rigolo. Les parents constatent avec amusement que leur petit dernier a un cheveu sur la langue, ils l'imitent pour rire ou le reprennent vaguement, convaincus que cela passera tout seul. Mais ce n'est pas toujours le cas: il arrive que le trouble, au contraire, se maintienne ou s'aggrave. Pourquoi certains enfants prononcent-ils bien et d'autres non? Comment peut-on intervenir? Tout dépend du type de défaut, nous allons le voir.

Des conseils généraux qui ont fait leurs preuves

Pour l'enfant « apprenti parleur » (entre dix-huit mois et quatre ans):

- Parlez souvent avec votre enfant, d'une voix claire et avec des mots simples, de sujets qui le concernent directement. Nommez ses expériences et commentez-les.
- Prenez le temps d'écouter votre enfant et faites sérieusement l'effort de le comprendre, même si c'est difficile. Posez-lui des questions dont la réponse n'est pas oui ou non, pour l'inciter à s'exprimer.
- Lisez-lui régulièrement de petites histoires, en jouant avec votre voix pour « mettre le ton ».
- Soyez attentif à la moindre défaillance auditive de votre enfant (en cas de doute, faites contrôler son audition).

L'attitude face à l'enfant plus grand, vers trois ou quatre ans, qui présente un défaut de prononciation est également très importante.

- Ne vous moquez jamais de votre enfant, ne riez pas de lui.
- Ne vous mettez pas à parler comme lui, croyant ainsi être mieux compris (« biberon » devenant « bibon » pour tout le monde, par exemple).
- Ne lui faites pas répéter les mots jusqu'à ce qu'il les prononce correctement. Il aurait l'impression, à juste titre, que vous vous préoccupez moins de ce qu'il dit que de la manière dont il le dit.
- Contentez-vous de reprendre, dans votre réponse, la formulation ou la prononciation correcte. Ainsi il enregistre, à chaque fois, de manière indirecte, la bonne façon d'articuler le mot.

Voyons maintenant quelles sont les difficultés que peut rencontrer l'enfant qui ne souffre d'aucun trouble auditif ou neurologique.

Le trouble de l'articulation

Il s'agit d'une déformation phonétique systématique (l'enfant zozote ou supprime les r par exemple). Ce trouble est banal et fréquent jusqu'à l'âge de cinq ans: inutile de s'en préoccuper trop, sauf dans les cas graves. Il cède parfois spontanément, d'autres fois il dure. Survenant dès les premiers mots de l'enfant, le zozotement est souvent dû à une simple exploration des différents sons, mais il peut aussi avoir des raisons anatomiques (volume de la langue, succion du pouce, malformations dentaires).
Un trouble de l'articulation, s'il est isolé, est bénin. Traité, il cède facilement. Le but de la rééducation orthophonique est d'installer le bon mouvement articulatoire. Cela se fait par des petits jeux de langage et des exercices progressifs.

Le retard de parole

Bien qu'il ait trois ans et demi ou quatre ans, l'enfant continue à « parler bébé ». On le comprend mal parce qu'il saute des syllabes, de préférence à la fin des mots, et que les consonnes sont souvent mal articulées. Mais son niveau de vocabulaire est correct. L'enfant ne parle pas toujours comme cela, mais son défaut s'aggrave dans des circonstances particulières, ou bien lorsqu'il est fatigué. Les causes du retard de parole sont variées: le petit enfant ne fait aucun effort, parce que tout le monde à la maison comprend parfaitement son charabia; les parents ont une forte attente pour que leur enfant parle et celui-ci transforme cette pression en anxiété; l'enfant est très entreprenant, actif, il s'intéresse peu au langage; il s'agit d'un « petit dernier » que personne n'a envie de voir grandir trop vite… Souvent, la fréquentation scolaire améliore bien les choses, car l'enfant a besoin du langage pour y faire sa place.
En cas de doute, un bilan orthophonique fera le point sur les capacités et les acquis de l'enfant, déterminant s'il a besoin ou non d'une rééducation. Celle-ci abordera différents points: une sensibilisation aux sons de la parole, à ses rythmes, ainsi que la reconnaissance du bruit fait par chaque son.
La conquête du langage est une longue route, parfois encombrée d'obstacles. Si vous avez un doute sur la capacité de votre enfant à les franchir, n'hésitez pas à prendre les conseils d'un spécialiste. Le plus souvent, il vous rassurera et vous pourrez laisser alors tranquillement le temps faire son œuvre.

Apprendre à parler, une succession d'étapes

- **Vers un an, l'enfant possède une dizaine de mots et « jargonne » en imitant son entourage.**
- **Vers deux ans, l'enfant utilise en moyenne deux cents mots, qu'il associe par deux ou trois, sans pronoms ni articles.**
- **Vers trois ans, le langage s'est beaucoup enrichi, la prononciation est plus claire et le vocabulaire compte 2500 mots environ.**
- **Vers quatre ans, l'enfant dit « je » et accède au langage adulte. Il sait poser des questions et décrire une image.**
- **Vers cinq ans, l'enfant utilise des nuances, des mots de liaison, des comparatifs, des propositions relatives. Il peut se passer de tout support concret pour communiquer. Bien que certaines imperfections grammaticales demeurent encore, l'enfant sera bientôt prêt pour l'écrit.**

Un petit peut-il apprendre deux langues simultanément?

Un enfant bilingue, c'est quoi?

On considère généralement que le bilinguisme se réfère à deux types d'enfants: ceux à qui l'on a appris à parler deux langues dès le plus jeune âge et ceux qui ont commencé à parler dans une autre langue que celle du pays (ou, au moins, de l'école) où ils se trouvent.

Dans le premier cas, l'enfant est né de deux parents parlant chacun une langue différente et chacun a parlé la sienne au bébé.

Dans le second, l'enfant est issu d'une famille migrante où « la langue du dedans » (celle qui est parlée à la maison) n'est pas la même que « la langue du dehors » (celle qui est parlée dans la rue et à l'école).

Dans ces deux cas, même si l'enfant ne s'exprime effectivement que dans une seule langue, il est malgré tout considéré comme bilingue.

Le bilinguisme, un atout

Dans beaucoup de pays et à beaucoup d'époques, les enfants étaient ou sont culturellement bilingues: les petits Bretons ou les petits Alsaciens apprenaient le français à l'école alors que la langue régionale était parlée à la maison (maintenant, c'est souvent l'inverse, comme en Corse par exemple). Beaucoup d'enfants africains apprenaient le français en plus de leur langue familiale, du fait de la colonisation. Le latin était la langue de l'enseignement en France jusqu'au XVIIIe siècle, et le français la langue des échanges internationaux, etc. Dans tous les cas, et d'une manière générale, le bilinguisme est un atout. C'est ce qu'ont bien compris les parents qui mettent leur enfant dans une école bilingue et organisent très tôt des séjours à l'étranger. Ils savent que, plus l'enfant est jeune, plus il a de facilités à acquérir une seconde langue.

Une méfiance parfois justifiée

L'image du bilinguisme a longtemps été négative. On l'accusait d'être source de confusion et de retard scolaire. Ainsi, dans de nombreuses familles migrantes, les parents essaient de parler fran-

Vous parlez deux langues à votre enfant? Quelques conseils pratiques

● Il est bon que l'une des deux langues soit dominante sur l'autre. C'est celle des câlins, de la tendresse, celle dans laquelle on rêve. C'est la langue maternelle.

● Si les parents sont de langues maternelles différentes, il est souhaitable que chacun parle sa propre langue à son enfant et que les parents choisissent la langue commune qui sera utilisée lors des conversations familiales.

● Il faut laisser l'enfant, lorsqu'il parle, choisir la langue dans laquelle il souhaite s'exprimer.

● Si la langue de la famille n'est pas « la langue du dehors », il est important de toujours valoriser la première, afin que l'enfant ne soit pas tenté de renier sa culture d'origine pour adopter sa culture d'accueil, ce qui ne se fait jamais sans souffrances ni sans conséquences sur le développement langagier de l'enfant.

çais, pensant qu'utiliser leur langue maternelle handicaperait leurs enfants. Des études récentes montrent qu'il n'en est rien: une première langue bien maîtrisée n'a pas d'effets négatifs sur l'apprentissage du français ni sur la scolarité. Parler plusieurs langues couramment est un atout dans l'existence.

On observe parfois un retard de langage

Un enfant à qui l'on parle deux langues parlera souvent plus tard que les autres enfants, mais finira par parler les deux langues sans les mélanger. Dans certains cas, les enfants, arrivés au Cours préparatoire, semblent avoir du mal à passer à l'écrit et expriment une certaine confusion. Il peut être souhaitable de consulter alors un orthophoniste ou un psychologue qui éclairera, avec l'enfant, les rôles et les significations de chaque langue. En général, un apprentissage bilingue se passera d'autant mieux que chaque adulte aura toujours parlé à l'enfant la même langue, la sienne.

Les enfants migrants

Le bilinguisme est positif pour l'enfant, source de richesse, si les deux langues sont valorisées dans la famille et si l'enfant ne renie aucune des deux cultures que ces langues véhiculent. Dans ce cas, la seconde langue est un outil de pensée supplémentaire et source de progrès. En revanche, si la langue de base, accompagnée de ses valeurs socioculturelles, est rejetée au profit d'une seconde socialement plus prestigieuse, l'enfant est plongé dans une insécurité et une confusion qui peuvent empêcher les progrès dans les deux langues. Ce fait doit être connu de tous ceux qui accueillent les enfants migrants dans les écoles maternelles et qui ont pour tâche de leur enseigner le français. Valoriser la langue maternelle est le premier pas, fondamental, si l'on veut que l'enfant se développe harmonieusement sur le plan linguistique et ne se trouve pas, de ce fait, en échec scolaire.

Nous sommes tous bilingues

En conclusion, réfléchissons à ce fait: nous sommes tous bilingues. Notre mère ne parlait pas exactement la langue de notre père. Chacun avait son accent, son vocabulaire, ses tics de langage, selon sa culture, son origine régionale, son métier (le professeur de français ne parle pas comme le technicien, ni comme l'artisan, ni comme l'artiste). Nous tous, confrontés à ces deux formes de langage, ne parlons ni exactement comme l'un, ni exactement comme l'autre. Et c'est ce bilinguisme d'origine, plus ou moins marqué selon les cas, cette écoute stéréophonique, qui nous fait ce que nous sommes, riches d'une langue et d'un imaginaire particuliers.

La mini-school

Il s'agit de cours dans une langue étrangère (principalement l'anglais), organisés dans un cadre privé, et destinés à faire acquérir aux petits enfants un langage parlé différent de leur langue maternelle, à un âge où les facultés d'imitation permettent d'acquérir sans difficultés un accent et du vocabulaire.

L'apprentissage s'effectue par un bain de langage, à travers des jeux collectifs, des chansons, des méthodes audio-visuelles et des activités quotidiennes partagées.

Ces mini-schools sont destinées aux enfants à partir de quatre ans, lorsque la première langue est déjà bien installée et que l'enfant est capable psychologiquement de participer à des activités collectives.

Le processus est le même que pour le français: lorsque l'enfant aura, grâce à ces cours, acquis une certaine aisance orale, l'école prendra le relais pour associer l'apprentissage de l'écrit.

Les attitudes à éviter

- **Considérer que la gaucherie est un handicap qui s'abat sur l'enfant, ou encore un signe distinctif qui en fait un individu à part.**
- **Reprendre l'enfant lorsqu'il se sert de sa main gauche ou lui donner l'impression qu'il fait mal.**
- **Le contraindre à se servir de sa main droite.**

Une histoire de famille...

Si les deux parents sont gauchers, l'enfant a une chance sur deux de l'être également. Si un seul des deux parents est gaucher, une chance sur trois. En revanche, si aucun des deux parents n'est gaucher, l'enfant n'a qu'une chance sur dix de le devenir.

Mon enfant sera-t-il gaucher?

Une inquiétude parentale...

La question de la main dominante reste, même si les attitudes éducatives tendent à devenir plus souples, l'une de celles qui inquiètent notablement les parents. L'enfant gaucher sera mieux accepté dans une famille où il n'est pas le seul dans ce cas. Ailleurs, il suscitera toujours une légère inquiétude. Et si vivre gaucher dans un monde fait pour les droitiers devait lui rendre la vie plus difficile? La société n'est pas faite pour les gauchers: ni les voitures, ni le sens de l'écriture, ni les instruments de musique...

Être gauche ne signifie-t-il pas, en langage courant, être maladroit? Pourtant, dans certaines professions nécessitant une grande habileté, comme les joueurs de tennis par exemple, on repère un nombre élevé de grands champions gauchers...

Dans les deux cas, il s'agit d'un développement normal du cerveau, qui se montre tout aussi performant!

Des bébés ambidextres...

Les faits sont plus complexes, surtout lorsque l'enfant est jeune. Certains bébés continuent longtemps à se servir indifféremment de leurs deux mains (ils sont ambidextres), puis deviennent soit droitiers soit gauchers, progressivement. Le pouce sucé peut donner une indication, mais elle n'est pas totalement fiable.

D'autres petits enfants marquent très tôt une préférence nette pour l'une des mains et cette préférence restera définitivement.

D'autres enfin vont se servir préférentiellement d'une main pendant quelques mois, puis de l'autre, ou encore vont préférer la main droite pour certaines activités et la gauche pour d'autres. Chez beaucoup d'enfants, la latéralisation définitive ne sera acquise que vers quatre ans, voire cinq.

Origine de la latéralisation

La question essentielle de beaucoup de parents d'enfants de un à deux ans est de savoir si leur enfant sera gaucher et s'il convient de contrarier cette tendance. Pour répondre, il est bon de s'interroger sur ce qu'est la gaucherie et sur son origine.

Chez le vrai gaucher, les hémisphères cérébraux ont des fonctions inverses. C'est l'hémisphère droit qui est dominant, responsable du langage et des grandes fonctions, et non le gauche. On comprend combien contrarier un processus neurologique qui s'installe progressivement peut être dangereux. Ces processus sont complexes et fragiles: mieux vaut les respecter plutôt que de risquer des troubles divers. Plusieurs études ont montré, en effet, que des difficultés ultérieures de lecture, d'écriture, de langage ou de motricité globale (aisance à se servir de son corps) pouvaient être liées à un mauvais développement de la latéralisation.

Pourquoi est-on gaucher?

Les avis sont partagés et le mystère demeure partiellement. Pour la plupart des spécialistes, la composante héréditaire, ou au moins congénitale, est indéniable. On naît gaucher ou droitier et on le reste. Mais d'autres insistent davantage sur les composantes environnementales et notamment sur l'influence de l'imitation et sur le rôle de l'éducation.

Comment repérer l'enfant gaucher?

Entre un et deux ans, il est beaucoup trop tôt pour se prononcer de manière définitive. Pour les enfants fortement et précocement latéralisés, on sera attentif aux indices suivants:

- Quelle main est utilisée pour les tâches demandant de la précision (attraper de très petits objets, placer en équilibre, etc.)?
- Avec quel pied l'enfant tape-t-il dans un ballon?
- Quelle oreille tend-il spontanément pour écouter un petit bruit (réveil, coquillage, etc.)?
- Quel œil colle-t-il au papier roulé en forme de longue-vue?

Ces questions donnent des indices qui visent à comprendre si la gaucherie qui s'installe ne concerne que la main ou si, plus importante, elle englobe tout le corps.

Quelle attitude adopter?

La plus sage consiste à laisser l'enfant se servir librement de la main qu'il veut. S'il emploie ses deux mains indifféremment, il est possible de favoriser l'emploi de la main droite en lui tendant de ce côté le crayon, la cuiller ou le jouet, afin de développer une habitude et une habileté plus grandes, et de laisser l'enfant libre pour les autres gestes de la vie quotidienne. Mais si l'enfant change l'objet de main car il se sent plus à l'aise avec la gauche ou s'il emploie spontanément celle-ci, il est bon de le laisser faire. Il n'y a pas de bonne et de mauvaise main. L'enfant doit être respecté dans sa singularité, même et surtout s'il est le seul de la famille à se révéler gaucher!

L'effet miroir

Bébé, c'est bien connu, apprend en imitant. Le plus souvent lorsque l'on joue avec lui, on se situe en face de lui: on s'assied en face pour jouer, pour le faire manger, pour le soutenir dans ses coloriages. Lorsque l'on est un parent droitier, on se sert de sa main droite pour tenir la cuiller ou le crayon. Bébé, en face, comme en miroir, en fait autant... avec sa main gauche.

À quel âge connaît-on sa droite?

À six ans, le contrôle de la latéralisation fait partie de la visite médicale obligatoire avant l'entrée au C.P. On constate qu'à cet âge 86 % des enfants sont capables de désigner leur main droite ou leur pied gauche. Mais ils ne sont plus que 34 % à savoir le faire sur une personne située en face d'eux.

jo

grognon

poupée

uer

livres

sexualité

Il ne sait pas jouer tout seul

Un temps pour soi, c'est indispensable

Tous les petits enfants requièrent la présence des adultes pour jouer avec eux. Mais ils ont un besoin égal d'avoir du temps à eux, en marge du temps partagé. Ces moments solitaires sont importants pour entraîner et assimiler les nouvelles compétences acquises, ainsi que pour rejouer et donner du sens à ce qui a été vécu dans la journée. Pourtant, certains enfants réclament sans arrêt une présence ou une intervention et semblent incapables de jouer tout seuls, ce qui finit par être éprouvant pour les parents.

Même s'il affirme haut et fort « moi tout seul » lorsqu'on veut l'aider, Maxime, trois ans, se montre encore très dépendant sur le plan de ses activités. Sabine, sa maman, se sent dévorée par ses demandes permanentes. Elle aimerait l'inciter à plus d'autonomie, mais sans pour autant le repousser ou lui faire de la peine. Comment s'y prendre?

D'abord comprendre pourquoi certains enfants ont du mal à jouer tout seuls

Si l'enfant ressent qu'il ne voit pas assez ses parents

S'il a l'impression qu'il n'a pas assez de temps de partage et de jeu avec ses parents, l'enfant aura tendance, lorsqu'ils seront là, à réclamer leur intervention active dans toutes ses activités.

Le terme « assez » est évidemment difficile à évaluer: les enfants ont des besoins différents. L'essentiel, c'est que l'enfant se sente suffisamment aimé et intéressant. Qu'il soit sûr que ses parents sont là quand il a besoin d'eux, à la fois au quotidien et dans le long terme.

Le manque d'habitude

Une autre raison qu'ont les jeunes enfants de ne pas savoir jouer seuls tient à leur mode de vie. Ceux qui sont allés à la crèche (et dans une moindre mesure chez une assistante maternelle), puis à l'école maternelle, ont toujours eu à leur disposition quelqu'un pour jouer avec eux.

En collectivité, les activités sont conçues pour le groupe, même si chaque enfant peut s'y insérer à sa façon. À chaque minute de la journée, une activité est organisée, dans laquelle un adulte et

Avoir un coin à soi

Si votre enfant n'a pas de chambre à lui, offrez-lui la possibilité d'avoir un coin personnalisé, un espace privé où il se sente chez lui, à l'abri des regards. Cela encourage le jeu solitaire, incite à inventer, à faire semblant et à parler tout seul.

Inviter des copains

L'enfant qui ne sait pas jouer seul sait souvent très bien organiser des jeux avec un ou plusieurs autres, comme il le fait à la crèche ou à l'école. Attention: l'ambiance n'est pas toujours de tout repos!

Du matériel à disposition

Mettez à sa libre disposition beaucoup d'objets qui favorisent la créativité: blocs de papier, crayons, colle, etc. Arrangez-vous aussi pour que beaucoup des jouets de l'enfant soient en libre accès. Il peut ainsi initier un nouveau jeu à tout moment sans avoir besoin d'une intervention ou d'une autorisation.

des copains sont à la disposition de l'enfant pour l'accompagner dans son jeu. Il s'attend à avoir la même chose à la maison.

Un sentiment d'insécurité

Enfin, certains enfants, parce qu'ils traversent un moment difficile, se sentent en insécurité et sont très demandeurs de la présence de l'adulte. Temporaire, cette attitude passe si les adultes font confiance à l'enfant et savent le rassurer sans le couver.

Ensuite choisir sa stratégie

La seconde chose à faire consiste à choisir, parmi ces différentes stratégies, celles que l'on décidera d'appliquer, afin d'inciter l'enfant à plus d'autonomie dans ses jeux.

- Définissez un ou deux moments dans la journée, par exemple le soir avant le coucher, où l'enfant sait qu'il aura votre attention complète pour lui tout seul et qu'il pourra jouer avec vous. Ces rendez-vous réguliers, qui feront vite partie de la routine quotidienne, sécuriseront l'enfant et deviendront vite très importants pour lui, compensant votre indisponibilité. Il les attendra avec impatience.
- Si vous n'êtes pas disponible pour jouer avec votre enfant au moment où il vous le demande, apprenez-lui à patienter jusqu'à ce que vous le soyez. Donnez-lui par exemple rendez-vous « après le bain », ou bien mettez le compte-minutes en route. Mais quand c'est l'heure, ne lui faites pas faux bond!
- Permettez à votre enfant d'apporter un jouet, comme un puzzle par exemple, et de s'installer près de vous. Il est fréquent que l'enfant ait besoin de la présence de l'adulte, mais non de sa participation active. Rassuré d'être à vos côtés, il pourra jouer un long moment sans vous déranger dans votre occupation.
- De la même façon, vous pouvez aussi initier des « jeux » qui ne vous gênent pas dans vos activités. Par exemple proposer à votre enfant de donner le bain à sa poupée dans l'évier pendant que vous préparez le repas, ou encore organiser une « chasse aux trésors » dans la cour (chercher les petits bonbons qui y sont cachés) pendant que vous jardinez.

C'est parce que l'on a globalement renforcé son sentiment d'indépendance et de sécurité intérieure que l'enfant accepte progressivement de jouer seul. C'est pourquoi il est important de l'y inciter, en initiant parfois l'activité avec lui, de l'encourager et de le féliciter chaque fois qu'il y parvient.

Les bons jouets pour l'inciter à jouer seul

- **Les jouets qui permettent d'aboutir à un résultat « présentable » à maman: le puzzle, le jeu de construction, le coloriage ou le dessin, etc.**
- **Les jeux d'imitation et d'invention: poupée, dînette, petite voiture, etc. Ils demandent souvent, pour durer, des interventions ponctuelles mais brèves.**
- **La petite maison (grand carton aménagé, dessous de table sous une nappe…).**
- **L'ordinateur : on trouve aujourd'hui des logiciels pour les petits, même non lecteurs, très bien faits, et qui les captivent longtemps.**
- **Attention: la télévision, même si elle fait patienter l'enfant seul, n'est pas un jouet. Elle favorise au contraire la passivité. En user avec modération.**

Et si votre fils vous réclame une poupée?

Offrez-la-lui sans inquiétude. Ses raisons de vouloir une poupée peuvent être multiples. Le plaisir évident qu'il voit que les petites filles prennent à ce jeu. Le désir d'imiter sa maman (ou son papa) avec lui-même ou avec le nouveau bébé. Peut-être encore que, enfant unique, il souhaite une compagnie.

Ce qui compte, c'est qu'il se sente bien en tant que garçon et non avec tel jeu qui serait spécifique d'un sexe ou de l'autre. Il apprend son rôle futur: les nouveaux papas ne s'occupent-ils pas des bébés ? Alors offrez-lui un baigneur sexué garçon, comme lui, sans voir l'ombre d'un problème où il n'y a qu'un légitime désir. Dans quelques temps, il remplacera la demande d'un baigneur par celle de figurines avec lesquelles il jouera longuement, exerçant son imaginaire.

Une poupée, c'est plus qu'un jouet

Les styles de poupées et les matériaux qui les composent se sont beaucoup développés ces dernières années. Plus variées, plus douces, plus tendres. À chaque âge, à chaque sexe, à chaque occasion, sa poupée.

Une poupée pour chaque âge

À la naissance de son bébé, on aime glisser dans son lit des objets tout doux, tout moelleux. Peluches très souples, petits poupons d'éponge, poupées de Nylon légères comme des plumes d'ange. Dès que le bébé sera prêt, il pourra les agripper facilement car ils sont faciles à tenir. S'il s'endort dessus, il n'en sera pas gêné. Il peut même les mâchouiller: un passage dans le lave-linge leur rendra un air de jeunesse! Ces objets ne sont pas à proprement parler des poupées et aucun souci de réalisme ne les anime, mais leur rôle est important auprès du bébé qui prend plaisir à les manipuler.

Vers sept ou huit mois, le bébé traverse une phase que les psychologues nomment l'angoisse de séparation. L'enfant a soudain plus de mal à rester seul dans une pièce ou à s'endormir dans sa chambre, et réagit lorsque son père ou sa mère le dépose chez l'assistante maternelle ou à la crèche. Pour se sentir plus fort et pour se consoler, l'enfant va adopter un objet qu'il traînera partout et qui le protégera de l'inconnu ou de la peine.

Cet objet doux, odorant et adoré, peut être une poupée de tissu ou un personnage d'éponge, mais aussi une peluche, un tissu, ou tout autre objet que l'enfant aura adopté. La relation affective avec ce « doudou » sera très forte, mais encore bien différente de ce qu'elle sera avec la première vraie poupée.

La première « vraie » poupée

Le besoin de celle-ci commence à se faire sentir vers dix-huit mois ou deux ans, au moment où démarrent les jeux d'imitation. L'enfant s'intéresse maintenant au corps de la poupée et il est nécessaire qu'elle ait des yeux, un nez, des mains, des pieds. Vers deux ans, l'enfant va s'occuper de sa poupée comme d'un vrai bébé: il va la nourrir, la bercer, la gronder, la coucher, la câliner. Vers trois ans, il ne la quittera plus.

C'est par tous ces jeux qu'il va commencer à apprendre le

monde des adultes. Il lui faut donc une poupée qui soit un vrai bébé et qu'il puisse manipuler aisément, même avec des petites mains maladroites.

Comment la choisir?

On peut hésiter entre la poupée classique, celle qui ressemble à l'enfant lui-même, au corps en tissu ou en plastique, et le baigneur, plus « bébé ». Celui-ci présente l'avantage de pouvoir sans risque suivre l'enfant dans le bain et participer à ses jeux de « patouille ». Le choix sera bon si l'on suit quelques règles simples:

- Il faut que la poupée soit légère et d'une taille adaptée à celle de l'enfant, comme le bébé dans les bras de sa mère.
- L'enfant appréciera que sa poupée ait des cheveux, un visage avenant et qu'elle ferme les yeux quand elle dort.
- Elle doit être d'un maniement aisé: articulations souples, habillage facile, posture assise possible.
- Le prix correspond souvent à la qualité. Si vous voulez que l'enfant puisse s'attacher à sa poupée durablement, choisissez-en une qui durera longtemps.
- La poupée n'a pas besoin de fonctions: c'est avec une poupée simple que l'enfant donnera libre cours à son imaginaire et à sa fantaisie. Si la poupée prononce des phrases, si elle dit « maman » par exemple, la petite fille ne pourra jouer qu'à être sa mère. Si la poupée ne dit rien, elle pourra être le bébé, mais aussi l'élève, la malade, la petite sœur, etc. Il paraît donc souhaitable de privilégier les jouets les plus simples: moins le jouet en fait par lui-même, plus l'enfant pourra être acteur de son propre jeu.
- L'enfant appréciera que vous lui donniez également de quoi prendre soin de sa poupée: un petit biberon, une couverture, une cuiller en plastique, etc. Même très jeune, vous verrez votre enfant, encore maladroit, tenter de lui faire prendre le biberon ou la cuiller et imiter certains de vos comportements.

Et le baigneur?

Un baigneur a l'avantage de pouvoir être emmené dans le bain: l'enfant adorera le laver et jouer avec lui dans l'eau. Il se prête à beaucoup de comportements d'imitation. Cependant, il est souvent plus rigide et donc moins facile à manipuler que la poupée au corps souple, en tissu.

Ma poupée et moi

Vous pouvez aider votre enfant à être plus conscient de ses propres besoins et de ses ressentis, à mieux exprimer ses émotions, en attirant son attention sur ceux, supposés, de sa poupée. « Ta poupée a peut-être faim, tu ne crois pas? Qu'est-ce que tu vas faire? », « Ta poupée est toute nue, est-ce qu'elle a froid? »

La poupée d'éveil

On trouve dans le commerce des poupées d'éveil ou poupées à habiller. L'enfant, qui commence à maîtriser les gestes fins, avance ainsi sur le chemin de l'autonomie: il s'y entraîne avec des boutons, des lacets, des fermetures. Bientôt c'est lui qu'il saura habiller!

Quels jouets pour quel âge? De la naissance à trois ans

À l'approche des fêtes de fin d'année, les vitrines et les journaux regorgent de jouets, tous plus attirants les uns que les autres. Grosses peluches toutes douces, tableaux d'éveil, jouets truffés de « puces » de plus en plus intelligentes... Par quoi se laisser tenter? Dans quoi investir? Plusieurs éléments peuvent guider votre choix.

L'âge et les intérêts de votre enfant

Les tranches d'âge indiquées sur les emballages des jouets sont souvent assez larges, aussi pouvez-vous vous y fier. Un jouet pour enfants plus âgés n'accélérerait pas le développement du vôtre, mais, plus simplement, l'ennuierait. Pourtant, le critère essentiel n'est pas l'âge, car les enfants évoluent tous différemment, mais plutôt le niveau de développement dans tel ou tel domaine: l'enfant marche-t-il? Saurait-il faire un puzzle simple?

Second critère: les centres d'intérêt de l'enfant. Certains petits sont plus physiques et ont besoin de se dépenser, d'autres n'aiment que les petites voitures ou adorent dessiner, etc. Les jouets intéressants pour tel enfant sont ceux qui l'intéresseront, mais aussi ceux qui vont solliciter des dimensions qu'il n'a pas encore investies.

Des jouets adaptés à chaque âge

De la naissance à six mois

Le bébé n'a pas besoin de beaucoup de stimulations et il se fatigue vite. Plutôt que de remplir sa chambre de multiples objets, mieux vaut peu de jouets, certains permanents (le petit chat en éponge, le mobile...), d'autres que l'on change pour renouveler l'intérêt et la curiosité. La barre d'éveil, le tapis d'éveil, le miroir, la poupée ou l'animal en tissu (lavables en machine) sont les grands classiques de cet âge-là. Mention spéciale pour les hochets colorés et sonores, à choisir faciles à attraper, à mâchouiller et à laver.

Qu'est-ce qu'un « bon » jouet?

Voici des éléments de réponse qui devraient vous aider dans votre choix.

- Un bon jouet est solide, résistant et sûr. Il peut résister au traitement parfois énergique que l'enfant lui fait subir.
- Il est « multi-usages », c'est-à-dire que l'enfant peut s'en servir de nombreuses façons différentes, selon son niveau de développement et selon son humeur.
- Il dure longtemps, parce qu'il est capable d'intéresser l'enfant au minimum un an.
- Il est simple, c'est-à-dire qu'il n'imagine pas à la place de l'enfant. Il n'en fait pas trop. Il laisse l'enfant être acteur du jeu et offre simplement un support à ses initiatives.
- Il respecte les normes de sécurité, notamment celles des jouets destinés aux enfants de moins de trois ans.

De six mois à un an

Le bébé ne cesse d'attraper, lâcher, ramasser, lancer, cogner, porter à la bouche, taper, manipuler. Il lui faut du costaud et de quoi satisfaire son insatiable curiosité (sinon, il ira s'en prendre à la chaîne hi-fi). C'est le temps du tableau d'activités et de tous les jouets de sol: boîtes d'activité, jouets à secouer, culbutos, tous ces jouets colorés et faciles à manipuler, produisant un son ou un mouvement.

C'est aussi le temps des jouets de bain, des premiers ballons et des peluches, des petits livres en carton ou en plastique, des jouets à empiler et emboîter, tous jouets simples et de taille en rapport avec l'enfant. Le classique indispensable? La boîte avec un couvercle troué, à remplir et vider inlassablement. Investissez dans la qualité: ces jouets dureront longtemps.

Entre un et deux ans

Le bébé accède au statut de petit garçon ou de petite fille. Son intelligence est concrète: il a un besoin permanent d'explorer et d'expérimenter.

Depuis qu'il marche et devient plus habile de ses mains, d'autres activités s'ouvrent à lui, comme les jouets à tirer et à pousser, les jeux d'encastrement, les jeux de construction à picots ou à plots, et le matériel pour dessiner (à cet âge crayons de cire ou gros feutres sur tableau blanc valent mieux que peinture ou crayons de couleur). Si vous optez pour les jouets musicaux, assurez-vous qu'ils sonnent juste.

Les classiques indispensables? Le téléphone (si vous ne voulez pas qu'il prenne le vôtre) et le camion porteur et transporteur (prenez-le solide: il va servir beaucoup).

De deux à trois ans

L'enfant investit le monde de l'imaginaire. Ses inventions sont sans limites! À lui les panoplies, les petits univers, les garages, la ferme. C'est l'âge d'investir dans une vraie poupée ou dans un baigneur dont garçons et filles aimeront s'occuper. Plus ils seront simples et résistants, mieux l'enfant jouera avec eux (inutile donc de se ruiner en poupées qui parlent, accouchent ou font pipi).

N'oubliez pas non plus les puzzles, les premiers jeux à règles (comme le Loto), le matériel artistique (pour dessiner, coller, pétrir, décorer) et les jeux de « patouille » dans l'eau ou le sable. Indispensables? Les livres d'histoires. Les jeux électroniques? Oui s'ils incitent l'enfant à participer. Mais il n'y a pas d'urgence…

Une manière de jouer toute personnelle

Un petit enfant aborde les jouets de manière instinctive et sensorielle, ingénieuse et efficace, mais pas toujours conforme au mode d'emploi. Laissez-le manipuler, sans tenter de lui enseigner autre chose. Il apprendra de lui-même à explorer les différentes possibilités du jouet. C'est ainsi qu'il développe un esprit scientifique précieux pour l'avenir.

De « vrais » jouets

Mettez à sa disposition, en plus de ses jouets, quelques « vrais » objets bien à lui:
- un vieux téléphone;
- un portefeuille rempli de vieilles cartes format cartes de crédit;
- un sac à main rempli de « trésors » (peigne, vieux poudrier, petit miroir, stylo-bille sans mine, etc.).

Quels jouets pour quel âge? De 3 à 7 ans

Choisir un jouet: un casse-tête

À chaque fin d'année, la question revient: « Mon enfant a tel âge, quels jouets puis-je lui offrir? » C'est que la réponse n'est pas simple. D'abord parce qu'il faudrait tenir compte de chaque enfant: tous n'ont pas le même développement, ni les mêmes centres d'intérêt. Ensuite parce qu'il existe des âges charnières où l'on ne sait jamais quoi offrir: un jouet qui ne l'intéressera pas longtemps ou bien un qui ne l'intéressera pas encore… Enfin parce qu'un enfant évolue vite, mais à son rythme propre, et que c'est toute l'année qu'il faudrait faire évoluer les jouets qui l'entourent, et pas seulement une fois par an. Les sirènes de la mode et de la publicité sont là pour tenter de nous influencer: faut-il se laisser tenter par la nouveauté ou s'appuyer sur les valeurs sûres? Voici quelques pistes pour faire votre choix.

Qu'est-ce qu'un bon jouet?

C'est d'abord celui que vous aurez choisi en fonction de cet enfant-là, de ses intérêts, de sa situation et de ses désirs. À vous de faire la part entre le jouet tant désiré par l'enfant, dont vous savez qu'il fera briller ses yeux de plaisir, mais pendant peu de temps, et celui que vous désirez lui offrir. À cet âge-là, une des préoccupations principales de l'enfant est d'imiter l'adulte. Ainsi peut-il s'identifier et mieux comprendre le monde qui l'entoure. Un bon jouet est celui qui saura susciter longtemps le jeu. C'est donc un jouet simple, convivial, qui va laisser l'enfant être l'acteur du jeu et offrir le meilleur support à ses initiatives et à son imagination.

Les familles de jouets

Une autre façon de faire son choix est celle-ci. Les différents jouets stimulent des dimensions différentes et complémentaires du développement de l'enfant: l'habileté physique, la créativité, les capacités intellectuelles, l'affectivité. Il est souhaitable qu'un enfant ait des jouets dans chacune de ces catégories, afin de respecter un développement harmonieux. Nous allons donc les passer en revue.

Et les jeux informatiques?

Ils sont souvent très bien conçus. Il existe aujourd'hui beaucoup de logiciels destinés aux petits enfants, tous plus séduisants les uns que les autres. Vu leur prix élevé, la décision est importante. Prenez le temps de comparer les jeux avant de faire votre choix, renseignez-vous auprès d'autres parents qui les ont, empruntez-les à l'essai, etc.

Mais attention à ne pas donner trop de place aux jeux informatiques. Ils sont souvent très séduisants et l'enfant y resterait volontiers plus d'une heure d'affilée. Même si l'enfant est plus actif devant un ordinateur que devant un téléviseur, cela reste un écran. Or les petits enfants de cet âge ont mille choses à apprendre, au moins aussi importantes que de s'asseoir devant un écran…

Les jouets qui développent la motricité

Ce sont tous les jouets qui vont mettre le corps de l'enfant en mouvement et l'aider à développer son sens de l'équilibre, son habileté physique et manuelle, ainsi que la coordination des gestes. Ils sont importants, à un âge où l'enfant est sans cesse en mouvement et adore escalader, sauter, courir, pour l'aider à prendre confiance en lui.

Les meilleurs jouets moteurs sont le tricycle, le vélo, la patinette, la corde à sauter, le cerf-volant, les ballons, les quilles. Si vous avez un jardin, c'est le moment d'investir dans un portique. Pour l'été, tous les jeux d'eau, de plage et de sable sont les bienvenus.

Les jouets qui développent l'affectivité

Sous cette appellation, on met bien sûr les peluches et les poupées, tous ces jouets merveilleux avec lesquels l'enfant va nouer des liens privilégiés et profonds. À côté des « basiques », la vraie poupée, le baigneur, les poupées mannequins et les sujets miniatures ont aussi leur place.

C'est aussi l'âge de tous les jouets qui permettent d'imiter les adultes dans leurs différents rôles: déguisements, jeux de médecin ou de marchande, dînette et maison de poupée, circuits d'autos ou de trains. Sans oublier tous les « univers » pour inventer mille histoires: village, ferme, ranch, garage, hôpital, poste, école, etc.

Les jouets qui développent la créativité

C'est le cas de tous les bons jouets pour cet âge... Créer, c'est donner libre cours à son imagination et inventer ce qui n'existait pas, dans le plaisir de manipuler et d'expérimenter de nouvelles sensations. Les jouets dits artistiques ont ici un rôle important. Ma préférence va aux matériaux bruts: pâte à modeler, jeux de dessin et de peinture, jeux de construction, mosaïque, perles, pâte à sel ou à bougies. Sans oublier les marionnettes et les instruments de musique.

Les jouets qui développent l'intellect

Il ne s'agit pas là de jouets éducatifs, qui ont surtout la faveur des parents, mais de ceux qui vont offrir à l'enfant la possibilité de tester, expérimenter, vérifier et exercer son esprit sur des opérations intellectuelles de plus en plus complexes. Par exemple, les puzzles, les jeux de construction, les mécaniques simples, les jeux de dominos ou de lotos. Les premiers jeux de société ont aussi une dimension sociale évidente: il faut apprendre les règles, afin de jouer avec les autres.

Des jouets pour la sociabilité

À cet âge, l'enfant prend plaisir à jouer en groupe, avec des enfants de son âge. Aussi appréciera-t-il de recevoir des jouets qui le permettent : premiers jeux de société, jeux d'extérieur, ballons, etc.

Avec des copains ou au sein de la fratrie, ces jeux ne sont pas de tout repos. Le respect des règles n'est pas encore acquis. Aussi l'intervention et la régulation de l'adulte seront-elles souvent nécessaires.

Un jouet trop compliqué

N'achetez pas un jouet trop compliqué, trop en avance sur l'âge de votre enfant, dans le but de le stimuler davantage. Vous risqueriez de mettre votre enfant en situation d'échec et de lui donner de lui-même une image d'incompétence. N'oubliez jamais qu'un jouet n'a d'autres buts que le plaisir et le jeu, et non l'apprentissage, lequel se fait par surcroît.

À quel âge peut-on commencer à lui lire des livres?

Le temps de la lecture est venu

Dix mois, un an… Il n'est jamais trop tôt pour commencer à lire de petits livres à votre bébé ou pour regarder ensemble des imagiers. C'est toujours un grand plaisir pour lui de prendre place sur vos genoux et de vous écouter raconter. Au fil des semaines, votre bébé apprendra à tourner les pages de petits livres, à feuilleter seul les livres en carton et à reconnaître certaines des images que vous lui montrez.

Les bébés les adorent et les livres peuvent leur apprendre beaucoup. En regardant les images, les petits enfants développent leur attention visuelle et leur conscience des détails. En vous écoutant, ils améliorent leur vocabulaire et leur compréhension. Les livres stimulent leur imagination et certaines histoires donnent du sens à ce qu'eux-mêmes sont en train de vivre.

La bibliothèque de votre bébé se compose de livres en carton ou en plastique, qu'il peut mâchouiller s'il le désire, de petits livres d'images et de quelques livres particuliers.

Le premier imagier

C'est le livre essentiel du bébé. Un bon imagier pour les petits répond à des exigences précises:

- chaque dessin représente un élément unique, concret, apportant une seule information à la fois;
- le dessin est précis jusque dans ses détails, d'un trait pas trop stylisé, tout en ayant une allure « sympathique »;
- l'élément présenté est seul sur le dessin, et le style est gai, clair et coloré;
- les dessins sont regroupés par catégories qui, toutes, font partie de l'environnement direct de l'enfant ou de son intérêt immédiat: les objets de l'enfant (jouets, vêtements, biberon…), les objets de la maison (meubles, aliments, objets quotidiens…), les animaux, les végétaux.

L'imagier est un livre que le bébé adore feuilleter, seul ou accompagné, inlassablement. On y cherche les objets de la maison, le biberon ou la cuiller, on y reconnaît le chien ou l'oiseau, on y apprend de nouveaux mots…

Le livre personnel

Achetez un classeur de petit format et des fiches cartonnées de couleurs différentes. Ou bien un petit album de photos avec des pochettes transparentes. Voilà le livre. À vous d'inventer le contenu. Voici quelques idées.

- Collez des photos ou des images découpées dans des magazines, afin de constituer un imagier personnel.
- Collez des photos de bébé, des gens de la famille, du chien, etc. Toutes celles qui ne sont pas assez réussies pour prendre place dans votre album souvenir. Vous pouvez protéger les fiches en les recouvrant d'un film de plastique adhésif transparent.
- Faites un « livre à toucher ». Pour cela, étalez de la colle sur le recto de fiches. Puis déposez dessus divers éléments: sable, riz, farine, lentilles, morceaux de tissus de différentes textures, etc. Laissez sécher les fiches, puis rangez-les dans le classeur. Ce « livre » permettra à bébé d'expérimenter des sensations tactiles différentes.

Puis viennent les livres d'images...

Il existe toutes sortes de petits livres d'images que l'on peut acheter ou emprunter à la bibliothèque, ainsi que des magazines spécialement conçus pour les tout-petits. Le meilleur moyen d'inciter un enfant à aimer les livres, c'est de l'installer sur ses genoux ou dans ses bras et de les regarder ensemble. La proximité physique et l'intimité partagées sont pour beaucoup dans le plaisir de ce moment.

Sans doute verrez-vous la nécessité de définir un moment dans la journée, souvent le soir avant de se coucher, où on regarde un livre. Mais toute heure est bonne, tout moment favorable, indiqué.

Les premiers livres comporteront plus d'images que de textes. L'enfant aime les histoires répétitives, dont les phrases, bien rythmées, reviennent de page en page avec de petites modifications, qui parlent de la vie de tous les jours. Même s'il ne comprend pas encore tout, il se laisse bercer et séduire par la musique de l'histoire et les quelques points qu'il repère.

Ne vous croyez pas toujours obligé de suivre le texte indiqué: parfois les mots sont trop compliqués pour l'enfant. Dans ce cas, racontez à votre idée, en vous contentant de décrire les images et en montrant du doigt ce dont vous parlez. N'hésitez pas à mettre le ton et l'ambiance qui éveilleront l'attention et l'intérêt de votre enfant.

Lire tout seul

Prévoyez aussi un temps où votre enfant peut regarder seul ses livres, les feuilleter en silence. Au début, il ne fera que jouer avec l'objet, puis regarder les images en vitesse. Mais progressivement vous verrez qu'il feuillette correctement et semble suivre et reconnaître l'histoire que vous lui avez racontée. Aussi, même si cela signifie que leur durée de vie en sera abrégée, il est bon que votre enfant ait le libre accès à ses livres. Expliquez-lui que les livres sont des objets fragiles qui doivent être maniés avec précaution.

Et s'il n'aime pas cela

Il se peut, néanmoins, que votre enfant fasse partie de ceux qui ne tiennent pas en place et que les livres n'intéressent pas du tout. Ou alors seulement en tant qu'objets, pour les déchirer ou les manger. Pas d'inquiétude: cela viendra plus tard.

Les catalogues

Les catalogues de vente par correspondance sont la passion des bébés et une source sans fin de jeux. Il y a le plaisir visuel, d'abord, et la curiosité: le bébé adore feuilleter le catalogue et y trouver d'autres enfants, des vêtements, des meubles et des objets familiers. Plaisir tactile et auditif ensuite: quelle joie de froisser, arracher, chiffonner, déchirer...!

Le livre de fête

Récupérez les diverses cartes que vous avez pu recevoir: vœux de Noël ou de Nouvel An, cartes postales en couleur, cartes d'anniversaire. Ne gardez des cartes que la face décorée. Collez les cartes par deux, dos à dos. Perforez-les sur le côté, comme on le fait pour des feuilles de classeur. En passant des rubans dans les trous, vous relierez toutes les cartes entre elles, composant un livre original et coloré que votre enfant pourra manipuler à sa guise.

Est-il un enfant précoce?

Beaucoup d'enfants ont un talent particulier qu'il est bon de connaître et de valoriser. En revanche, d'autres sont nettement en avance sur leur âge dans presque tous les domaines: langage, logique, apprentissages, capacités physiques et créatives, etc. Ils représentent environ 5 % de la population enfantine: ce sont ceux que l'on appelle les enfants précoces. Ces enfants ont un quotient intellectuel (Q.I.) particulièrement élevé. Ils se caractérisent par leur précocité intellectuelle, ce qui signifie qu'ils sont plus rapides que leurs camarades dans les domaines de l'esprit: ils lisent plus tôt, comprennent plus vite, etc.

Comment reconnaît-on un enfant précoce?

Bien des parents se posent la question, devant un enfant en avance ou qui semble particulièrement intelligent. Leur rôle est effectivement primordial, aussi bien dans le repérage de la précocité que dans l'éducation de leur enfant doué.

Le portrait idéal de la petite fille ou du petit garçon précoce est celui d'un enfant vif, qui réussit sans effort, doté d'une excellente mémoire, créatif, curieux, passionné et capable d'une grande concentration. Mais tous n'ont pas d'emblée cette aisance. Différents des autres, les enfants précoces se repèrent assez facilement à certaines caractéristiques qu'ils ont en commun. À vous de savoir si votre enfant possède plusieurs de ces traits.

- Il a parlé de bonne heure et possède un large vocabulaire.
- Il a appris à lire avant le cours préparatoire. Il lit beaucoup et rapidement. Il est passionné par les dictionnaires et les encyclopédies.
- Curieux de tout, il pose beaucoup de questions originales et adore résoudre des problèmes. Il a un avis, volontiers critique, sur tout.
- Il a un grand pouvoir d'attention, d'observation et de concentration.
- Il aime la compagnie des adultes et des enfants plus âgés.
- Il a un sens de l'humour très développé.
- Il est sensible à l'injustice et ressent de la compassion pour autrui.

Les activités parascolaires

Élever un enfant différent n'est jamais facile; cela demande de la patience et de la disponibilité. L'enfant précoce est exigeant et souvent fragile. Pour faire face à sa curiosité intellectuelle insatiable, vous pouvez inscrire votre enfant dans un club informatique, à un cycle de conférences ou à des cours de langues pour enfants. Mais ce qui lui fera le plus grand bien sera d'être mêlé à des enfants de son âge dans des domaines où il ne sera pas forcément le meilleur: théâtre, activité artistique, etc. Sa grande sensibilité y trouvera une nourriture appropriée. Pratiquer un sport est également très important. Il verra que tout ne passe pas par l'intelligence logique et apprendra à développer amitié et solidarité.

- Il est énergique, indépendant, solitaire et imaginatif.
- Il a une faculté de raisonnement et de logique étonnante.

Les risques d'une telle précocité

L'enfant réellement précoce a besoin d'être aidé dans son développement. Ce qui semble une chance peut se révéler être un handicap si l'enfant n'est pas reconnu pour ce qu'il est. Comme disait Baudelaire de l'albatros, « ses ailes de géant l'empêchent de marcher ». Plus l'enfant est différent de la moyenne des enfants de son âge, et plus le risque de voir apparaître des troubles du comportement est grand.

Comme il se développe plus vite que ses camarades et qu'il a souvent des idées bien à lui, l'enfant précoce a du mal à se faire des amis. Ceux de son âge lui semblent bien jeunes et ceux avec qui il pourrait discuter le regardent comme un bébé. Si bien que l'enfant précoce se retrouve tout seul ou qu'il privilégie la compagnie des adultes.

Il s'ennuie tellement en classe, quand la maîtresse répète pour la troisième fois ce qu'il a compris à la première, qu'il finit par chahuter et embêter tout le monde. Quand il ne se met pas complètement en retrait. C'est le cas de Marine : sentant que son enseignant n'aimait pas voir « une tête qui dépasse », elle a inhibé totalement ses compétences. Elle s'est repliée dans ses rêveries au fond de la classe et a fini par perdre son année.

Enfin, même s'il est en avance dans sa tête, l'enfant précoce a bien son âge dans son cœur. À huit ans, c'est encore un petit enfant, qui raisonne déjà comme un grand. Si bien que ses besoins affectifs le font parfois paraître immature. Comme Matthieu, qui se pose déjà des questions métaphysiques sur l'origine de l'homme, et qui compense son anxiété en suçant son pouce.

Comment l'élever?

Si votre doute se confirme, il est important que vous consultiez un psychologue qui fera passer des tests à votre enfant. Il saura aussi vous conseiller sur la conduite éducative à tenir. Parfois un saut de classe peut être souhaitable : cela oblige l'enfant à faire des efforts et entretient sa motivation scolaire.

En France, il n'existe, dans l'enseignement public, quasiment aucune filière spécialisée réservée aux enfants précoces. Mais il n'est pas sûr du tout qu'il faille les regrouper et les isoler. Un enfant, même précoce, est d'abord un enfant comme les autres : il doit pouvoir trouver sa place à l'école en y faisant, comme chacun, respecter sa différence.

Le bilan psychologique

Les psychologues installés en cabinet sont habilités à faire passer des tests aux enfants. Les plus déterminants sont les tests de développement mental (anciennement tests de Q.I.), qui mesurent la précocité de l'enfant dans les différents registres du fonctionnement intellectuel.

Le psychologue fera généralement passer des tests de personnalité, afin de juger du niveau de maturité général et de l'équilibre psychique de l'enfant. Il est en effet indispensable, pour prendre une décision éducative ou scolaire, de tenir compte de tous les paramètres et pas seulement des aptitudes intellectuelles. Le but de toute démarche est le bien-être et l'épanouissement global de l'enfant.

La première montre

Autrefois, l'achat d'une montre, comme cadeau de communion, marquait symboliquement l'entrée dans le monde des grands. Aujourd'hui, les montres coûtent moins cher et les petits enfants ont souvent une montre digitale, qu'ils lisent avant même de savoir lire l'heure aux aiguilles. Cela les aide certainement à avoir plus tôt une notion du temps et de l'heure.

Halte à l'urgence et au stress

Attention: les petits ont besoin de prendre le temps de vivre, sans stresser, sans entendre la phrase « dépêche-toi » répétée cent fois par jour. Leur apprendre le temps, ce n'est pas leur faire prendre trop précocement l'habitude de vivre l'œil rivé à la pendule…

Apprendre à lire l'heure

« Attends une seconde! », « Mais ça fait une heure que je t'attends! »… L'organisation du temps est un système complexe. Avant que l'enfant ne puisse vraiment s'y retrouver, il faut qu'il ait acquis une bonne dose d'expérience, de compréhension de son environnement et de maturité. Progressivement, l'enfant repère qu'il existe un système régulier d'enchaînement entre les secondes, les heures, les jours, les mois… Il devient alors possible de lui apprendre à lire l'heure.

L'évolution de la notion de temps

Avant deux ans, un seul temps existe: le présent. « Hier », « ce soir », « tout à l'heure », sont des expressions qui n'ont aucun sens. Ce que l'enfant veut, il le veut tout de suite. Entre deux et trois ans, les notions de « bientôt » ou de « plus tard » commencent à prendre un sens: l'enfant devient capable de différer quelque peu ses désirs dans le temps sans trop de frustration.

Vers trois ans, les mots « hier » et « demain » apparaissent. « Demain », c'est tout ce qui n'est pas encore arrivé, le vrai demain s'exprimant par « le jour après cette nuit » ou « quand il fera jour à nouveau ». « Hier », c'est tout ce qui est passé. Il faut savoir que l'écoulement du temps n'est pas le même pour le petit et pour nous, adultes. Tout ce qui n'est pas immédiat peut lui sembler très loin et les événements passés se rejoignent dans un « hier » très global qui va de la veille à « quand j'étais bébé ». Ces concepts, ainsi que ceux de jours et de mois, vont se mettre en place doucement. Finalement, c'est vers six ou sept ans que le temps, conceptualisé comme une ligne continue, va devenir clair pour l'enfant. C'est à cet âge aussi qu'il va savoir compter et lire les nombres à un ou deux chiffres. Et qu'apprendre à lire l'heure pourra se faire sans trop de difficultés.

Pour se repérer dans le temps

Apprendre l'heure est la dernière étape d'un apprentissage complexe. Heureusement, il est possible, dans la vie quotidienne, d'aider le petit enfant à se repérer et à s'orienter dans le temps. Voici quelques pistes.

- Présentez à votre enfant ses activités en insistant sur les enchaînements et les petits mots qui indiquent le temps. « Avant d'aller au parc, on va passer d'abord à la boulangerie, après tu mangeras ton goûter » ou: « D'abord, tu vas te laver les dents, puis tu iras te coucher, enfin on lira une histoire; si elle longue, on la finira demain. »
- Quand votre enfant regarde un film ou écoute une histoire, aidez-le à repérer l'enchaînement temporel des événements, souvent incompréhensible pour les plus jeunes.
- Associez les jours de la semaine à des activités précises: le lundi, on va à la bibliothèque; le mardi soir, on regarde un dessin animé; le mercredi, on va chez mamie, etc. Et rappelez-les: « le livre qu'on a emprunté hier », « demain, quand tu seras chez mamie », etc.
- Installez un grand calendrier au mur. Expliquez à votre enfant que les jours sont tous inscrits. Barrez les jours quotidiennement. Comptez ensemble ceux qui vous séparent des vacances ou de son anniversaire. Montrez l'organisation des jours en semaines et en mois.

Lire l'heure

Dès qu'un enfant sait lire les chiffres, il peut lire l'heure sur un cadran numérique. Mais cet apprentissage ne prendra vraiment sens que lorsque l'enfant aura concrètement compris ce que signifie une seconde, une minute, une heure. La première étape consiste donc à lui apprendre la durée. Une seconde? C'est le temps de dire « ouf! ». Une minute? C'est le temps que met l'aiguille des secondes à faire un tour complet, le temps d'un petit câlin. Une heure? Un tour de grande aiguille, le temps d'une promenade au parc. Aidez-vous d'un compte-minutes. « Je le mets sur cinq minutes: quand ça sonne, tu vas prendre ton bain », « Mets-le sur trois minutes, pour la cuisson des œufs », et ainsi de suite.

La seconde étape consiste à attirer son attention sur certaines heures particulières, parce qu'elles ont du sens dans la vie de l'enfant. Dites, en montrant la pendule: « Il est huit heures et demie, tu vas au lit », « À midi, quand les deux aiguilles seront en haut, tu viendras à table. »

La dernière étape est celle de l'apprentissage proprement dit. Fabriquez une grande pendule en carton où vous écrirez, outre les indications habituelles, « midi », « un quart », « et demie », « moins le quart », « -25 », « -20 », « -10 » et « -5 ». Expliquez le principe à votre enfant, puis jouez ensemble jusqu'à ce qu'il soit à l'aise, d'abord avec les heures simples (de l'heure à la demie), puis avec toutes.

Les cycles du temps

Vous pouvez attirer l'attention de votre enfant sur les signes des saisons.

- **« Tu te souviens quand il faisait très froid et qu'il avait neigé? Il n'y avait aucune feuille aux arbres. Maintenant il y a en beaucoup. Et dans quelques temps elles tomberont à nouveau. »**
- **Expliquez-lui qu'il y a la saison des cerises, la saison des prunes, la saison des oranges…**
- **Parlez-lui de son passé et du vôtre, photos à l'appui. Par exemple, regardez ensemble les photos de ses anniversaires. Racontez-lui des anecdotes sur « quand il était bébé ».**
- **Envisagez l'avenir: « Quand tu seras grand… », « Pour Noël prochain… »**

Progressivement, il prendra conscience de l'aspect cyclique du temps et deviendra capable, lui aussi, de s'orienter dans le temps.

La jalousie fraternelle

Un des moments les plus délicats, pour le petit enfant, est la naissance d'un second. D'un côté, avoir cette petite poupée rigolote comme compagne est assez sympathique. D'un autre côté, constater à quel point elle suscite d'attention et d'attendrissement des parents et de toute la famille ne peut que susciter jalousie et rivalité. Oublier de continuer à prêter une attention soutenue à l'aîné peut être la source de franches difficultés.

Les mots qui font mouche

Certaines phrases sont garanties pour attirer l'attention immédiate de papa ou de maman. « Je ne t'aime plus », « Tu préfères ma sœur », etc. L'enfant les redira, voire montera d'un cran, tant que l'attention qu'il y gagnera lui assurera le même succès d'audience.

« Mais enfin, pourquoi se comporte-t-il ainsi? »

Hadrien, au lieu de venir se laver dès que sa mère l'appelle, fait celui qui n'entend rien. Une fois, deux fois, trois fois, il reste plongé dans son puzzle. Jusqu'à ce que maman s'énerve, crie et vienne le chercher de force pour l'emmener dans la baignoire. D'où Hadrien, une fois installé avec ses joujoux, ne veut plus sortir… Et maman de se demander, comme toutes les mamans d'enfants de dix-huit mois à quatre ans: « Mais enfin, pourquoi fait-il cela? Il sait très bien que je vais finir par m'énerver! C'est pareil chaque soir. Ce serait si bien s'il venait quand je l'appelle… Je serais plus détendue, on aurait le temps de jouer ensemble… Il gâche toutes nos soirées! On dirait qu'il aime les conflits… »

Les petits enfants sont différents

Chaque fois que l'on essaie de comprendre son jeune enfant en faisait référence au comportement que l'on aurait à sa place, on court le risque de se tromper. Les petits ne sont pas comme nous. Ils ne fonctionnent pas comme les adultes. Leurs motivations ne sont pas les nôtres, leurs raisonnements non plus. Nous leur expliquons les choses selon la logique, et c'est ce qu'il faut faire, mais cela prendra encore des années avant que ce mode de pensée ne leur devienne spontané. Si bien que beaucoup de problèmes viennent tout simplement du fait que les parents attendent de leur enfant de deux ans qu'il se comporte comme un adulte. Alors qu'à deux ans, on vit dans l'instant, selon le principe de son plaisir immédiat, sans le souci des conséquences de ses actes.

Un papa me rapportait: « Je n'y arrive plus avec Jérémie. Je lui ai expliqué dix fois qu'il ne fallait pas jouer avec les fils électriques parce que c'était dangereux, il continue. Je crois qu'il le fait exprès pour me provoquer. Je ne sais pas comment le faire obéir. » Un danger abstrait ne fait pas le poids contre le plaisir de jouer avec l'interdit et d'attirer chaque fois l'attention de papa…

À quoi réagissent-ils, alors?

Les motivations qui sous-tendent les comportements des petits enfants sont en nombre limité. Les avoir en tête permet de décrypter beaucoup plus facilement des attitudes pour le moins étranges et sources d'innombrables conflits.

Le petit enfant a besoin d'attention

Plus encore que d'amour ou de tendresse, le petit a besoin que l'on fasse attention à lui. Ou plutôt: c'est par la quantité d'attention qu'on lui porte qu'il évalue l'amour que l'on a pour lui. Si bien que si le fait d'être sage entraîne d'être laissé tranquille, il sera préférable de faire du bruit ou des bêtises. Mieux vaut encore être grondé que de ne pas être vu. L'essentiel est d'occuper le terrain, d'une manière ou d'une autre. C'est ainsi que l'on peut expliquer un grand nombre de comportements destinés uniquement à attirer l'attention des parents, à les déranger dans leurs activités, à les contrarier... bref à les mobiliser. Cela sera d'autant plus net que les parents sont très occupés par autre chose (à lire ou à parler au téléphone par exemple).

Être seul au centre du monde

Le comportement précédent est d'autant plus évident qu'un frère ou une sœur applique les mêmes stratégies. Les parents n'ayant qu'une quantité de temps et d'attention limitée, c'est à celui qui en requerra le plus. Le petit enfant veut l'attention, et la veut tout entière pour lui. Ajoutez à cela qu'il est égocentrique, possessif et jaloux... vous avez le tableau expliquant des difficultés relationnelles, à la maison comme au square. Non, l'enfant n'est pas prêteur. C'est même le contraire: il voudrait bien tout pour lui tout seul.

Il est très sensible à la frustration

Pendant des années, le petit enfant a des désirs qu'il ne peut satisfaire. Et il en ressent une grande frustration. Il veut mettre sa salopette et on lui impose le short bleu. Il veut faire du vélo mais il manque d'équilibre. Il veut des sucettes mais elles sont interdites. Il veut faire tenir ensemble des briques qui refusent de s'emboîter. Il veut téléphoner sur le portable de papa qui n'est pas d'accord... L'intelligence de l'enfant, donc ses désirs, est en avance sur ses capacités motrices, ce qu'il est capable de réaliser: cela l'énerve au plus haut point!

Le principe de plaisir

Le petit enfant veut tout, tout de suite: les bras, la voiture de pompiers, le jouet... Une certaine quantité de colères ne sont dues qu'à cela: le décalage entre le désir et les contraintes du réel. Or, je connais beaucoup d'adultes que cela frustre encore, même s'ils ne font plus de colères dans les allées des magasins...

S'il est « mal fichu »...

Un petit enfant un peu malade, qui fait ses dents, qui a un peu de fièvre, a beaucoup plus de mal à se montrer gentil et à se comporter comme on l'attend de lui. De même, un enfant qui a été perturbé ou déstabilisé par des événements de vie (déménagement, changement de mode de garde, naissance d'un puîné, etc.). Le contrôle émotionnel est une des choses les plus difficiles à apprendre: cela prendra plusieurs années. Alors, attendre d'un enfant mal fichu qu'il se contrôle et se « tienne bien » est tout à fait illusoire.

Les conséquences de la simple fatigue sont les mêmes. Un enfant fatigué ne s'endort pas: il s'énerve et lutte contre la fatigue par un surcroît de tension, de frustration et de caprices. Plus sa fatigue augmente, plus il est « infernal ». Mieux vaut le savoir, afin d'anticiper et d'éviter les situations dont on sait qu'elles poseront un problème...

Pourquoi est-il grognon?

Un enfant qui geint use les plus résistants...

Maryse n'en peut plus. Cela fait plus de trois heures que Thibault, quatre ans, pleurniche. D'abord, c'étaient ses haricots qui ne lui convenaient pas: il voulait des pâtes. Puis cette sieste qu'il n'a pas voulu faire: il a geint derrière la porte de sa chambre jusqu'à ce que sa maman craque. Maintenant, c'est la promenade, mais il s'assied par terre et ne veut plus marcher: il a trop chaud, il est fatigué. Ses plaintes sont tellement usantes que Maryse se dit qu'elle préférerait que Thibault fasse une bonne colère et qu'on n'en parle plus. Mais voilà, lui a choisi une autre façon de s'exprimer...

Comment faire passer cette habitude?

Certains enfants paraissent ainsi: jamais contents, d'accord sur rien, réfractaires à toute suggestion, fuyant toute nouveauté. Capables de « chouiner » pendant des heures, ils finissent fatalement par tendre l'ambiance générale. On les voudrait tellement insouciants et gais... Que peut-on faire pour les aider à évoluer?

Mauvais moment à passer...

La première chose à faire est d'essayer de comprendre ce qui se passe. L'enfant qui se transforme de « Joyeux » en « Grincheux » traverse sans doute une phase difficile. Il s'exprime comme un bébé qui chercherait à attirer attention et pitié. Que s'est-il passé dans sa vie qui expliquerait un tel changement, à la maison ou au dehors? Si cet état est transitoire, de la patience, de la compréhension et de la bonne humeur en viendront à bout.

Trait de caractère...

Pour d'autres enfants, ce caractère a toujours été plus ou moins le leur. Ce sont souvent des enfants sensibles. Anxieux, ils aiment la routine, les habitudes, le calme et détestent les changements, la nouveauté. La faim et la fatigue les perturbent, ainsi que le moindre bobo. Ils captent toutes les vibrations négatives de leur environnement. Ces enfants ont un grand besoin d'un adulte disponible, protecteur et sécurisant. Dites-vous que le « sérieux » dont ils font preuve est un gage pour l'avenir!

... ou façon efficace d'attirer l'attention?

Pleurnicher est souvent, pour un enfant, une manière d'attirer l'attention et la reconnaissance. C'est la force des faibles. Si c'est le

« Les garçons, ça ne pleure pas! »

Et pourquoi pas? Élever votre fils dans l'idée qu'il ne doit pas pleurer, afin d'en faire un vrai petit dur, est dangereux. Vous lui apprenez à garder à l'intérieur de lui ses sentiments et ses émotions, plutôt que de les exprimer. Refouler ainsi sa sensibilité peut faire de lui un adulte figé qui aura du mal à communiquer en profondeur avec les autres et avec lui-même.

Tous les enfants, les garçons comme les filles, ont droit aux larmes, lorsqu'ils ont mal ou le cœur gros. À nous, adultes, de les aider à passer à autre chose. « Tu es frustré ou en colère, alors tu pleures, d'accord. C'est un choix. Mais tu peux arrêter si tu le veux. Dès que tu as fini, viens vite, je t'attends pour préparer le dessert. »

cas du vôtre, demandez-vous honnêtement s'il a chaque jour le temps de câlins et de jeux dont il a besoin en famille. Peut-être que vous ne vous intéressez à lui que lorsqu'il râle et beaucoup moins lorsqu'il est sage… Voyez également si votre enfant n'a pas trop pris l'habitude de compter sur autrui plutôt que sur lui-même. Dans ce cas, vous pouvez l'inciter à l'autonomie, en valorisant ses initiatives et montrant votre fierté lorsqu'il se comporte « comme un grand ».

Une éducation qui tient compte du caractère

Les parents ont toujours intérêt à tenir compte du caractère de leur enfant dans leur attitude éducative. On n'élève pas pareil la tornade, la lunatique, le rêveur ou le pleurnicheur. Ce dernier a besoin de connaître à l'avance ce qui l'attend. En matière d'emploi du temps comme de règlement intérieur. Il s'arrangera de règles simples, stables, qui déterminent ce qui est permis ou interdit, ce qu'il peut espérer ou non. Ces repères, parce qu'ils le sécurisent, l'aident à trouver sa place et son équilibre. C'est aussi un enfant qui a besoin que l'on s'intéresse à lui en prenant le temps de l'écouter. Avec le temps, on découvre comment le « prendre » et en obtenir le meilleur

Il y a certaines attitudes toutes simples qui peuvent faciliter grandement la vie avec un pleurnicheur

- Tant que vous le pouvez, ignorez son comportement. N'en tenez aucun compte. C'est le meilleur moyen de le faire disparaître. Puis, si cela devient insupportable, envoyez-le s'isoler dans sa chambre un moment, jusqu'à ce qu'il se sente d'humeur plus sociable. Expliquez-lui que ce n'est pas une punition, qu'il a le droit de râler, mais vous celui de ne pas le supporter davantage.
- Essayez l'humour, mais gentiment. Si vous arrivez à le faire rire, c'est gagné. S'il se vexe, c'est pire!
- Parlez-en avec lui et demandez son avis. « J'ai un problème avec toi et je ne sais pas comment faire… » Il est le premier concerné. L'associer à la recherche d'une solution, c'est le faire passer du statut de victime, qu'il n'adopte que trop, à celui d'acteur de sa propre vie.

Le caractère d'un enfant peut changer, mais ce dernier n'en est pas totalement responsable. S'il est pleurnicheur, ce n'est pas de sa faute. Tout en essayant de le faire évoluer il est important de valoriser ses bons côtés et de lui montrer que vous l'acceptez et que vous l'aimez comme il est.

Peut-être plus qu'un autre, il a besoin de se sentir beau, bon, gentil, aimable. Et d'avoir votre confiance.

Attention à l'étiquette du râleur

Pas de phrases comme: « Ça y est, tu chouines encore! Ma parole, tu n'es jamais content! » Évitez de coller à votre enfant cette étiquette: il aurait d'autant plus de mal à s'en débarrasser.

Ne vous moquez pas de lui

Se moquer de lui, surtout publiquement, ne ferait également qu'empirer les choses. En revanche, on peut faire de l'humour familial, au second degré, en imitant son attitude par exemple, mais toujours sur la pointe des pieds…

Et s'il tenait cela de quelqu'un?

Demandez-vous honnêtement s'il n'y aurait pas, dans son attitude, une part d'héritage familial. N'y a-t-il pas, à la maison, un autre râleur (ou râleuse) sur qui prendre modèle? Il est certain que plus ses parents seront gais et toniques, plus l'enfant tendra à l'être.

Se servir des récompenses

Certains enfants aimeront qu'on leur promette une récompense: « Si tu vas jusqu'au bout de ton jeu tranquillement, on sortira faire du vélo ensuite. » Cette technique peut être utile au début, pour servir de motivation à un enfant qui en manque et lui permettre de faire rapidement quelques progrès. Ensuite, les récompenses deviennent inutiles.

L'apprentissage de la relaxation

D'autres tireront un grand profit de certaines techniques simples de relaxation. L'agitation de l'enfant s'accompagne souvent d'une certaine anxiété. Savoir se relaxer est une aptitude dont il peut se servir chaque fois qu'il a besoin de se calmer, de traverser un moment difficile et de retrouver confiance en lui.

Il ne tient pas en place

Patienter quelques minutes lui semble une éternité

Pour certains enfants, rester assis sans bouger est une torture. Ils mangent en se dandinant d'une fesse sur l'autre et semblent toujours installés sur un boisseau de puces. D'un enfant de deux ans, on le comprend et on le tolère. À cinq ans, si en plus l'enfant est incapable de se concentrer plus de quelques minutes sur une même tâche, on se pose des questions, puis on s'inquiète franchement. Lui-même est malheureux, toujours repris, souvent puni. Parce que l'école, telle qu'elle est organisée chez nous, est intransigeante: pour apprendre, il faut se tenir tranquille. Les parents se font du souci, l'instituteur s'irrite, l'enfant se désespère... Que peut-on faire pour l'aider?
Vous trouverez ci-dessous des petits exercices d'entraînement, à choisir selon l'âge et la personnalité de chacun. Mais, dans tous les cas, il faut d'abord admettre qu'il s'agit là d'un des apprentissages les plus difficiles pour certains enfants. Aussi les attentes des adultes doivent-elles être réalistes et progressives.

Pour les plus jeunes (jusque vers quatre ans)

Notons qu'à cet âge, le besoin de bouger est important et tout à fait naturel, même si la vie actuelle ne le respecte pas toujours.

Apprendre à rester assis

Pour les plus petits, l'important est de commencer par valoriser le temps resté assis. Faites-en un jeu. Asseyez votre enfant par terre et dites-lui: « On va voir si tu peux rester sans bouger pendant que je compte. » Comptez sur vos doigts jusqu'à cinq, puis félicitez-le et laissez-le se lever et bouger. Recommencez en comptant jusqu'à dix, et augmentez progressivement le temps selon ses capacités (il doit toujours réussir et vous toujours féliciter largement sa performance).

Le jeu du compte-minutes

Passé la minute, remplacez les chiffres par le compte-minutes. Confiez à l'enfant un jeu calme et dites-lui: « On va voir si tu peux rester tranquille assis à jouer pendant trois minutes. » Puis, un autre jour: « On va voir si tu peux battre ton record! » Là encore, ayez des attentes raisonnables: l'enfant doit toujours réussir.
Généralisez l'usage du compte-minutes à d'autres activités où l'en-

fant a du mal à rester tranquille, le temps de son repas par exemple. Commencez par cinq minutes avant qu'il ait le droit de se lever, puis augmentez la durée. Félicitez toujours ses réussites, voire accordez-lui un « extra » (biscuit supplémentaire ou dessin animé). S'il échoue : « Ce n'est pas grave, on réessaiera une autre fois. »

Pour les plus grands (à partir de quatre ans environ)

Le jeu de la statue

Pour cela, vous asseyez l'enfant face à vous et vous lui demandez de rester comme vous, aussi immobile qu'une statue (vous avez juste le droit de respirer!). Au bout d'une minute, vous faites un geste (déplacer la main, incliner la tête…) : il doit faire le même geste et figer à nouveau la position. Ce jeu développe à la fois l'attention au mouvement, le contrôle et la concentration.

Le « challenge » des records

Confiez-lui un compte-minutes ou une pendule : c'est lui-même qui va se fixer des temps où il va se demander de rester tranquille. « Je vais essayer de faire ce puzzle pendant dix minutes » ou « Je vais lire dix pages de mon livre sans m'arrêter. » Le renforcement devient intérieur : l'enfant est heureux d'avoir atteint son objectif.

Se servir d'images mentales

Aidez-le à se servir d'images qui l'aideront à rester assis : « Tu fais semblant de passer de la colle sur ta chaise avec un gros pinceau, puis tu t'assieds dessus » ou bien : « Imagine que tu es assis dans la cabine d'un avion supersonique et que tu as bouclé ta ceinture. »

Anticiper les moments difficiles

Prévoyez de petites activités variées quand vous savez que l'enfant aura à rester assis un certain temps (repas de famille, salle d'attente, etc.). L'enfant occupé est toujours plus facile à garder au calme, même si cela ne dure pas!

Chez certains enfants, la difficulté de rester tranquille et de se tenir à une tâche semble vraiment importante et durable. Il est bon dans ce cas que les parents aient une attitude à la fois claire et ferme. Des règles peu nombreuses mais bien comprises et consistantes, une routine quotidienne structurée, un environnement assez simple (on ne fait qu'une chose à la fois), sont des éléments qui peuvent l'aider beaucoup.

L'enfant atteint d'un trouble de déficit d'attention avec hyperactivité

Il s'agit d'un enfant toujours impulsif, très remuant, hyperactif et incapable de fixer son attention, de suivre une consigne ou d'organiser son travail. C'est une vraie pathologie, qui entraîne un vécu douloureux de l'enfant (il « dérange »), mais dont les causes sont encore incertaines et le diagnostic difficile à poser. Les parents se sentent épuisés, débordés et impuissants.

Là où les pédiatres américains traitent les enfants avec des substances médicamenteuses, comme la Ritaline, les Français préfèrent l'abord psychologique et comportemental. Ce trouble demande une prise en charge spécialisée (il existe plusieurs centres en France qui traitent ce type de problèmes). Le pédopsychiatre ou le psychologue tentera d'agir à la fois sur l'enfant (apprentissage de nouveaux comportements, du contrôle sur soi) et sur son environnement (avec une part de conseil et de soutien aux parents).

Comment parler de sexualité à son enfant

Samedi, seize heures, dans une rame de métro pleine de monde. Soudain une petite voix s'élève, claire, au-dessus des conversations: « Dis, Papy, toi aussi t'en as un de pénis? » C'est la voix de Morgane, cinq ans, qui s'assure qu'elle a bien compris ce que sa maman lui a expliqué la veille. Malaise du grand-père…

Au moment où on s'y attend le moins…

Il faut s'y attendre: si les parents choisissent plutôt des moments calmes et complices pour aborder ces questions, les enfants, eux, posent souvent leurs questions de manière tout à fait imprévue, dans la queue de la boulangerie ou au milieu d'un repas de famille. Preuve qu'ils n'ont senti aucun interdit à aborder ces questions… « C'est une question intéressante, mon chéri, rappelle-moi de te répondre ce soir, quand nous serons rentrés à la maison… »

La seule solution pour éviter la gêne consiste à devancer les questions de l'enfant, à l'informer avant qu'il ne se renseigne. Mais ce serait dommage de ne pas aussi profiter de sa curiosité, car ses questions sont le seul indicateur de son niveau de réflexion, alors mieux vaut se préparer à y faire face.

À quel âge commencer une information sexuelle?

Justement, dès que l'enfant montre une curiosité, par ses questions ou par ses actes. Cela se situe généralement vers l'âge de trois ans, lorsque l'enfant commence à séparer le monde entre hommes et femmes, et à s'interroger sur ce qui les différencie. Mais cela peut tout aussi bien survenir à l'occasion d'un événement familial: grossesse de la maman, mise bas de la chatte, scène à la télévision, etc. La question peut être soit directe: « Comment il est rentré le bébé? Par où il va sortir? », soit indirecte: « Moi aussi j'en aurai, des enfants? » ou « Les bébés chats, ils n'ont pas de papa? »

Au fil des années, c'est souvent l'enfant qui initie le dialogue sur les questions sexuelles et qui indique où il en est de ses interrogations. Il peut vous sembler « travaillé » par la curiosité un jour, puis, une fois celle-ci satisfaite, paraître s'en désintéresser pendant plusieurs mois.

Distinguer la sexualité et la reproduction

L'itinéraire de la petite graine, passe encore, mais parler à son enfant de désir sexuel et du plaisir que cela engendre est, pour beaucoup de parents, autrement plus délicat. C'est pourtant omettre l'essentiel que de ne pas lui dire qu'on fait l'amour pour se faire plaisir, simplement parce que c'est bon, comme les très gros câlins…

Insister sur le rôle du père

L'enfant constate très tôt que les garçons et les filles ne sont pas faits pareils. Il se doute aussi que cette « petite différence » change beaucoup de choses. Néanmoins, le bébé est dans le ventre des mamans, et seulement dans le leur… Aussi les adultes trouvent-ils souvent plus pratique de parler de grossesse et d'omettre de souligner le rôle du père dans la conception du bébé. Or, il est important, aussi bien pour les petites filles que pour les petits garçons, de savoir qu'il faut être deux pour faire un enfant.

Ne pas parler « technique »

Autre écueil : parler de la sexualité en termes techniques, en oubliant de parler d'amour, de tendresse, de plaisir…

Certains enfants ne posent pas spontanément de questions, souvent parce qu'ils ont senti une gêne chez les adultes ou qu'ils se sont heurtés à une attitude qui leur a fait préférer le silence. Dans ce cas, il est souhaitable d'aller au-devant d'eux en leur fournissant spontanément les informations qui correspondent à leur âge.

À l'approche de la puberté, les questions s'arrêtent. À cet âge, les enfants en savent souvent plus que l'on n'imagine. La pudeur survient, leur corps commence à changer: ce n'est plus vers leurs parents qu'ils vont maintenant se tourner pour avoir des détails techniques: ils préfèrent écouter les radios FM, enquêter auprès des copains ou lire les journaux d'ados.

Cette discrétion est à respecter par les parents, qui laissent seulement une porte ouverte: « Tu sais que tu peux toujours venir me poser toutes les questions que tu veux sur la sexualité, sur l'amour ou sur la contraception; je suis là. »

Que faut-il dire?

Le vrai. L'époque n'est plus aux naissances dans les roses. Mais le niveau de détails dépend de l'âge de l'enfant. Les plus petits demandent des réponses brèves et simples. Si c'est trop peu, ils reviendront à la charge. Si c'est trop, il est clair qu'on les ennuie.

Si l'enfant sent l'adulte réceptif, il demande jusqu'à ce que sa curiosité soit satisfaite, puis il cesse d'écouter. L'image de la petite graine n'est pas mauvaise car elle met en évidence le rôle du père, ce qui est très important. Ce que l'enfant veut vraiment savoir, c'est quel est son sexe, à quels adultes il ressemblera et ce qui l'attend plus tard (« Toi aussi, un jour, si tu le désires, tu auras un bébé dans ton ventre ») et s'il a été conçu dans l'amour.

Les questions des plus grands (mais cela vient très vite!) peuvent vous désarçonner: « Pourquoi les dames mettent des couches? », « C'est quoi un homosexuel? » Répondez avec ce que vous êtes, ce que vous croyez juste de dire. Si la gêne est trop grande, vous pouvez toujours renvoyer l'enfant vers un autre adulte ou lui lire un petit livre explicatif sur la sexualité et sur la reproduction. L'essentiel est que l'enfant sente que sa curiosité est la bienvenue et que vous n'oubliiez jamais de lui parler d'amour autant que de technique.

Une relation saine à la sexualité, cela passe, d'abord, par un dialogue ouvert et simple sur tout ce qui s'y rapporte.

Quels termes employer?

Les plus vrais et les plus simples sont les meilleurs: « Ça veut dire quoi, faire l'amour? », demande Milan, six ans. « Faire l'amour, cela signifie que l'homme introduit son pénis dans le vagin de la femme, qu'ils se serrent très fort et qu'ils aiment beaucoup cela. C'est aussi de cette façon que l'on fait les bébés, mais on peut faire l'amour pour le plaisir, sans vouloir de bébé à chaque fois. » Les jeunes enfants n'attendent pas un exposé détaillé et technique sur l'accouplement du spermatozoïde et de l'ovule, mais ils sentent vite, à l'inverse, si on les prend pour des niais en employant un langage bêtifiant. Le mieux est donc de leur parler simplement, avec des mots adaptés à leur âge. Vous avez des petits mots à vous pour désigner les organes sexuels? Pourquoi pas? Mais assurez-vous de ne pas utiliser le même pour les deux sexes, et que l'enfant connaisse les mots exacts.

Peut-on se montrer nu devant ses enfants?

Les interdits ont disparu: où trouver de nouveaux repères?

Le chemin parcouru en moins d'un siècle est considérable.
En l'espace de trois générations, nous sommes passés d'une époque de grande pruderie, où l'on se lavait en gardant sa chemise de nuit et où la vue d'une cheville provoquait un grand émoi, à une ère de liberté affichée où les corps quasiment nus s'exhibent librement sur les plages et à la devanture des marchands de journaux.
La nudité totale n'est plus proscrite au foyer. Les parents ont souvent relégué le pyjama aux oubliettes et partagent volontiers leur bain avec leur enfant.
Est-ce pour autant que les tabous ont disparu et que la question de la nudité devant les enfants est définitivement réglée? Non, et c'est tant mieux. Sans doute une attitude plus libre et naturelle face au corps est-elle meilleure que la pudibonderie qui l'a précédée.
Mais les limites n'en sont que plus difficiles à définir. Se montrer nu, d'accord, mais dans quelles circonstances et jusqu'à quel âge?

Comment l'enfant vit-il la nudité?

Pour les petits, être nu est vraiment un grand plaisir. Avant dix-huit mois ou deux ans, c'est surtout une question de confort et d'aisance: se promener nu, sans couche, en plein soleil ou dans la maison, est une vraie joie, toute naturelle.
Entre deux et cinq ans, apparaît la fierté de montrer ce que l'on est, et à quel sexe on appartient. On se découvre fille ou garçon et on le montre bien pour que nul n'en ignore. L'enfant aime déambuler nu, s'admirer dans la glace.
Mais il aime tout autant regarder: ne comptez pas sur lui pour détourner pudiquement le regard si d'autres enfants ou d'autres adultes nus croisent son chemin! Son regard va droit à ce qui l'intéresse, à ce qui fait une différence. Et, comme c'est de son âge, il a aussi envie de toucher. Il souhaite se montrer, voir et explorer. Cette curiosité est saine, ce qui ne signifie pas que l'on doive y souscrire!

L'interdit de l'inceste

Entre deux et six ans, l'enfant peut avoir un comportement séducteur vis-à-vis du parent de sexe opposé et ressentir une rivalité jalouse avec le parent de même sexe. Il cherche un rapprochement. C'est le moment, pour les parents, de poser clairement quelques règles:

- **Le lit des parents n'est pas celui des enfants.**
- **Chacun, parent et enfant, a droit à la propriété de son propre corps et au respect de son intimité. L'enfant, dès qu'il en est capable, va aux toilettes seul, se lave seul, etc.**
- **On lui précise: « Ton corps t'appartient. Personne n'a le droit d'y toucher sans ton accord, sauf pour te soigner, si tu es malade. »**
- **Papa est à maman et maman est à papa: l'enfant, bien qu'en étant la conséquence, est de fait exclu de cette relation de couple. Mais, un jour, lui aussi rencontrera quelqu'un qu'il aimera, etc.**

Quand arrive la pudeur

Beaucoup d'adultes ont gardé ce plaisir de la nudité. Ils trouveraient ridicule de se couvrir devant leur enfant. La nudité en famille est devenue banale.

Pourtant la pudeur n'a pas disparu. Variable selon les enfants, la pudeur peut surgir soudainement et disparaître de même. L'enfant qui s'enferme dans la salle de bains ou qui se cache pour se déshabiller sera également gêné s'il est confronté à la nudité d'autrui. Respecter sa pudeur, c'est ne pas le forcer ni se moquer, mais c'est aussi savoir enfiler soi-même un peignoir lorsque l'enfant est là.

À la pudeur des enfants répond celle des adultes. Les parents qui se sentent mal à l'aise, nus devant le regard de leurs enfants et leur désir « d'inspection », n'ont pas à se forcer au nom d'une prétendue éducation libérale. Se montrer discret incitera les enfants à en faire autant.

Quelles limites se donner?

Quels comportements peuvent être considérés comme normaux en famille et lesquels vous feront dire: « Non, pas cela, quand même! »?... Il faut en décider.

Voici quelques exemples

- Il est souvent admis d'être nu, en famille, dans la salle de bains. Peut-on l'être aussi dans la cuisine?
- Peut-on accepter que l'enfant vienne se glisser la nuit entre ses parents nus?
- On voit souvent un parent partager le plaisir du bain ou de la douche avec son enfant. À quel âge trouvez-vous raisonnable d'arrêter cette pratique? Un an, trois ans, sept ans, dix ans? Là encore, où fixer la limite?
- Thomas, le fils de Françoise, trois ans, écarte son peignoir pour lui caresser les seins et les téter comme un bébé. Doit-elle le laisser faire?
- Camille, deux ans et demi, essaie de toucher le sexe de son papa lorsqu'ils sont ensemble sous la douche. Doit-il accepter?

Chaque parent peut sentir, à l'intérieur de lui, où il est souhaitable de placer les limites. Voir et toucher, ce n'est pas la même chose. Traverser le couloir et s'exhiber non plus. La nudité est une chose simple et belle. La partager en famille? Tout dépend de l'âge et des circonstances. À partir de deux ans, une certaine discrétion est nécessaire. Si la nudité au foyer relève avant tout d'un choix personnel, permettre à chacun de préserver son intimité est un bon facteur d'équilibre.

L'enfant est un « pervers polymorphe »

Ces questions de nudité contiennent toujours une dimension sexuelle qu'il est impossible d'éluder.

L'enfant n'est pas un ange. Freud lui-même en parlait comme d'un « pervers polymorphe »! Aussi faut-il toujours se demander à quel moment la nudité des parents peut gêner le développement de l'enfant. Celui-ci a une vie sexuelle et des fantasmes qui lui sont propres, très différents de ceux des adultes, et qu'il satisfait à sa façon.

Entre deux et six ans, très séducteur vis-à-vis du sexe opposé, il revendique avec son parent une place qui n'est pas la sienne. C'est alors que le spectacle de la nudité des parents peut être perturbant pour l'enfant, à la fois trop stimulant pour son âge, et un peu désespérant (« Comparé à mon père, je n'ai pas ce qu'il faut pour satisfaire ma mère... »).

Respecter l'enfant, ce sera souvent lui permettre de découvrir l'anatomie d'autres enfants plutôt que celle des adultes.

Favoriser l'autonomie

Si votre enfant n'est pas assez grand pour se voir dans la glace lorsqu'il se lave les dents ou qu'il se coiffe, s'il ne peut atteindre seul les robinets, achetez-lui un marchepied. Vous pouvez en fabriquer un en regroupant plusieurs annuaires téléphoniques grand format. Vous les emballez, entourés de plusieurs tours de gros rubans adhésifs, dans du papier kraft solide, dans un reste de papier mural, ou dans un morceau de toile cirée.

Quand la pudeur survient

L'enfant devient pudique lorsqu'il a commencé à entrevoir ce qu'il en est du rôle du corps dans la sexualité. Il sent bien ce que tout cela recèle de mystère et qu'il devra attendre les vraies réponses encore de longues années. Il se protège, et c'est une attitude à respecter. Parallèlement, c'est le moment d'ouvrir avec lui un dialogue. Il va s'agir de mettre des mots sur les questions qu'il se pose, mais n'ose pas toujours aborder directement.

Pour que se laver soit un plaisir...

Quand eau et savon deviennent source de conflits...

Pour certains enfants, se laver est une vraie corvée. Interrompre son jeu, se déshabiller et risquer d'avoir froid, se mouiller, se savonner au risque de se piquer les yeux... : ils ont tout cela en horreur.

Si c'est le cas de votre enfant, commencez par refuser de vous obséder sur ce problème et de vous bagarrer tous les soirs. Ce n'est pas bien grave si votre enfant ne s'est pas lavé un jour. Un bain sans savon mais avec du bain moussant, où l'enfant joue un quart d'heure, le lave déjà. Évitons donc les conflits qui ne sont pas indispensables.

Quand on le peut, on agit par le jeu et la ruse

Mieux vaut agir plus subtilement. Laurence, mère de Thomas, trois ans, et de Tristan, cinq ans, ne parvenait pas à obtenir d'eux qu'ils se lavent les mains avant de passer à table. Les y obliger ne servant à rien, elle a décidé d'aborder la difficulté autrement :

- Pour l'aîné, elle « récompense » la propreté : quand il s'est lavé les mains spontanément, il peut par exemple choisir le parfum de son yaourt au moment du dessert.
- Quant au plus jeune, elle lui demande tout simplement de laver un petit jouet ou sa timbale avec un peu de liquide vaisselle très doux : il s'amuse et ses mains sont lavées de surcroît.

De l'importance des accessoires

Agir en souplesse « marche » aussi en ce qui concerne la toilette. Un enfant se lavera toujours plus facilement s'il possède pour cela ses propres accessoires amusants qu'il aura choisis avec vous.

- Vous voulez qu'il se frotte ? Un gant Mickey ou une éponge-fraise l'y inciteront.
- Il se servira plus volontiers du savon si vous craquez pour une forme de tortue ou un savon liquide à la pomme (l'essentiel est, comme pour le shampooing, qu'il ne pique pas les yeux).
- Le bain l'amusera davantage s'il peut choisir entre des sels de bain à la lavande et des boules multicolores.

Se soucier des éléments de confort

Se laver pour être propre n'a pas pour votre enfant la même importance, loin s'en faut, que pour vous. Faites donc du moment de se laver un temps agréable et l'enfant s'y prêtera volontiers. Pour cela, il a sûrement besoin d'eau bien chaude, d'un tapis de baignoire pour ne pas glisser et peut-être d'un petit radiateur de salle de bains. Il appréciera que vous lui permettiez d'être autonome en soignant les détails concrets: robinets faciles à régler, marchepied devant le lavabo, etc.

Enfin, pour ce qu'il considère comme une corvée, l'enfant a souvent besoin qu'on l'entraîne. Lavez-vous ensemble les mains, les dents et la figure, pour la petite toilette du matin ou au moment des repas: vous verrez que l'exemple est déterminant.

La routine est votre alliée

Les routines installées très tôt sont celles qui ont le plus de chances de devenir automatiques et qui susciteront le moins d'opposition. Si, depuis sa naissance, le bain est une habitude et un plaisir de chaque soir, il y a moins de risques que votre grand de huit ans décide soudain d'y échapper.

Dès l'âge de trois ans, l'enfant est capable de se laver seul dans la baignoire, si on lui a appris comment s'y prendre et les petits coins à ne pas oublier (ce n'est pas une raison pour quitter la pièce). Dès cinq ans, il peut se doucher seul si vous réglez l'eau pour lui.

Au fil des années, se laver le soir (ou le matin, selon l'habitude choisie) devient ainsi une règle qui ne se discute plus, mais qui s'apprécie toujours: commentez avec un: « Comme tu sens bon! Que c'est agréable, un petit enfant tout propre! »

Il renâcle encore? Faites-lui fermement comprendre que son feuilleton favori de fin d'après-midi ne peut se voir que lavé, en pyjama...

Le lavage des dents

- Il deviendra un jeu si vous offrez à votre enfant une brosse à dents musicale, un dentifrice à la fraise (les dentifrices à pompe ont aussi beaucoup de succès) et une timbale en forme d'ours.
- Si le temps de brossage vous semble trop bref, vous pouvez régler le compte-minutes sur deux minutes, ou bien acheter un sablier: on n'arrête de se brosser que lorsque tout le sable s'est écoulé.
- Apprenez-lui à passer la langue sur ses dents après les avoir lavées pour sentir comme elles sont propres et lisses.
- Faites appliquer très tôt cette règle absolue: « On ne se couche jamais sans s'être lavé les dents et on ne met en bouche rien d'autre que de l'eau après le lavage du soir. »
- Votre attitude actuelle face au brossage des dents et au dentiste influencera votre enfant pour la vie. Alors n'hésitez pas à lui faire prendre de bonnes habitudes.

Sachez mettre en garde votre enfant contre les abus sexuels

Depuis notre enfance, le monde a bien changé...

Quelques règles simples suffisaient à nous protéger: « Tu ne suis pas les étrangers », « Tu rentres avant la nuit », « Tu préviens si tu es en retard. » Tout cela est encore valable, bien sûr, mais devenu insuffisant. On parle de plus en plus d'abus sexuels, ce qui ne signifie pas qu'ils soient plus fréquents, mais que les enfants osent parler et que leur parole est prise en compte.

Les parents savent bien qu'il est impossible de protéger totalement son enfant, mais il est nécessaire d'essayer. La tâche est difficile. Tout parent désireux de mettre en garde efficacement son enfant se trouve vite confronté à deux dilemmes. D'une part: comment informer sans pour autant inquiéter ou rendre craintif? D'autre part: comment assurer la sécurité de son enfant tout en respectant son légitime désir d'indépendance?

La démarche tient en quatre points.

Une information correcte

Bien sûr les enfants, à tout âge mais d'autant plus qu'ils sont jeunes, sont vulnérables. Mais il faut raison garder: à l'immense majorité des enfants, il n'arrivera jamais rien. L'angoisse parentale ne protège pas les enfants. Mieux vaut s'informer sur les risques réels que véhiculer des fantasmes. Il est par exemple important de savoir que plus de la moitié des enfants mis en danger le sont par une personne connue d'eux, dont ils ne se méfient pas, alors que tous ont spontanément peur des étrangers, de ceux qui ont « une drôle de tête ».

Une éducation préventive

Certains enfants sont plus vulnérables que d'autres. Les enfants timides, bien élevés, discrets ou peu sûrs d'eux peuvent trouver bien difficile d'affirmer leur droit et de se défendre contre un adulte convaincant ou exigeant. Il est donc important d'apprendre à tout enfant qu'il a le droit de dire non et de défendre ses opinions, même face à une figure d'autorité.

Les enfants surprotégés sont aussi, paradoxalement, plus vulnérables, car ils n'ont pas appris à se débrouiller ni à se défendre

S'entraîner à crier

Toutes les études l'ont montré: la seule tactique vraiment efficace dont dispose un enfant pour se défendre, c'est le cri. Un enfant qui crie fait vite fuir son agresseur, qui craint évidemment d'attirer l'attention sur lui.

Mais tous les enfants n'osent pas crier, surtout les enfants timides et polis.

Il faut donc pratiquer le hurlement, comme un exercice.

Demandez à l'enfant de hurler « non », le plus puissamment possible, depuis le ventre. Seul d'abord, puis face à la glace, puis face à vous, plusieurs fois. Faites-le quand vous êtes en promenade, dans les bois ou dans les champs. Mais entraînez-vous aussi à la maison: tant pis si vous ameutez les voisins!

Ainsi, en cas de besoin, l'enfant n'hésite pas à crier, pour appeler à l'aide et faire fuir l'agresseur.

par eux-mêmes. Malgré leur anxiété, il est important que les parents donnent à leur enfant une autonomie en rapport avec son âge. C'est en apprenant progressivement la liberté que l'enfant se prépare à affronter le monde.
Enfin, préparer son enfant à se défendre contre les abus sexuels, c'est aussi, très tôt, lui faire comprendre que son corps n'appartient qu'à lui. Cela veut dire respecter sa pudeur, mettre des limites claires entre les membres de la famille, lui apprendre dès quatre ans à se laver seul, etc.

Une mise en garde efficace

Parler aux enfants de l'existence des abus sexuels n'est pas facile: c'est leur faire perdre une part de leur innocence, en leur parlant de choses moches dont ils ignorent tout.
Mais c'est le prix à payer pour la prévention. On est plus vigilant quand on est au courant des dangers potentiels. On peut dire par exemple: « Il existe des personnes qui ont des problèmes, et cela les amène à essayer de toucher les enfants là où il ne faut pas. Même ceux qui ont l'air gentil peuvent parfois faire du mal. Ton corps est à toi. Personne, même un adulte proche, n'a le droit de toucher les parties cachées de ton corps, surtout si cela te crée un malaise. »

Un apprentissage ciblé

Viennent ensuite les règles de conduite précises. L'enfant doit savoir concrètement ce qu'il doit faire s'il se trouve dans telle situation inhabituelle ou qu'il ressent comme dangereuse.
Les instructions les plus simples sont les mieux mémorisées:
- « Dès qu'un adulte te demande de garder un secret, méfie-toi et... parle-m'en. »
- « N'accompagne jamais un inconnu, même pour lui rendre service. »
- « Ce n'est pas impoli de dire non. »
- « Si tu es seul, reste dans les lieux où il y a du monde. »
- « Si tu as besoin d'aide, entre dans un magasin, alerte un groupe de gens ou sonne à n'importe quelle porte. »

On ne peut pas avoir sans cesse nos enfants sous les yeux: éducation, information du danger et mise en garde pratique sont les meilleures mesures de prévention.

Vous voulez savoir si votre enfant a retenu vos mises en garde?

Jouez à « Et si...? »:
« Et si je n'étais pas à la sortie de l'école? »
« Et si quelqu'un te demandait de garder un baiser secret? »
« Et si un adulte te demandait de le suivre jusqu'à sa voiture? » etc.

Comment aider l'enfant à faire la part entre le câlin « normal » et celui qui ne l'est plus?

- **D'abord lui expliquer que personne d'autre que lui n'a le droit de toucher « à ce qui est caché par le maillot de bain » (sauf pour une raison médicale, bien sûr).**
- **Ensuite lui apprendre à se méfier de ceux qui lui demandent le secret: un baiser « normal » n'a pas à être caché.**
- **Enfin, créer avec l'enfant un climat de confiance, qui l'incitera à se confier à vous de tout ce qui lui semble « étrange ».**

vaca

nces

cauchemars

chambre

partager

caprices

Ne misez pas sur sa culpabilité

- « Après tout ce que j'ai fait pour toi ! » ou sa variante : « Pourquoi tu fais de la peine à maman ? » L'enfant a ses expériences à faire et sa vie à vivre, indépendamment de la vôtre. Il est toujours dangereux de provoquer chez l'enfant de la culpabilité, sentiment dont il aura bien du mal, plus tard, à se défaire.
- « Tu me rends malade ! » et sa variante, plus grave : « Il me tuera, ce gosse ! » L'enfant vous croit. Avec ces phrases, vous générez une angoisse et une culpabilité bien trop lourdes pour lui. Limitez-vous à : « Tu me fatigues ! », bien suffisant, et qui vous donne l'occasion d'aller vous détendre un moment au calme.
- « Viens donner un baiser à maman, sinon, elle est triste. » Pas de chantage à la tendresse. L'enfant viendra vous faire des câlins quand il en aura envie, pas par crainte de vous rendre triste. Vous voulez un contact tendre ? Allez donc lui faire un baiser !

Faites attention aux mots qui font mal

Quoi que nous disions, parce que nous sommes les parents, nos enfants nous croient. Ils nous prennent au mot. Alors attention à ceux que nous prononçons et tâchons d'y réfléchir à deux fois avant de lâcher l'une de ces phrases. Certaines arrêtent l'enfant dans son élan vital, d'autres affectent sa confiance en lui, toutes abîment parce qu'elles heurtent l'enfant dans sa sensibilité et dans l'amour qu'il nous porte.

Respectez sa créativité et ses émotions

- « Ne te salis pas ! », dit à l'enfant qui part jouer dans le jardin ou dans le square, ou bien à celui qui fait de la peinture, c'est le plus sûr moyen de l'inhiber dans ses élans d'artiste ou d'explorateur. Mieux vaut l'habiller de vieux vêtements « tout terrain » et lui dire : « Comme cela tu ne risques rien, fait ce que tu veux, amuse-toi ! »
- « Pourquoi ne fais-tu pas le toit de la maison en rouge ? », dit à l'enfant en train de dessiner. Si vous voulez qu'il devienne créatif et imaginatif, abstenez-vous de critiquer, de juger ou de conseiller ses productions. Il n'y a pas, en art, une bonne et une mauvaise façon de faire les maisons ou les bateaux. Dites-lui plutôt : « Tu peux être fier de ta maison, elle est vraiment bien dessinée ! »
- « C'est ridicule d'avoir peur comme ça ! », ou bien « Mais non, tu ne détestes pas ta sœur ! » Eh bien si, par moments. Les sentiments ont le droit de s'exprimer, et doivent être respectés. Seuls les passages à l'acte sont répréhensibles. Mieux vaut une phrase comme : « Je comprends que par moments tu l'aimes bien et par moments elle t'énerve. C'est comme cela pour l'instant, ce n'est pas grave. »
- « Moi, à ta place… » Évidemment, vous avez raison et vous feriez mieux que lui, mais cela mine sa confiance en lui. Une variante : « Moi, à ton âge… » Oui, bien sûr, à son âge, vous étiez formidable. Tout allait mieux que maintenant. Mais le monde a changé, et votre enfant est différent de vous. D'ailleurs, dès que vous commencez ainsi votre phrase, il cesse de vous écouter…

Évitez les étiquettes et les jugements définitifs

- « Tu ne pourrais pas être obéissant comme ta sœur? » ou bien: « Tu es beaucoup plus gentille que ton frère. » Les comparaisons entre enfants d'une même fratrie donnent des résultats désastreux. Défavorables, elles minent l'estime de soi de celui qui les reçoit. Favorables, elles excitent la rivalité fraternelle. Mieux vaut montrer à chacun qu'on l'aime pour ce qu'il est: unique.
- « Tu ne ramasses jamais ton linge derrière toi! » est une phrase qui condamne et parle de l'autre. « Jamais » est sûrement excessif, et peut être remplacé par « jusqu'ici », laissant l'avenir ouvert. Parler à partir de soi vaut mieux: « Je suis très irritée quand je trouve ton linge par terre » ou encore plus sobre: « Le linge sale va dans le panier. »
- « Tu as toujours été paresseux » ou « Jean est nul en français. » Les étiquettes appliquées à l'enfant sont toujours déconseillées. L'enfant va avoir tendance à s'y conformer (« Pourquoi essayer de changer, puisque de toute façon je suis comme cela? »), ce qui l'enferme dans son problème et, dans tous les cas, le limite et l'empêche d'être autre.

Évitez menaces et chantages

- « Si tu ne viens pas, je m'en vais toute seule! », dit à l'enfant qui ne se décide pas à quitter la crèche ou la maison. On comprend la menace, dite à bout de patience. Mais, soit l'enfant ne vous croit pas, et la remarque est inutile, soit il vous croit, et vous éveillez en lui une angoisse d'abandon toujours latente et bien douloureuse.
- « Si tu recommences encore une fois, tu vas voir… » Il va recommencer, juste pour voir…
- « Tu vas voir ton père, ce soir… » Si l'enfant a fait une bêtise, la punition doit être donnée sur le moment, puis on fait la paix et on oublie. Sans compter que le père n'a sûrement pas envie de jouer les Père Fouettard après sa journée de travail…
- « Je te préviens, je m'en souviendrai! » Un problème se règle sur le moment. Menacer et faire peur à l'enfant pour se venger ou pour obtenir quelque chose, plutôt que de faire appel à ce qu'il a de meilleur en lui, c'est mettre en place des mécanismes qui sont autant de bombes à retardement. Mieux vaut: « Je suis très mécontente de ce que tu as fait. Mais je te fais confiance, je sais que tu essaieras de ne pas recommencer. »

« Tel qui parle étourdiment blesse comme une épée, la langue des sages guérit », dit le Livre des Proverbes (12, 18).

Les mots qui blessent

Les mots que l'on dit à ses enfants, sous le coup de la colère ou de la lassitude, peuvent faire très mal. Plus que les coups. Celui qui dit ces mots, une fois calmé, les oublie ou les regrette. Celui qui les a reçus les garde longtemps au cœur.
On pense souvent que les enfants, parce qu'ils sont encore jeunes et insouciants, ne nous comprennent pas, ou bien qu'ils oublient vite. Pourtant, si nous regardons loin en arrière, dans nos souvenirs d'enfance, nous y trouvons tous l'une de ces phrases, sous une forme peut-être différente, dont la blessure est encore douloureuse.

Comme disaient nos grand-mères…

La sagesse populaire conseille de tourner sept fois sa langue dans sa bouche avant de parler. Et si, avant de lancer des mots qui abîment, et que l'on regrette ensuite, on essayait de respirer un bon coup, le temps de trouver une formulation plus heureuse et plus respectueuse?

Quelles peurs à quel âge?

La peur est un sentiment universel

Bienvenue lorsque le danger est réel, elle devient empêchement à vivre lorsqu'elle remplit la vie quotidienne. La peur, et l'apprentissage de la façon d'y faire face, font partie du développement normal de l'enfant en bonne santé.

Parmi toutes les émotions, elle est une des plus précoces: elle survient dès les premiers mois, alors que se manifestent déjà refus et colère, plaisir, déplaisir et excitation.

Comment l'enfant marque-t-il sa peur?

Certains enfants semblent n'avoir jamais peur de rien et traversent leur existence avec une grande aisance. D'autres, au contraire, semblent, de jour comme de nuit, vivre de nombreuses expériences effrayantes. La plupart des enfants oscillent entre ces deux extrêmes. Certaines peurs apparaissent, puis laissent la place à d'autres. Parfois l'enfant semble juste un peu gêné, inquiet, d'autres fois il manifeste un refus terrorisé.

La peur de l'enfant n'est pas toujours facile à repérer, car elle ne s'exprime pas toujours avec des mots, loin de là. L'enfant va jouer de son corps, ou de son comportement, pour s'exprimer. Selon son tempérament, l'un va devenir instable et turbulent, un autre va se replier sur lui-même et devenir « trop sage ». Quant au « mal au ventre » du matin, il s'est souvent révélé une inquiétude face à une échéance scolaire.

Petits enfants, petites peurs?

Certainement non. Les peurs des enfants peuvent être d'une grande intensité. Le petit qui voit une ombre sur le mur face à son lit et croit à la présence d'un monstre peut être réellement terrorisé.

Celui, plus âgé, qui refuse violemment qu'on lui fasse une piqûre, est habité par un sentiment bien plus fort que la seule crainte de souffrir.

C'est justement parce qu'ils sont jeunes, sans beaucoup de repères, donc sans moyens de relativiser, qu'ils se laissent envahir par des peurs énormes, dont ils n'osent pas toujours parler.

La meilleure façon de se convaincre de l'intensité réelle de ces émotions est de se souvenir de ses propres peurs d'enfant.

Les parents anxieux

Il existe deux types opposés de parents, qui, chacun à leur manière, ont des comportements qui n'aident pas l'enfant à dépasser son anxiété. Les premiers protègent trop leur enfant: ils lui donnent une image d'un monde dangereux où il est normal d'avoir peur. Les autres ne le soutiennent pas assez et refusent de prendre ses peurs en considération. L'enfant, privé de l'appui nécessaire, n'arrive pas à trouver en lui la force de contrôler ses inquiétudes.

L'éducation au danger

C'est aux parents que revient la tâche d'apprendre à l'enfant à faire la part entre les vrais dangers et les autres. Pour sécuriser un enfant, rien ne vaut une attitude ferme, cohérente, qui lui indique comment agir concrètement pour faire face à la peur qu'il éprouve ou au danger qu'il rencontre.

Pour en savoir plus: Anne Bacus, *Mon enfant a confiance en lui*, Marabout, 1996.

De quoi ont-ils peur?

Les enfants sont porteurs des peurs de notre société, comme la peur de grossir ou la peur du chômage. Ils s'imprègnent de l'ambiance générale du monde dans lequel ils vivent et, plus encore, de l'ambiance plus ou moins anxieuse ou tendue du foyer familial. Mais les enfants ont aussi des peurs qui leur sont propres, dont certaines sont typiques d'un âge donné. Chaque âge a ses difficultés, ses périodes d'ajustement: les grandes peurs prennent ici tout leur sens si nous les considérons comme des fenêtres ouvertes sur l'évolution de l'enfant et ses crises nécessaires.

Les tout-petits (0 à 1 an)

Dès la naissance, certaines fonctions, comme l'audition et l'équilibre, peuvent déjà élaborer des réponses. C'est pourquoi les peurs des nouveau-nés sont essentiellement la peur des bruits soudains et la peur de tomber, ainsi que certaines angoisses primaires. Au second semestre, vont apparaître deux peurs liées, importantes par leur intensité et leurs conséquences: l'angoisse de séparation et la peur de l'étranger.

Les petits enfants (1 à 3 ans)

L'enfant commence à s'aventurer hors ces limites habituelles. Les rencontres qu'on y fait ne sont pas toujours des plus rassurantes. Aussi va-t-on voir apparaître chez certains enfants, lorsqu'ils ont eu une expérience désagréable, la peur du médecin et la peur des animaux par exemple. Selon leur vécu, certains peuvent aussi développer une peur de l'eau.

Après deux ans, l'enfant gagne vite en indépendance. Il est très énergique: ses peurs aussi. Imaginatif, il n'a pas seulement peur des réalités de la vie, mais aussi de son monde intérieur, plus dangereux encore. Vont apparaître la peur de l'obscurité, mais aussi la peur de l'orage.

Les enfants de 3 à 6 ans

L'imagination grandit: la peur des monstres aussi. Viennent s'y ajouter la peur de la maladie ou de la mort d'un proche, qui se met à prendre sens, la peur de se perdre (on se sent intrépide, mais peut-être pas téméraire...), et la peur de l'eau, ou plutôt d'y perdre pied.

La concentration mentale

L'entraînement de l'imagination permet de dépasser l'appréhension dans un moment précis.

● Dans la salle d'attente du médecin ou du dentiste, proposez à l'enfant de se représenter mentalement et de se concentrer sur un souvenir ou un projet heureux: fête d'anniversaire, dernier Noël, prochaines vacances. Faites-lui préciser les détails, les sensations, les émotions. Pour les plus jeunes, c'est vous qui évoquez pour lui.

● Donnez-lui un crayon et demandez-lui de dessiner, sur l'ongle de son pouce, un visage souriant. Puis il regarde ce visage et ne pense à rien d'autre.

● Si c'est l'odeur médicale du lieu qui l'incommode, mettez un peu de votre parfum habituel sur le dos de sa main. Tenez sa main sous son nez, il s'imaginera au chaud dans vos bras. Vous pouvez aussi enfouir son visage dans l'un de vos foulards.

Dialoguer avec l'enfant

Le plus important est d'expliquer à l'enfant que ces peurs sont fréquentes à cet âge. Elles signalent qu'il grandit, qu'il doit renoncer à des choses de sa petite enfance : cela, parfois, fait peur. Elles disparaîtront quand il grandira et qu'il se sentira plus fort. En attendant, ses parents sont là pour veiller à sa sécurité.

Savoir le rassurer

Quand l'enfant manifeste une peur, l'attitude des parents doit se donner comme but de permettre à l'enfant de reprendre le dessus. Pour cela, il faut ne pas avoir peur de sa peur, mais lui montrer que l'on peut y faire face tranquillement. Là comme ailleurs, rien de tel que l'exemple pour aider son enfant.

« Maman, j'ai peur, il fait tout noir! »

Comment survient la peur de l'obscurité?

Jusque vers deux ans, pas de problèmes : l'enfant ne se plaint pas lorsque ses parents éteignent la lumière en sortant de sa chambre, le soir, après un dernier bisou. Puis un jour, il commence à réclamer que la lumière reste allumée dans la chambre ou le couloir, que la porte reste entrebâillée. Parfois même, l'enfant se réveille au milieu de la nuit et on le trouve assis dans son petit lit, tremblant de peur. Il parle de loups, de monstres, de voleurs, d'un mauvais rêve ou seulement d'une peur sans objet.

Rares sont les enfants qui, entre deux et cinq ans, n'ont pas pendant un temps peur de l'obscurité. Anxiété banale, qui va se traduire par un refus du coucher, une crainte de rester seul, des pleurs… et une venue en douce dans le lit parental.

Comment expliquer la peur du noir?

Il s'agit d'une peur qui apparaît communément à une étape charnière du développement de l'enfant, lors d'un nouvel apprentissage par exemple, ou lors de la mise en place d'un changement de vie. Les causes de cette peur sont multiples. L'enfant la mettra volontiers sur le compte d'un cauchemar, du monstre qui est caché sous le lit ou de la crainte des voleurs. Vers trois ans, l'enfant est doté d'une imagination fertile qu'il va mettre au service de ses inquiétudes.

Les raisons profondes sont autres. L'obscurité entraîne la perte des repères. L'enfant ne voit plus ceux qui l'aiment et le rassurent, mais il ne voit plus non plus son environnement familier. Le monde qu'il commençait à organiser et à construire dans sa tête semble avoir disparu.

Une autre cause de cette peur est l'angoisse de séparation

Celle-ci reste très vive jusque vers quatre ans. Le soir, on se retrouve face à soi-même ; l'obscurité de la nuit, c'est l'heure où chacun se sent le plus seul, le plus vulnérable. En grandissant, l'enfant va développer des défenses lui permettant de faire face à cette anxiété. Vers six ans, il est davantage capable de différencier le réel, ce qui est possible, de l'imaginaire. Capable alors de tenir ses pensées effrayantes à distance, il craint moins l'obscurité.

Que faire?

La stratégie tient en trois points.

Le soir, laisser un éclairage

Parmi les conditions qui assurent un sommeil paisible, le fait de pouvoir se repérer dans l'espace lorsque l'on se réveille au milieu de la nuit compte pour beaucoup. S'il fait noir, l'enfant est perdu. Souvent, il va appeler ses parents pour qu'ils viennent le rassurer.

Mais s'il voit suffisamment, grâce à une petite lumière qui vient de la veilleuse ou du couloir, il va vite sortir de son rêve en reconnaissant sa chambre, se remettre dans le sens du lit, récupérer nounours et se rendormir. Quand il n'aura plus de couches, il osera, seul, se lever pour se rendre jusqu'à son pot ou aux toilettes, ce qu'il ne fera pas dans le noir complet avant plusieurs années.

Laisser une veilleuse à l'enfant ne nuit pas à son autonomie, mais au contraire la renforce. Dès qu'il sait s'en servir, confiez à votre enfant une lampe de poche. Il pourra, depuis son lit, explorer tous les recoins sombres de sa chambre pour faire fuir les monstres.

La nuit, aider à chasser les cauchemars

Si votre enfant vous appelle à la suite d'une peur ou d'un cauchemar, commencez par allumer doucement la lumière (le rhéostat, qui permet de contrôler l'intensité lumineuse, est un bon investissement). Aidez-le à se rassurer: retrouver son espace, ses peluches, les objets quotidiens.

Montrez-lui qu'il n'y a personne d'autre que vous. Murmurez à ses oreilles quelques phrases positives magiques, qu'il pourra se répéter dans sa solitude: « Tout va bien, papa et maman sont là, rien ne peut t'arriver, tu es en sécurité, tout va bien. » Quittez la chambre quand l'enfant est calmé, mais sans attendre qu'il s'endorme.

Le jour, lui donner confiance en lui

On dit que les problèmes de la nuit se résolvent le jour. Comment?

- En parlant avec l'enfant de ses peurs, mais sans jamais se moquer de lui ou le ridiculiser.
- Si l'enfant est assez grand, on lui demande de dessiner ses peurs: on combat mieux ce que l'on connaît bien.
- Jouer avec lui à l'aveugle ou à colin-maillard permet d'apprivoiser les sensations que l'on a dans le noir.

« Papa, j'ai peur du loup! »

Sur le moment, les parents d'aujourd'hui sont plutôt surpris. Eux qui ont pris soin de ne jamais menacer du croque-mitaine, qui n'ont jamais lu à leur enfant *La Chèvre de Monsieur Seguin* et ne racontent *Le petit Chaperon Rouge* qu'avec un grand luxe de précautions oratoires, se trouvent désarçonnés par ce qu'ils qualifieraient volontiers de sornettes. Mais si les loups se font rares dans nos banlieues, les peurs, elles, sont restées. Et si les sorcières n'existent que « pour de rire », la peur, elle, est bien là « pour de vrai »!

Les mots qui éclairent...

« - Tante, dis-moi quelque chose, j'ai peur parce qu'il fait noir.
- À quoi cela te servira-t-il puisque tu ne peux pas me voir?
- Ça ne fait rien; du moment que quelqu'un parle, il fait clair. »
(Dialogue rapporté par Freud, dans *Cinq psychanalyses*)

Comment apprivoiser sa peur des insectes

Une peur fréquente… mais handicapante

Rares sont les gens qui aiment vraiment les insectes. L'aversion pour un grand nombre d'entre eux, en premier lieu pour les araignées, est tellement répandue, chez les enfants comme chez les adultes, qu'elle finit par sembler normale. Elles surviennent souvent à l'adolescence. Mais certains enfants développent une peur déraisonnable, parce que concernant des petites bêtes qui ne peuvent faire aucun mal. Une aversion normale, si elle se transforme en véritable terreur, peut compliquer grandement l'existence quotidienne lorsque l'on vit à la campagne ou même lors de simples promenades. C'est pourquoi la période des vacances est souvent le moment où se révèlent de telles peurs.

Prévenir vaut mieux que guérir

Pour éviter de telles situations, le mieux à faire est de prendre les devants. Les réactions des parents sont, dans ce cas, aussi déterminantes que la personnalité de l'enfant.

Montrez l'exemple

Votre enfant aura tendance à modeler son attitude sur la vôtre. Si vous êtes du genre à reculer avec terreur lorsqu'une guêpe s'approche ou à appeler à l'aide lorsqu'une araignée aux longues pattes remonte le long du mur, apprenez à dépasser cette peur ou bien à ne plus la manifester.

N'effrayez pas votre enfant

Par exemple en ayant une réaction excessive, ou seulement trop vive, lorsqu'il attrape lui-même un insecte. Tous ne piquent pas. Apprenez-lui tranquillement à faire la part entre les insectes dangereux et les autres.

Éduquez votre enfant

Vous le ferez en lui apprenant à observer et mieux connaître cette vie animale complexe et fascinante qu'est celle des insectes. Prenez le temps de regarder une colonne de fourmis transportant de la nourriture, une araignée tissant sa toile ou une libellule rasant une mare. Faites-lui admirer les reflets des ailes des papillons ou la douceur de la chenille.

Et si c'était une phobie?

Certains enfants développent des peurs intenses et incontrôlables face à des animaux ou à des situations totalement sûres. Ils sentent bien que c'est « idiot » mais ils ne peuvent pas contrôler leur terreur, même face à un film ou à une représentation imagée de l'animal. Il s'agit alors de ce que l'on nomme une phobie. Si l'incitation et la réassurance sont sans effet, il est nécessaire de consulter un psychologue. Ces phobies se guérissent rarement seules et elles peuvent empêcher l'enfant de vivre tout ce qu'il aimerait.

Le psychologue va essayer de comprendre ce qui peut être à l'origine de cette peur incontrôlable. Il va rechercher tous les sens et les répercussions qu'elle a dans la vie de l'enfant. Puis il va entreprendre de réconcilier l'enfant, très progressivement, par étapes successives, avec ce qui l'effraie tant.

Feuilletez ensemble des livres

Cela contribuera à développer une forme de respect pour ces petits animaux et apprendra à l'enfant comment se comporter vis-à-vis des insectes: rester immobile jusqu'à ce que l'abeille s'éloigne ou glisser la chenille sur une feuille de papier pour la remettre dehors vaut mieux qu'écraser les araignées ou arracher les ailes des mouches!

Lorsque la peur est installée

Il se peut que ces mesures de prévention soient insuffisantes, ou bien que votre enfant ait déjà développé une peur des insectes qui gêne la vie de tous les jours. Dans ce cas, vous pouvez essayer les conseils suivants.

Parlez avec votre enfant de sa peur

Cela vous permettra de bien comprendre ce qu'il craint précisément. Certains insectes précis? Ceux qui piquent? Ceux qui volent? Rectifiez les croyances erronées qu'il pourrait avoir sur la dangerosité de tel ou tel animal.

Misez sur l'habituation

Habituez l'enfant à entrer progressivement et calmement en contact avec l'insecte redouté.

Pour apaiser la peur que Guillaume avait des scarabées, très nombreux cette année-là sur leur lieu de vacances, Marianne a commencé par regarder avec lui des photos de magnifiques scarabées dans un dictionnaire animalier, et par lui donner quelques informations. Puis elle a capturé un petit scarabée qu'elle a installé confortablement dans une boîte en plastique transparente. Elle l'a prénommé Nestor.

Elle a enfin incité doucement Guillaume à venir observer Nestor, de loin d'abord, puis de plus près. « Tu vois, le petit scarabée ne peut pas sortir. Je peux prendre la boîte dans ma main. Tout à l'heure, tu lui ramasseras un peu d'herbe fraîche. Dans un jour ou deux, nous irons le remettre en liberté dans le pré derrière. » Le lendemain, Guillaume se sentait prêt à toucher l'animal avec une herbe.

Dépasser ses peurs demande beaucoup de courage. Félicitez largement votre enfant de ses progrès lorsqu'il devient capable d'ignorer un insecte ou de se comporter avec lui de manière adaptée. Un grand pique-nique dans les bois ou les champs paraît une récompense tout à fait appropriée!

Des peurs universelles

Certaines peurs ressenties par les enfants semblent à la fois universelles et archaïques. Elles paraissent remonter à la nuit des temps. Citons par exemple:
- la peur des serpents,
- la peur du tonnerre,
- la peur du feu,
- la peur des étrangers,
- la peur du noir ou le vertige,
- la peur d'être abandonné.
Ces peurs ne sont plus très adaptées à notre vie quotidienne: on se trouve rarement face à face avec un serpent et le tonnerre ne tue plus que quelques randonneurs imprudents. Mais on comprend bien qu'elles ont pu, dans les temps reculés, aider l'homme à assurer sa sécurité et son développement. Bizarrement, rares sont les enfants qui ne les connaissent pas aujourd'hui encore. Puis ces peurs s'atténuent, lorsque l'enfant mûrit, dans son corps et dans sa pensée, laissant souvent quelques traces chez l'adulte…

Comment lui donner confiance en lui?

Qu'est-ce qu'un enfant qui a confiance en lui?

- S'il a confiance en lui, l'enfant est capable d'entreprendre.
- Il va vers les autres sans crainte et n'hésite pas à lever la main en classe.
- Il se fait une image positive de son avenir et il a hâte de grandir pour devenir cosmonaute ou vétérinaire.
- Ses appréhensions, il parvient à les dominer pour aller de l'avant.
- Autonome, il sait faire les choix qui le concernent et les défendre.
- Il ne se laisse pas démonter par un échec et décide d'essayer encore.
- Il ne craint pas la solitude et sait qu'il est aimé.

Tout cela est si important dans le monde d'aujourd'hui qu'on ne peut que s'interroger: comment un enfant construit-il cette bonne image de lui-même qui le suivra toute sa vie? Ma conviction est que les parents ont un rôle essentiel à jouer, dès la naissance de leur enfant.

Les bases de cette confiance se construisent très tôt

Dans les premiers mois de sa vie, l'enfant est en totale dépendance. Il appelle s'il a faim, froid ou envie d'être pris dans les bras. Lui répondre, lui assurer chaleur et câlin, c'est déjà le convaincre qu'il peut avoir confiance en ce monde et dans ses propres compétences.

Si l'on respecte son rythme, il sent qu'il y a comme une continuité entre la douceur du ventre maternel et celle du monde qui l'entoure. Structurer la journée du bébé de façon régulière et lui expliquer ce qui va se passer pour lui contribuent aussi à lui construire une bonne sécurité intérieure: il sait ce qui va arriver et peut compter sur ses anticipations.

Entre un et trois ans: une phase charnière

La seconde étape importante dans l'élaboration de la confiance en soi se situe entre un et trois ans. L'enfant découvre la frustration (il ne peut avoir immédiatement tout ce qu'il désire), la peur (du noir, des insectes, des étrangers...) et l'éloignement. Période

Les obstacles surmontés aident à devenir plus fort

À chaque étape de son développement, l'enfant livre ses propres batailles. Avec son corps, ses émotions, son intelligence, il traverse les difficultés. Il cherche ses propres solutions, essaie, se trompe, recommence, apprend, tire les leçons. Il se remodèle et s'en sort plus indépendant et plus fort.

Il n'est pas souhaitable que les parents lui évitent cela ou montrent qu'ils ont peur pour lui: leur rôle est d'être vigilants et disponibles pour soutenir, encourager, discuter et offrir une base de repli attentive et affectueuse. Le parent idéal n'existe pas. Celui qui est là, qui a une bonne image de lui-même et confiance en ses valeurs et son propre projet éducatif fera très bien l'affaire et saura transmettre cette force intérieure.

difficile pour lui comme pour ses parents, qui ne savent plus comment se comporter. Voici quelques pistes:
- Tout d'abord ne jamais se moquer de lui, qu'il prononce mal ou qu'il craigne les monstres.
- Ne jamais lui laisser croire que l'on pourrait cesser de l'aimer s'il était trop méchant.
- Lui offrir plutôt le moyen de « réparer » ses bêtises avec une éponge ou un gros baiser. C'est justement lorsqu'il est « difficile » que l'on peut inscrire en lui qu'il est digne d'être aimé, dans tous les cas et pour toujours.

Cette tranche d'âge est aussi celle où l'enfant part à la découverte de son environnement et cela ne se fait pas sans difficultés, échecs et bosses. Il se sent petit et il a bien besoin d'être soutenu - mais pas que l'on fasse à sa place! L'enfant expérimente, essaie de s'habiller ou de grimper l'escalier, et parfois souffre de ne pas y arriver, mais ses parents l'encouragent, et il recommence: quand enfin il y parvient, seul il a toutes les raisons d'être fier de lui. Beaucoup plus que si l'adulte avait aidé ou fait pour lui. Encourager l'initiative et la persévérance, tout en restant en retrait, permet à l'enfant de triompher seul des difficultés et de s'en sentir plus fort.

Puis vient la confrontation aux autres

Quatre à cinq ans, c'est l'âge de la jalousie et des rivalités. Difficile d'accepter de n'être que l'un des enfants dans le cœur de maman, que l'un des élèves dans celui de la maîtresse. L'enfant a souvent tendance à penser qu'on aime sa petite sœur plus que lui, ou qu'on s'intéresse aux autres davantage.

Deux attitudes pourront beaucoup l'aider:
- Développer la coopération aux dépens de la compétition.
- Lui montrer qu'il est unique et l'amour qu'on lui porte également, voilà ce qui pourra l'aider.

Enfin, de six à onze ans, l'enfant se confronte à ses pairs et aux apprentissages scolaires. Il a besoin, pour se sentir capable, que l'adulte le soutienne et l'encourage. Mais aussi lui permette de s'affirmer: il a l'âge de donner son avis sur sa façon de travailler, sur la manière d'occuper ses loisirs, sur le choix de ses copains. Respecter ses idées et ses goûts (alimentaires, vestimentaires, musicaux...) ou encore l'aider à développer des projets qu'il aura lui-même élaborés (la construction d'une cabane, une collection de cartes postales...) contribue à le responsabiliser. Il faut, déjà, le laisser s'éloigner un peu: sa confiance en lui-même repose sur sa capacité d'agir sur le monde.

Pour qu'il ait confiance en lui, ne dites pas..., dites...:

- **« Tu es méchant quand tu déchires », mais: « Déchirer ce livre est vraiment une bêtise. »**
C'est l'acte qui est répréhensible, pas l'enfant.
- **« Tu es gentille », mais « C'est très gentil de ta part d'avoir partagé tes jouets avec Paul. »**
Le compliment est spécifique et précis.
- **« Tu es vraiment pénible », mais: « J'ai beaucoup de mal à supporter quand tu cries comme ça. »**
On emploie le « je » qui parle de soi, plutôt que le « tu » qui accuse.
- **« Arrête, tu vas tomber! », mais: « Fais très attention, tu risques de tomber. »**
Le pire n'est jamais sûr.

Comment aider un enfant excessivement douillet à sortir de sa plainte

Ils font du cinéma autour du moindre bobo et semblent avoir toujours mal quelque part. Ils ont compris que le fait d'être malades les mettait au centre des préoccupations et de la tendresse maternelles. Ils se sentent plus aimés, plus intéressants s'ils geignent que s'ils sont en pleine forme.
Difficile de sortir de ce cercle vicieux, sauf si les parents eux-mêmes changent d'attitude.
- **S'ils décident de récompenser la bonne santé et non la maladie.**
- **S'ils adoptent un comportement positif et dynamique face aux questions de santé.**
- **S'ils ne se plaignent pas eux-mêmes de leurs propres malaises.**
- **S'ils encouragent chez leur enfant d'autres moyens d'attirer leur attention et leur affection (aider à la maison, fabriquer quelque chose de ses mains, etc.).**

Il a mal, il ne veut pas aller à l'école

Huit heures du matin…

C'est l'heure de pointe à la maison. La radio annonce la pluie et les embouteillages, le lait chauffe, il y a la queue à la salle de bains, chacun se dépêche. C'est alors que la petite voix de Marine remet toute l'organisation de la journée en question: « Maman, j'ai mal au ventre… » (ou à la gorge, ou à la tête, c'est au choix, mais, de préférence, invérifiable). Que faire? Prendre sa température? Faire celle qui n'entend pas? Et si Marine devait manquer l'école, comment faire pour la garder ici?

Comédie ou réalité?

Quelle mère n'a pas connu une telle scène, de préférence le jour où elle est dans l'impossibilité de se dégager? On voudrait bien, dans ce cas, considérer la plainte de l'enfant comme un besoin de se faire remarquer ou un simple désir de rester au lit: tous les enfants n'utilisent-ils pas la maladie, réelle ou simulée, comme une excuse occasionnelle pour manquer l'école?
Même si, comme Fabien, c'est la troisième fois cette semaine que l'enfant invoque le mal de ventre pour rester à la maison et que le médecin consulté a clairement laissé entendre que l'enfant n'avait rien, les parents ne sont jamais sûrs que le forcer à aller à l'école soit la bonne chose à faire. Ils se sentent vaguement coupables dans tous les cas. Ils aimeraient bien comprendre.
Il n'est pas toujours facile de savoir si l'enfant se sent vraiment mal, s'il veut juste se faire dorloter un peu ou s'il a un problème, à l'école par exemple.

Comment savoir s'il est vraiment malade?

Avant de décider si l'enfant est malade et s'il convient de le garder ou non à la maison, il est bon de s'interroger sur les symptômes qu'il présente. Certains sont douteux: ils sont généralement flous, invérifiables, isolés (mal à la tête sans fièvre, mal au ventre sans diarrhée, etc.). Mais d'autres signes sont bien réels et nécessitent un maintien de l'enfant à la maison. Voici les principaux:
- La diarrhée peut être douloureuse et contagieuse, deux raisons pour dispenser l'enfant de l'école.
- Le rhume et le nez qui coule clair méritent juste que l'on glisse

un paquet de mouchoirs dans le cartable. Mais s'il s'y ajoute de la fièvre, des maux de tête ou d'oreille, une conjonctivite, ou bien une toux grasse, il est temps de faire intervenir le corps médical.
- Le mal de gorge qui ne s'accompagne d'aucun autre symptôme demande seulement à être surveillé avec attention: l'évolution peut être rapide.
- Les démangeaisons et éruptions ne sont pas toutes graves ou contagieuses, mais nécessitent pourtant un diagnostic urgent, surtout si l'enfant n'a jamais eu la varicelle
- Enfin, si l'enfant a une fièvre supérieure à 38°, il est mieux à la maison qu'à l'école, même avec une aspirine.

Restent ceux qui se plaignent sans raison médicale

Certains sont de petits douillets qui trouvent, dans le fait de se faire plaindre, l'attention qu'ils recherchent.
Il y a enfin tous les autres cas. L'état de l'enfant ne justifie pas, sur le plan médical, qu'il manque l'école. Ce n'est pas non plus dans ses habitudes de jouer sur les plaintes pour obtenir de l'affection ou de l'intérêt. Si la même scène, pourtant, se reproduit, il va bien falloir lui trouver une cause. L'enfant n'est pas un simulateur: il exprime une difficulté avec les moyens qui sont les siens. Parler avec l'enfant est la première façon d'essayer de comprendre les raisons de son comportement.
- S'agit-il d'un refus masqué de l'école? Y a-t-il un problème scolaire que vous auriez sous-évalué? Rencontrer l'enseignant pourra sans doute vous renseigner.
- L'enfant, enfin, peut vivre un moment psychologique difficile. Rien n'est très visible, hormis cette difficulté à se séparer, ou bien le manque d'entrain. Avoir mal au ventre est une façon de se plaindre d'autre chose: du manque de temps que ses parents lui consacrent, du peu de temps qu'il lui reste pour jouer, d'un trop ou d'un trop peu, le plus souvent passager.
Ces douleurs-là sont difficiles à évaluer mais elles ne méritent pas d'être nommées « comédies ». Elles doivent être prises en compte, interrogées et entendues.

Ceux qui ne veulent pas s'éloigner de la maison

Paul réagissait aux conflits fréquents qui opposaient ses parents: il craignait ce qui pouvait arriver en son absence et faisait son possible pour ne pas quitter la maison. Quant à Marion, elle avait repéré que le petit frère, lui, restait toute la journée avec maman, et ne voyait pas pourquoi elle n'aurait pu en faire autant.

« Il a mal à l'école! »

Quand c'est possible, exceptionnellement, passer une journée avec son enfant à la maison est bien agréable: pour le parent qui prend plaisir à dorloter et à écouter, pour l'enfant qui profite de ce temps où il a un parent tout à lui. Comme l'a écrit Françoise Dolto: « Quand les enfants ont le cœur qui en a ras le bol, qu'ils n'en peuvent plus, ils ont besoin de ne pas aller à l'école, même s'ils ne sont pas malades. »

Faire les courses avec eux en évitant les caprices

Les courses, un moment éprouvant

« Maman, prends des raviolis X, ils sont meilleurs, je l'ai vu à la télé », dit Margot, cinq ans, alors qu'elle accompagne sa mère au supermarché. Loïc, quatre ans, assis dans le siège du chariot, crie pour que sa mère achète « les yaourts Y avec les petites perles qu'on mélange ». Mais les raviolis visés sont deux fois plus chers que ceux de la marque du magasin et les yaourts sophistiqués bien plus onéreux que les yaourts nature.

Que faire?

- Céder pour leur faire plaisir, parce qu'après tout ce n'est pas grand-chose? C'est mettre la main dans un engrenage redoutable: avec l'âge, les demandes de marques touchent des produits plus onéreux. Attention alors au porte-monnaie!
- Refuser en prenant le risque des hurlements en plein magasin? N'est-ce pas frustrer l'enfant d'un plaisir? Faut-il faire une histoire pour une question de principe?

Bref: comment limiter les dégâts face à ces exigences, directement issues des spots télé?

Quelques chiffres

D'après le baromètre Secodip (panel de 2000 enfants), 30 % des enfants de deux à huit ans choisissent leurs marques et les réclament avec véhémence. Ce chiffre est en constante augmentation (il était de 20 % en 1994). Les marques exigées par ces très jeunes consommateurs sont celles qui font le plus de publicité.

Les mères? D'après l'enquête, elles cèdent le plus souvent. Pour faire plaisir ou pour avoir la paix…

Lorsque le prix du produit réclamé est en gros le même que celui du produit habituel, pourquoi pas? Mais c'est rarement le cas. Plus un produit est nouveau, élaboré, et plus il est cher, car les coûts de mise au point, de lancement et de publicité sont énormes. À l'arrivée, sur les courses de la semaine, la ponction dans le porte-monnaie n'est pas la même…

Expliquer le rôle de la publicité

La plupart des demandes des jeunes enfants pour des produits précis sont déclenchées par les publicités qu'ils ont vues à la télévision. Ces spots, précisément destinés au jeune public, sont souvent intercalés entre deux émissions pour eux. Difficile d'y échapper.

Limiter ces demandes passe donc par une information sur la publicité.

Même à un enfant jeune, on peut expliquer que la publicité n'est pas un petit film comme les autres.

- **Elle est destinée à informer sur les nouveaux produits et à influencer les comportements d'achats.**
- **Elle présente les produits de manière très séduisante.**
- **Elle en dit toujours du bien parce que son but est de les faire acheter.**
- **Contrairement aux informations ou à d'autres programmes, les spots sont payés (très cher) par les fabricants, qui se rattrapent sur le prix de vente des produits, etc.**

Quelques conseils pour s'en sortir

Voici quelques idées de comportements à essayer, pour résister sans pour autant frustrer vos enfants ou passer pour une mauvaise mère... :

- Faites une liste de courses avant de partir, au calme, en fonction de vos besoins et des désirs de chacun et tenez-vous-y. Vous éviterez ainsi les achats d'impulsion qui sont les plus dangereux.
- Prévenez l'enfant en arrivant au magasin : « Aujourd'hui, on ne prend rien de plus », ou alors : « Tu choisis les biscuits du goûter et c'est tout. »

Une façon de procéder qui satisfait tout le monde: dire une fois oui pour pouvoir dire non ensuite. À chaque fois que l'on fait les courses, l'enfant peut choisir un produit, tantôt un yaourt, tantôt un paquet de gâteaux, tantôt son parfum d'adoucissant textile, etc.

- Donnez à l'enfant le choix : faites-le choisir entre deux produits qui vous conviennent également, afin de lui laisser le plaisir de décider. « Choisis le parfum des flans. Tu préfères chocolat ou caramel? »
- Faites des tests comparatifs : les céréales habituelles contre les mêmes, de la marque réclamée et plus chère. Les yeux fermés, lesquelles sont les meilleures?
- Faites parler votre enfant de ses désirs: une demande, un désir précis, cela ne se satisfait pas forcément, mais cela se parle. Plutôt que de dire non, engagez la conversation: « Oui, cela a l'air délicieux, je comprends que tu en aies envie... Tu crois que c'est quelle couleur dedans? Tu te souviens de la publicité?... Pas aujourd'hui... mais la prochaine fois peut-être... » Et le rayon est passé.
- Dès qu'il en est capable, apprenez à votre enfant à lire les étiquettes: « Tu vois, ces yaourts-là sont deux fois plus chers. Tu en préfères un pack comme celui-ci ou deux packs comme celui-là? » Montrez aux plus grands comment comparer les prix au litre ou au kilo.

Finalement, bien plus que d'accéder ou non aux exigences de nos enfants, l'enjeu est de les éduquer pour en faire les consommateurs de demain. Si vous procédez de cette façon, vous serez étonné de les voir, rapidement, appliquer ces quelques principes à tous les objets... qu'ils s'achètent eux-mêmes. Comme quoi on est souvent plus économe avec ses sous qu'avec ceux des autres!

Trouver une occupation à l'enfant

L'enfant, dans son chariot, réclame moins s'il est occupé et responsabilisé.

- **Demandez-lui son aide: il sera plus concentré s'il se sent indispensable.**
- **Donnez-lui la tâche de ranger les objets correctement dans le chariot. Il fait des piles, il trie, il déplace, il remet, bref, tout ce qu'il adore faire.**
- **Confiez-lui un petit crayon pour « lire » les codes-barres au fur et à mesure.**
- **Autorisez-le à ouvrir le paquet de petits gâteaux pour voir s'ils sont aussi bons qu'ils en ont l'air.**
- **Les plus grands peuvent rayer la liste des courses au fur et à mesure des achats, peser les fruits ou additionner les prix sur une machine à calculer.**
- **À la caisse, demandez-lui de vous passer les produits pour que vous les posiez sur le tapis roulant.**

Divorce, séparation: comment l'annoncer aux enfants?

Plus une honte, mais encore une souffrance

Aujourd'hui, entre un tiers et la moitié des mariages se terminent par un divorce. En ce qui concerne les séparations, des couples qui vivent ensemble sans être mariés, une seule certitude: la proportion est encore plus importante. Être enfant de divorcés n'est plus une exception ou une honte. On n'est plus montré du doigt dans la cour de récréation. Pour autant, c'est toujours une souffrance. Et cela peut aussi être un vrai choc, si l'on n'a rien senti venir, si les parents ne se sont jamais vraiment disputés. Même si vous pouvez honnêtement penser que la séparation est une meilleure solution, pour l'enfant, que vivre dans les tensions ou les conflits permanents, ne vous attendez quand même pas à des remerciements...

Votre décision est prise: vous allez vous séparer. La manière dont vous allez l'annoncer à votre enfant est très importante. Sa réaction en dépend partiellement. Ces quelques conseils vous aideront à passer ce cap difficile.

Quand le dire?

Dès que la décision est prise et qu'elle va être suivie d'effets. Inutile d'attendre que l'enfant se pose des questions ou s'inquiète. Même les très jeunes enfants doivent être mis au courant, avec des mots simples, à leur niveau. L'effet de surprise, avec l'impression que tout s'écroule, peut être redoutable. Il sera moins important si l'enfant a senti le vent souffler et qu'il s'attend, plus ou moins, à votre effet d'annonce. Au moment de parler, vous serez probablement ému et vous aurez peut-être du mal à trouver les mots justes. Aussi serez-vous plus à l'aise si vous avez préparé auparavant ce que vous avez l'intention de dire.

Avec qui?

Si la relation avec le père (ou la mère) de vos enfants le permet, il est souhaitable que vous informiez vos enfants ensemble. Ils seront rassurés de constater que vous pouvez encore communiquer et vous entendre sur l'essentiel: eux. Le but est de faire sentir aux enfants que leurs parents maîtrisent la situation et qu'ils sont capables de résoudre eux-mêmes leurs problèmes.

À chaque enfant sa réaction

Certains exprimeront des émotions de tristesse ou d'inquiétude. D'autres réagiront avec plus de violence. D'autres encore se montreront irritables ou amers. Tout cela est normal. Dans quelque temps, ils reprendront le dessus. Et vous aussi.

Certains ne montrent rien

Certains enfants ne manifestent apparemment aucune réaction à l'annonce de la séparation. Cela peut être dû à plusieurs raisons:

- Ils n'en ont pas encore compris toutes les conséquences.
- Il leur faut du temps pour réaliser.
- Ils s'y attendaient déjà.
- Certains peuvent même être soulagés, si l'ambiance était très dure.
- Ils ne montrent rien de leurs émotions.

Vous pouvez parler à vos enfants en même temps. Cela renforcera pour eux l'effet de solidarité. S'ils sont d'âges très différents, mieux vaut parler à chacun avec les mots qu'il peut entendre et comprendre.

Comment?

En évitant si possible le drame et les larmes. Plus vous saurez garder votre calme et mieux cela vaudra. N'oubliez jamais que le besoin essentiel de l'enfant dans cette situation est d'être rassuré. Votre calme fait passer le message souhaité: « Même si mon monde est bouleversé, mes parents gardent le contrôle. »
Autre point important: ce n'est pas le moment de régler vos comptes avec votre conjoint ou d'entamer un conflit. Gardez les reproches personnels et les accusations pour une autre occasion. Ce qui aidera le plus votre enfant à entendre ce que vous avez à lui dire et à accepter cette nouvelle situation sera de constater qu'il existe entre ses parents une relation sinon amicale, du moins tolérante et respectueuse.
Enfin, gardez toujours en tête que vous parlez à un enfant. Employez des mots simples et sobres. Évitez les détails sur votre vie de couple ou vos déboires sentimentaux: cela ne le concerne pas.

Que dire?

La vérité, simplement, en vous centrant sur ce qui concerne l'enfant. « Tu as senti que cela n'allait plus entre ton papa et moi, malgré nos efforts. Nous avons finalement décidé de nous séparer. C'est triste, mais ce sont des choses qui arrivent. Nous allons nous organiser pour que tu n'aies pas trop à en souffrir. »
Lui veut savoir s'il va devoir déménager, s'il changera d'école, s'il vivra toujours avec son chien, s'il pourra continuer le judo, où seront ses affaires, comment s'organisera sa vie...
Insistez sur ce qui restera pareil: plus il y aura de changements et plus il aura de mal à les gérer.
Un enfant est très déstabilisé par l'annonce d'une séparation. Son monde vacille.

Les deux points essentiels

Plus que tout, il a besoin d'être rassuré de manière ferme et tendre, par ses deux parents, sur les deux faits suivants:
- Il reste l'enfant de son père et de sa mère et il ne risque pas de perdre leur amour.
- La séparation n'est en rien la conséquence de son comportement et il n'est rien qu'il aurait pu faire pour l'empêcher.

Permettre aux enfants de s'exprimer

Il va falloir que vous laissiez à vos enfants le temps de se faire à la nouvelle situation. Évitez de vous fâcher sur eux, faites preuve de patience, encouragez l'expression et la discussion.
Quand les deux parents ont parlé, qu'ils ont chacun à leur tour exprimé leur façon de voir les choses, il est important de donner la parole aux enfants: « Y a-t-il des questions que vous voudriez nous poser? »
Certaines questions vous surprendront peut-être. Essayez d'y répondre tranquillement.
Une fois la conversation terminée, renvoyez les enfants à leur routine quotidienne. Il n'y a rien de plus rassurant pour les enfants que de constater qu'il est toujours obligatoire de se laver les dents avant de se faire raconter une histoire au fond du lit...

En vacances avec l'enfant de l'autre

« T'es pas ma mère, t'as rien à me dire! »

L'enfant se réjouit rarement du remariage de l'un de ses parents avec un nouveau conjoint. Pour lui, c'est d'abord le signe concret qu'il perd tout espoir de réconcilier ses parents. Il réalise que son désir de les voir reformer sa famille d'origine est vain. C'est un deuil à faire, qui demande du temps et ne s'effectue pas sans quelques remous.

La période des vacances est plus difficile que celle des week-ends habituels: le temps est plus long et l'enfant s'installe vraiment. Tout enfant dans cette situation appréhende de se retrouver dans un environnement qui ne lui est pas familier, avec des adultes qu'il ne fréquente pas quotidiennement.

Voici quelques conseils adressés à la « belle-maman » pour que ce séjour ait toutes les chances de bien se dérouler.

Se préparer et comprendre

- Soutenez toujours le père dans son désir de prendre ses enfants en vacances et de s'en occuper. Ne faites jamais obstacle à ces retrouvailles. Ni l'un ni les autres ne vous le pardonneraient.
- Préparez-vous à une quantité prévisible de conflits. Les enfants en veulent toujours à celui ou celle qui a pris la place du parent « légitime ». Trop bien accepter leur belle-mère, ce serait, dans leur esprit, trahir leur mère: c'est par fidélité qu'ils vont la rejeter et montrer de la colère.
- Discutez avec le père sur ce que sera votre rôle et comment se répartiront les tâches. Les femmes ont souvent un rôle plus important dans les soins aux jeunes enfants. Dans le cas de ses enfants à lui, qui s'en occupera au quotidien?

Dès le début du séjour

- Les enfants réagissent souvent avec leur corps: maux de ventre, maux de tête, vomissements sont courants au début du séjour. Cela ne signifie pas tant un refus de venir qu'une inquiétude légitime. L'enfant appréhende le déroulement de ces vacances et le montre.
- Donnez-vous pour consigne de ne jamais critiquer leur mère, ni même en parler de manière désobligeante. Évitez toute guerre

Les enfants sont le sujet de dispute numéro un

Quoi qu'en disent les magazines féminins en donnant souvent une image idyllique des familles recomposées, sortes de tribus brouillonnes et chaleureuses, les conflits n'y sont pas rares.
Parmi toutes les sources de difficultés, celles concernant les enfants sont majoritaires. Cela n'est pas étonnant. Si chaque membre du couple a déjà des enfants de son côté, chacun a eu sa façon de les élever, en s'appuyant sur des principes différents. Quand tout ce monde-là se trouve réuni, la situation peut être explosive. D'autant que le jeu des enfants, dans ce cas-là, est plutôt de mettre de l'huile sur le feu…
La seule solution consiste à éviter de prendre le parti de son enfant contre son conjoint. S'il y a désaccord éducatif, il se traite en tête à tête, hors des enfants. Ensemble, on tâche de trouver des règles communes, valables pour tous. Les enfants doivent sentir qu'ils n'ont aucun moyen de vous séparer.

et toute rivalité. Et si l'enfant vous lance : « Ma mère, elle sait mieux faire les spaghettis bolognaise que toi ! », répondez une phrase du genre : « Ah oui ? Ils doivent vraiment être délicieux. Mais tu sais, chacun sa recette ! »
- Expliquez clairement les rôles, la place et les tâches de chacun, tels que vous les avez définis. Chacun peut donner son avis. Une fois l'accord trouvé, on essaie de s'y tenir.

Pendant le séjour

- Accordez à l'enfant, de bon cœur, le droit de ne pas vous aimer. L'amour ne se commande pas. L'enfant doit savoir qu'il ne perdra pour autant ni l'amour ni l'estime de son père. Ne faites aucune pression affective. La relation se construira d'elle-même au fil des jours.
- Acceptez une certaine dose d'agressivité et de provocation, sans trop réagir. Mais refusez de vous laisser maltraiter ou victimiser. Le respect vous est dû. La limite n'est pas toujours facile à trouver, et c'est avec le père que vous devez en discuter et vous affirmer. C'est à lui de vous soutenir et de vous aider à vous sentir à l'aise. De votre côté, restez ferme et chaleureuse.
- L'enfant peut, sans être agressif, choisir de marquer sa distance, voire de vous ignorer. C'est son droit, sa manière à lui de gérer la situation : ne le forcez pas dans ses retranchements.
- Les filles sont souvent jalouses de la tendresse que leur père manifeste à sa nouvelle compagne. Sans pour autant vous cacher, évitez les câlins trop appuyés devant les enfants, qui seraient ressentis comme une provocation douloureuse.
- Faites preuve de patience et de constance. Il faut se donner du temps pour apprivoiser un enfant et lui faire comprendre qu'il peut, sans nuire à personne, créer de bonnes relations avec vous. Avec le temps, il trouvera formidable de gagner un parent supplémentaire, qui l'aime et lui porte un intérêt sincère.

Et si c'est votre enfant qui part avec son père et sa nouvelle compagne ?

Pour une maman, quitter son petit enfant le temps des vacances, c'est déjà un crève-cœur, mais savoir qu'il passera ces quelques semaines avec la compagne de son ex-mari, voilà qui rend les choses franchement difficiles. Ces quelques conseils devraient permettre que chacun puisse profiter de ce moment.

- **Ne montrez pas votre contrariété ou votre tristesse à votre enfant : vous lui gâcheriez son plaisir de partir en vacances et de retrouver son papa.**
- **Parlez avec lui de ces vacances en termes positifs et rassurants. Racontez-lui ce qu'il fera.**
- **En faisant sa valise, glissez-y un petit objet de la maison, un paquet de ses bonbons préférés, etc.**
- **Dites-lui que vous penserez à lui, que vous lui téléphonerez régulièrement. Dites-lui où vous serez.**
- **Et préparez-vous un emploi du temps agréable, plein de loisirs impossibles quand votre enfant est là !**

Acheter le même jouet pour tous?

Certains parents, qui ont des enfants d'âges rapprochés, trouvent plus simple de mettre tous leurs jouets en commun. D'autres, au contraire, achètent tout en double. La bonne solution est entre les deux.

- **Acheter en double des jouets comme les ballons ou les jouets de plage, par exemple, diminuera certainement les conflits. De plus, les enfants ont besoin de savoir que certaines choses ne sont qu'à eux, notamment les jouets affectifs (poupées, peluches, etc.).**
- **Mais tout acheter en double est impossible. Les enfants peuvent parfaitement se partager la boîte de Lego, le landau ou les puzzles. Avoir quelques jouets en commun est une bonne occasion d'inciter au partage et de faire comprendre la notion de « chacun son tour ».**

Il refuse de partager ou de prêter

« C'est le mien! », « Non, c'est à moi, t'as pas le droit d'y toucher! », « Maman! Il m'a pris mes feutres! », « Papa! Hein que t'as dit que c'est à nous deux? »... Cela vous rappelle quelque chose? Et cette scène de l'enfant agrippé à son propre seau qui refuse de rendre la petite pelle rouge qu'il vient de subtiliser à sa voisine de bac à sable... Le désir de posséder et le refus de partager sont, pour les enfants, sources de très nombreuses occasions de conflits. Il peut être très difficile pour les parents qui ont à cœur d'avoir un enfant bien élevé de supporter qu'il prenne les jouets des autres et refuse de partager les siens. Ils peuvent se sentir gênés, alors que cette attitude est tout à fait normale.

Le partage, une notion qui évolue avec le temps

Les petits, jusque vers deux ans, considèrent que tout ce qu'ils peuvent atteindre est à eux, et que personne ne doit y toucher. Si un jeune enfant convoite un objet, il le prend, même si cet objet est pour l'instant dans la main d'un copain. Le jouet « en activité » est toujours beaucoup plus désirable que celui qui attend sur le sol, même si c'est apparemment le même. Une fois qu'il a pris, il garde pour lui, jusqu'à ce qu'il décide lui-même de se désintéresser du jouet. Pour autant, l'enfant n'est ni méchant ni agressif. Il est juste normal. Égocentrique comme tous les enfants de son âge, il ne voit que son propre désir et se montre indifférent à ceux de l'autre.

Pour partager, il faut être capable de se mettre à la place de l'autre et de comprendre ses sentiments. Cela prend du temps. Vers quatre ans, l'enfant sait généralement demander, échanger, coopérer et attendre son tour. Voici quelques conseils pour y parvenir.

Développez son sens de la propriété

Paradoxalement, c'est cela qui le rassurera sur les jouets qui lui appartiennent et lui permettra de mieux gérer le partage.

- On ne peut pas apprendre à partager à un enfant qui n'a pas été autorisé à posséder pleinement. Il est bon qu'il ait un

endroit personnel où ranger ses jouets, à l'abri de la convoitise. C'est lui qui doit décider librement s'il prête ou non ses affaires.
- Donnez à votre enfant largement le temps de jouer seul avec ses nouveaux jouets avant de lui demander de les partager. Il a besoin de se les approprier longuement avant de pouvoir s'en déposséder, même brièvement, sans trop d'inquiétude.
- Expliquez-lui qu'il y a, dans la maison, des objets personnels et des objets collectifs. Nommez ses objets à lui: le pyjama de Thomas, ta petite voiture, etc., dont il peut disposer à sa guise. Montrez les objets des autres, dont il ne peut pas se servir sans autorisation. Enfin, parlez de ceux dont on se sert à tour de rôle, parce qu'ils appartiennent à tous: la télévision ou le lecteur de disques, par exemple.

Expliquez clairement à votre enfant ce que vous attendez de lui

- Vers deux ans, l'enfant commence à être sensible aux notions de justice et de réciprocité. C'est le moment de lui expliquer que, s'il emprunte un jouet, il peut en prêter un en échange. Et que chacun devra rendre ce qu'il a pris.
- Si un copain doit venir à la maison, aidez-le à ranger ce qu'il ne veut absolument pas prêter ni partager, et à sortir quelques jouets avec lesquels ils s'amuseront ensemble. Le copain peut aussi amener quelques-uns de ses propres jouets, ce qui favorise le troc.
- Si vous avez plusieurs enfants, annoncez clairement: « J'ai acheté un paquet de bonbons, c'est pour tout le monde, vous vous les partagez. » Puis laissez-les faire.

Favorisez la coopération et l'entraide

Les enfants qui prêtent sont ceux qui ont compris qu'ils y ont intérêt.
- Montrez-leur que prêter, c'est aussi, à son tour, emprunter. Ils découvriront vite la réciprocité entre frères et sœurs.
- Organisez des activités communes: on fait ensemble un gâteau, par exemple. Lancez des jeux où l'on joue chacun à son tour.
- Laissez vos enfants autant que possible se débrouiller seuls avec ce problème. Si vous intervenez, évitez de prendre parti. Mieux vaut se mettre à la place de chacun et l'aider à comprendre ce que l'autre ressent. Progressivement, ils arriveront à résoudre seuls leurs conflits. Au lieu des cris habituels, vous entendrez: « D'accord, je te prête ma voiture rouge, mais tu me passes ton camion bleu! »

N'espérez pas trop

Incitez votre enfant à partager, mais soyez réaliste: il faut du temps pour intégrer le concept même de partage, qui est complexe. Aussi n'espérez pas trop ni trop tôt.
Gronder l'enfant qui refuse de partager, ou le punir, n'est d'aucune utilité, et ne fait que renforcer son attachement aux objets. Ne forcez pas. Mieux vaut expliquer à l'autre enfant: « Il n'a pas envie de partager ce jouet pour l'instant. » Après tout, si c'est à lui, c'est bien son droit...

N'acceptez pas les comparaisons

Certains enfants essaient de manipuler leurs parents avec des phrases comme: « Ma sœur elle a toujours plus de cadeaux », « C'est toujours lui qui a le plus de gâteaux », « Moi, tu ne me fais jamais de bisous », etc.
Tentez d'être juste, mais refusez absolument de rentrer dans ce jeu. « Je vous aime tous autant, mais chacun à votre façon, car vous êtes tous différents. »

Les enfants se disputent: faut-il intervenir?

Quel parent, ayant rêvé d'une grande famille harmonieuse et solidaire, peut dire qu'il supporte sereinement et sans déception les chamailleries permanentes de ses enfants? Il arrive que cela fasse remonter de bien mauvais souvenirs de sa propre enfance. Alors, c'est cela la fraternité, cette suite quasi ininterrompue de petites crises, de phrases désagréables, de mesquineries, de rejets, voire d'injures et de coups? Non bien sûr… mais c'est cela aussi. Dès que l'on a deux enfants ou plus, la rivalité est là, et la jalousie. Ce n'est que progressivement qu'ils apprendront à se mettre à la place de l'autre et à se respecter mutuellement.

Les causes de la rivalité

Chacun veut la plus grosse part de l'amour parental. Le frère ou la sœur, c'est du temps, de l'amour et de l'attention en moins. Chaque enfant voudrait pour lui tout seul tout l'amour et toute l'attention des parents. Au moins, puisque cela semble impossible, en avoir davantage que ses frères et sœurs.

Les rivalités pour le pouvoir ou pour la possession sont fortes également. L'aîné entend avoir quelques privilèges dus à son âge, à sa taille et à sa position, dont il abuse parfois. Le second, sensible à l'injustice, n'a de cesse qu'il ne prouve qu'il peut être aussi fort et aussi malin. Chacun ses armes: le petit asticote et le grand tape… et se fait gronder.

Dites-vous que, bien gérée, cette rivalité forme aussi le caractère des enfants: elle leur apprend la négociation, la générosité, la vivacité. Après tout, dans la vie, personne n'a « tout » pour lui tout seul: autant l'apprendre tôt. Et puis elle ne nuit en rien à l'affection que les enfants se portent!

Les attitudes des parents

Reste que les parents peuvent contribuer grandement à maintenir ces disputes fraternelles dans des limites raisonnables et aider leurs enfants à les gérer et à les transformer peu à peu en attitudes de coopération. Certains comportements éducatifs ont une efficacité certaine, surtout appliqués avec constance et dès le plus jeune âge.

Ne prenez pas les mots trop à cœur

Dans les disputes entre frères et sœurs, les phrases assassines fusent facilement:
« Je te déteste! »
« Plus jamais je ne prêterai ma poupée! »
« Je ne te pardonnerai jamais! »
« La prochaine fois, je te tue! »
Ces scènes sont excessives, mais elles sont oubliées aussitôt. Si les enfants se permettent de telles phrases, c'est bien parce que leurs rapports sont passionnels et parce qu'ils savent, justement, que ces mots ne prêtent pas à conséquence.

Mots d'enfant

« Moi et ma sœur on se dispute tout le temps. Même des fois on fait la bagarre. Mais c'est avec elle que je rigole le plus. Alors quand elle n'est pas là, le mercredi ou pendant les vacances, je m'embête. »

- Ne prenez pas parti. Évitez de donner raison à l'un des enfants contre l'autre, ou de n'en punir qu'un, ce qui ne fait qu'accroître la sensation d'être « moins aimé », donc la rivalité. Préférez le simple constat: « Je vois deux enfants fâchés qui feraient mieux de se séparer un moment afin de retrouver leur calme. »
- Interdisez la violence physique, mais permettez que les sentiments négatifs s'expriment. Au besoin, aidez-les: « Je vois que tu es furieux que ta sœur ait cassé ton puzzle. » Se sentir compris dans sa souffrance et sa frustration aide à dépasser le désir de vengeance.
- Réglez les problèmes avec les enfants, jusque vers cinq ou six ans. Écoutez les doléances, instaurez des tours, montrez les avantages de l'échange, veillez à l'équilibre des forces, cherchez avec eux une solution qui convienne à chacun. La constance paiera: ils le feront bientôt sans vous.
- Définissez, expliquez et faites appliquer certaines règles de comportement. « On ne se fait pas mal », « Un objet emprunté doit être rendu », « On ne fouille pas dans les affaires des autres en son absence », etc. Elles doivent être très claires, et vous devrez veiller à leur application, même par les plus jeunes. Aménagez l'espace pour favoriser l'entente: un petit cadenas vaut mieux qu'un éternel sujet de dispute.
- Montrez à chaque enfant que vous l'appréciez. C'est parce qu'il est unique et différent que vous l'aimez totalement, d'une façon très spéciale. C'est plus efficace que de vouloir donner exactement la même chose à chacun, en mesurant les parts de gâteau ou en comptant le nombre de cadeaux.
- Valorisez la solidarité et la coopération entre eux. Pour cela, ne prêtez aucune attention à celui qui « rapporte ». N'encouragez pas les dénonciations. Pratiquez plutôt les punitions collectives ou les « tâches d'intérêt collectif » à réaliser en commun.
- L'exemple reste encore la meilleure méthode. Vous attendez de vos enfants qu'ils se dominent et soient plus forts que leurs pulsions? Faites-le aussi. Montrez-leur, par votre comportement, qu'il est inutile de crier pour s'imposer et que l'on peut, calmement, négocier ses désaccords.

Intervenir ou non?

Les conflits dans la fratrie sont inévitables et font partie de toute enfance à plusieurs. Ils sont une façon d'apprendre à se frotter aux autres. Les parents n'ont donc pas forcément à intervenir. Sauf si cela s'avère nécessaire. La décision est délicate:

- **L'intervention de l'adulte, pas toujours habile, peut envenimer les choses.**
- **Le but sous-jacent de la dispute est souvent de forcer le parent à se fâcher contre l'autre. Intervenir dans ce cadre, c'est donc faire le jeu de l'un des enfants contre l'autre.**
- **S'en mêler systématiquement empêcherait par ailleurs les enfants d'apprendre à trouver seuls une manière de résoudre leurs conflits.**

Il faut pourtant se montrer attentif et vigilant. Dans le cas où la dispute se traduit toujours par l'emprise d'un enfant sur l'autre, mis en situation de soumission, une intervention pour casser ce mécanisme s'impose.

Fratrie: chacun sa chambre?

C'est une idée très répandue, qui dicte l'attitude de nombreux parents dans le choix ou l'aménagement de leur maison: il est mieux que chaque enfant ait sa chambre. Quitte à ce que les parents, eux, dorment dans le salon. Mais est-il si sûr que cette solution soit la meilleure pour l'épanouissement de chacun? La réponse dépend de nombreux facteurs.

La répartition de l'espace familial

Il n'est pas rare qu'une mauvaise gestion de l'espace familial soit la cause de malaises comme de troubles du sommeil chez l'un ou l'autre des membres de la famille: chambre individuelle peu investie, chambre parentale aux multiples fonctions, etc. Pour que chacun se sente en sécurité, il est souhaitable que les parents aient un espace intime pour abriter leur couple, que le salon soit le centre convivial de la maison, le lieu des échanges familiaux, et que la (les) chambre(s) des enfants ne soi(en)t pas seulement un dortoir, mais aussi un espace de plaisir et de jeux partagés.

Quatre « bonnes » raisons pour donner une chambre à chaque enfant

En admettant que l'habitation le permette, c'est souvent le bon choix dans les cas suivants:

- Les enfants sont de sexes différents. Tant qu'ils sont petits, pas de problèmes. Mais, en grandissant, il est normal que leurs jeux et leurs centres d'intérêt divergent. Normal aussi, pour certains, lorsqu'ils grandissent, que des notions de pudeur puissent finir par créer un malaise. Dans les familles nombreuses, il arrive que l'on fasse la chambre des filles et la chambre des garçons.
- L'écart d'âge est important. Là encore, les centres d'intérêt sont tellement différents qu'ils rendent forcément la cohabitation difficile, mais pas impossible. Elle demande à l'aîné une grande patience et au petit d'apprendre le respect de ce qui ne lui appartient pas.
- Les conflits entre les deux enfants sont très fréquents. Quels que soient les efforts des parents, il arrive que deux frères ou deux sœurs traversent des phases très conflictuelles, de rivalité et de bagarres sans fin. Si les deux enfants se disputent sans arrêt,

Quand les parents auraient rêvé d'avoir une chambre à eux

C'est souvent une des causes du choix des parents. Lorsqu'ils étaient enfants, ils ont dû partager leur espace avec leurs frères et sœurs et en gardent parfois des souvenirs amers. Alors ils veulent offrir à leurs enfants ce qu'eux n'ont pas eu, mais dont ils ont rêvé. Une chambre à soi. Sans se demander si ce rêve est aussi celui de leurs enfants, et si cette demande est bien la leur.

S'ils veulent continuer à dormir ensemble

Pourquoi séparer des enfants qui préfèrent rester ensemble dans la chaleur, même conflictuelle, de la fraternité ? Avant onze ou douze ans, ils ne sont pas demandeurs de solitude, mais de vitalité.

Vous avez autant de chambres que d'enfants ? Transformez-en une en salle de jeux…

il est préférable de leur donner la possibilité de s'isoler, chacun dans leur espace.
- C'est la demande de chacun des enfants et, vu la taille de la maison, il n'y a aucune raison de ne pas le leur accorder.

Quatre « bonnes » raisons de partager la chambre

Partager la même chambre présente de nombreux avantages, cela d'autant plus que les enfants sont de même sexe et d'âges proches.
- Cela aide à lutter contre les démons de la nuit. Tous les petits enfants, entre deux et dix ans environ, ont peur de l'obscurité. Être deux (ou trois), c'est être deux fois plus forts pour chasser tous les monstres cachés sous le lit et les voleurs embusqués dans les placards!
- Cela apprend à négocier et à partager. Partager sa chambre, même si elle est grande, cela oblige à faire de la place à l'autre. Avec le temps, on devient vite solidaires et complices. Les bêtises se font à deux, les bonnes surprises aussi.
- Cela double la quantité de jouets disponibles. La chambre étant aussi, le plus souvent, l'endroit où sont rangés les jeux et les jouets, vivre à deux dans cette chambre, c'est avoir, à portée de main, deux fois plus de jouets et le partenaire qu'il faut!
- Cela impose à chacun l'apprentissage du respect. Vivre à deux dans un petit espace, c'est devoir apprendre, parfois rudement, à respecter l'autre, ses affaires personnelles, ses secrets, son rythme, ses petites habitudes. C'est apprendre, aussi, à se faire respecter.

Il est important que l'enfant se sente bien dans sa chambre

C'est finalement l'essentiel. Jusqu'à ce que l'aîné entre au collège ou entame son adolescence, les enfants sont souvent heureux d'être dans la même chambre, pourvu que chacun ait son coin à lui (bureau, étagère ou tiroir) inaccessible aux autres (par respect ou par clé). On peut aussi diviser la chambre par une cloison symbolique (étagère, store coulissant) ou en installant une mezzanine.

Les lits superposés

Généralement, on met l'aîné en haut, parce qu'il est plus habile, ne se lève plus la nuit et risque moins de tomber, et le plus jeune en dessous. Ce dernier, bien sûr, trouve rapidement cela inadmissible, preuve de plus que son aîné est vraiment privilégié. Que faire?

- **L'aider à admettre qu'effectivement chaque place dans la fratrie est porteuse de privilèges et d'inconvénients.**
- **Promettre que lorsqu'il aura quatre ans (ou cinq, à vous de voir), on fera l'échange chaque année.**
- **Lui fabriquer une petite maison en tendant un tissu tout autour de son lit, comme un rideau.**

Si vos enfants dorment dans des lits superposés, vous conviendrez que la vue de celui qui couche au-dessous, vue imprenable sur les lattes, n'est pas des plus agréables. Pourquoi ne pas agrafer, sous le lit du dessous, une grande affiche ou un joli drap décoré et bien tendu? Ce ciel de lit ravira l'enfant et le protégera en outre de toutes les poussières qui tombent.

ch

at

Père Noël

aller chez le psy

politesse

mensonges

Les enfants aiment la fête

Inventer la fête au quotidien

Un seul anniversaire par an, un seul Noël... Entre-temps, cela paraît bien long. Les fêtes qui concernent les enfants sont trop rares, trop attendues, trop préparées aussi. Le jour J passe trop vite. Dès le lendemain, il faut attendre le prochain... Les enfants trouvent que le quotidien, avec son lot de tensions et d'obligations, n'est pas très rigolo. Qui les en blâmerait?

La routine de nos emplois du temps, une dose d'agressivité rentrée, la fatigue des fins de journée et la force des habitudes ne favorisent pas l'expression quotidienne d'une franche gaieté...

Les enfants, eux, aiment les fêtes, les jours qui sortent de l'ordinaire. Ils font des surprises, veulent en recevoir. Avec leurs petits cadeaux, leurs dessins et leur joie de vivre, ils nous montrent l'exemple. Alors pourquoi ne pas inventer la fête au quotidien? Les idées pour faire la fête ne manquent pas. Si vous êtes à court, demandez à vos enfants: eux ne seront jamais en panne d'imagination pour inventer des farces ou vous faire des surprises. Ils aiment préparer et participer, anticipant votre joie et la leur.

La fête: un état d'esprit

Bien plus qu'un surcroît de temps, d'argent ou d'énergie, prendre la vie comme une fête demande d'abord un état d'esprit différent. Il est vrai que chacun rentre fatigué de sa journée d'école, de collège ou de travail. Souvent, les parents n'ont qu'une envie: se détendre, avoir la paix et limiter les contraintes du repas au maximum.

Mais est-ce bien cette idée-là de la vie que nous souhaitons transmettre à nos enfants? Des journées harassantes qui empêchent toute envie de s'amuser ou d'innover? N'oublions pas que l'ambiance dans laquelle se déroulent les moments passés ensemble est déterminante pour les adultes qu'ils seront...

Il s'agit seulement de changer son regard

Les petites fêtes du quotidien demandent plus de créativité que d'efforts. Les occasions de surprise, de plaisir ou de complicité partagée sont nombreuses.

Transmettre une image du monde

Ces moments de petites fêtes quotidiennes forment un temps où l'on est bien ensemble, un temps sans agressivité, où l'on pense avant tout au plaisir de l'autre. L'essentiel est là: dans cette joie complice qui unit la famille, sécurise les enfants et leur donne la conviction que la vie est bonne et douce.

Les bienfaits du rire

Il paraît qu'on ne rit plus... en tout cas beaucoup moins. Savez-vous que le rire provoque la sécrétion d'endorphines dans le cerveau, qui nous aide à nous sentir plus heureux? Il détend en profondeur, aide à lutter contre le stress et favoriserait également la guérison de certaines maladies. Il semble bien, par ailleurs, que les habitudes prises dans l'enfance soient déterminantes pour l'avenir...

Pas de doute: rire avec nos enfants est bien une nécessité éducative!

-Vous avez fait une jolie tarte? Profitez-en pour fêter l'arrivée de la nouvelle saison ou l'anniversaire du chat.
-Vous avez acheté pour votre fils une paire de chaussettes? Enveloppez-la dans un joli papier et faites-en un petit cadeau.
-Vos enfants ne veulent pas aller se coucher? Improvisez une tente dans un coin de la chambre et confiez-leur des sacs de couchage...

Un antidote au conflit

C'est lorsque l'ambiance est un peu lourde, les relations tendues, qu'il peut être le plus précieux de sortir des habitudes pour tenter autre chose. Même l'enfant le plus « ronchon » sera sensible au changement d'atmosphère et gagné à son tour par la légèreté de l'air.

Un exemple: des repas « innovants »

Votre enfant renâcle pour venir à table et picore dans son assiette? Remplacer un repas par un pique-nique au parc (ou sur le tapis du salon) en réjouira plus d'un.
Pensez aussi à un menu inhabituel. Proposez-leur le « repas-fouillis », où tout est mis sur la table, et chacun se sert dans l'ordre qu'il veut. Les jours de soleil, proposez un repas tout jaune (maïs, œufs, purée, banane, ananas...), les jours de pluie un repas rose (radis, saumon, purée betterave-pommes de terre, yaourt à la fraise, grenadine à l'eau...).
Si vous n'avez pas de temps en semaine ni pour la fête ni pour les moments heureux, réservez-leur le dimanche. La fête des retrouvailles et des câlins, ce peut être le brunch familial, dans le grand lit, au milieu des rires, des bavardages et des miettes.

Un moment de liberté et de transgression

Les enfants sont toute la journée dans des systèmes de contrainte où ils doivent être sages, raisonnables, tranquilles, obéissants... C'est bien lourd pour des petits qui ne rêvent que de défoulement et de bêtises! Alors faire la fête, c'est aussi cet espace de liberté: avoir droit à ce qui est normalement interdit.
C'est aussi jouer à être un autre. D'où la passion des enfants pour le maquillage et le déguisement. La fête, pour eux, ce peut être leur prêter de vrais produits de maquillage et les laisser se grimer à leur goût. Ou bien leur laisser libre accès à la garde-robe parentale et les laisser se déguiser en « papa et maman ».

Tous les enfants sont des artistes

Dans les petites fêtes familiales, chacun participe. L'un adorera décorer le plat de crudités, l'autre mettre des petits bouquets sur la table, un autre encore s'entraîner à plier les serviettes comme un chef.
De la vaisselle à jeter joliment imprimée achèvera l'ensemble.

Les joies de l'interdit

La fête au quotidien, pour les petits enfants, c'est aussi le droit de pouvoir faire tout ce qui, habituellement, est interdit. Pour un soir, on peut... Demain, ce sera interdit de nouveau. Quoi donc?

- **Veiller jusqu'à minuit.**
- **Éclabousser l'eau de la baignoire.**
- **Sauter sur le lit des parents.**
- **Manger avec les doigts.**
- **Dormir avec sa sœur.**
- **Commencer par le dessert.**

etc.

Noël, symbole de générosité

Au-delà des cadeaux, des réveillons, de la fête, Noël est aussi le symbole de la générosité et du souci de l'autre. Votre enfant sait qu'il sera gâté et il se plonge avec délices dans les catalogues de jouets. C'est le meilleur moment pour attirer son attention sur ceux qui ont moins de chance, et pour l'aider, très concrètement, à faire lui aussi des dons aux autres, à sa mesure.

La lettre au Père Noël

Il est de tradition que les petits enfants écrivent au Père Noël, dans le ciel, ou au pôle Nord, pour lui faire part de leurs espoirs et de leurs désirs. Même les petits, ceux qui n'écrivent pas encore, peuvent faire un beau dessin. Les services de la Poste mettent un point d'honneur à répondre à tous les petits enfants qui ont mis leur adresse. Si vous voulez garder trace des jolies lettres de vos enfants, n'envoyez que leur photocopie...

S'il croit encore au Père Noël

La légende du Père Noël est merveilleuse

Cette légende est signe de générosité vraie: les cadeaux « tombent du ciel » sans qu'on ait à les mériter, ainsi que de gratuité du don: l'enfant ne remercie que par la joie qu'il exprime.
Pourtant la phrase: « Tu crois au Père Noël! » n'est pas très flatteuse. Elle signifie: « Tu es vraiment trop naïf, tu vas te faire avoir, on t'a trompé. » Or il n'est jamais neutre de tromper un enfant. Les petits ont tellement confiance en leurs parents qu'ils n'imaginent que l'on puisse, même bien intentionné, leur raconter des choses fausses.
La déconvenue de celui qui découvre la vérité auprès des copains peut être grande: c'est une part de son enfance qui s'envole, et parfois une part de sa confiance dans les adultes. Il en veut à ses parents de s'être, à cause d'eux, senti ridicule devant les autres. Or vient un âge, environ cinq ans, où la plupart des copains ne croient plus au Père Noël. Ils ont trop vu de bonshommes rouges dans la rue, qui essayaient de faire de l'argent avec leur costume. Ils savent que les rennes ne volent pas, que les appartements n'ont pas de cheminée... Bref, ils entrent dans le monde du réel, le monde des grands.
C'est donc à nous, parents, de faire évoluer progressivement la croyance au Père Noël de notre enfant. La stratégie tient en trois points.

Aider l'enfant à faire la part entre le réel et l'imaginaire

Vous regardez un feuilleton à la télévision? Expliquez-lui que ces personnages n'existent pas dans la vie.
Vous lui lisez une histoire? Dites-lui qu'elle a été inventée et montrez-lui le nom de l'auteur.
Aidez-le à faire la part entre ce qui existe « pour de vrai » (lui, vous, son papa, son chien, les informations, etc.) et ce qui existe « pour de rire » (les fées, le héros de son livre, Blanche-Neige... et le Père Noël). L'enfant admet très bien qu'il existe deux niveaux d'existence, l'un réel, l'autre imaginaire, même s'il ne fait pas toujours la part entre les deux. L'essentiel est qu'il connaisse cette distinction.
Vous croisez des Pères Noël dans la rue ou au supermarché?

Votre enfant vous demande comment il peut y en avoir autant? Soyez claire: ce sont des messieurs déguisés, qui sont là pour vendre des photos ou des jouets, pour distraire les clients et créer une animation.

N'attendez pas trop pour faire évoluer votre façon de parler du Père Noël

Depuis le début, parlez-en au conditionnel: « On raconte que le Père Noël arrive sur son traîneau; il aurait une grande hotte sur le dos. » Si l'enfant vous demande où il habite: « Moi, je ne sais pas, mais toi, qu'imagines-tu? Et sa maison, elle serait comment? » Et le jeu commence, riche de tout un imaginaire construit ensemble et vécu pour ce qu'il est: une histoire que l'on invente.

Le jour où il découvrira la vérité, il aura l'impression de la savoir déjà et ne se sentira pas trompé. Le mode conditionnel, c'est pour parler de ce qui est du domaine du rêve, de l'imaginaire. Le mode affirmatif, pour parler du vrai, du réel. L'enfant, même s'il n'en est pas conscient, sent bien la différence.

Enfin, un ou deux Noël avant l'entrée de l'enfant à l'école primaire, prenez doucement un peu plus de distance avec le mythe. Par exemple, si le Père Noël passe encore à la maison, les amis et les proches, eux, assument leurs propres cadeaux.

Si l'enfant pose des questions directes, répondez avec honnêteté, mais avec beaucoup de douceur. Même avec la sensation « qu'on l'a toujours su », même si cela signifie que l'on partage le secret des grandes personnes, perdre en partie ce qui faisait la magie de Noël est toujours empreint d'une certaine tristesse. Passer dans le monde des grands ouvre certes de nouvelles perspectives, mais impose aussi de sérieux renoncements.

À éviter

- Quand l'enfant ramène ce scoop bouleversant: « Machin il a dit que le Père Noël n'existait pas! », répondre une phrase comme: « Bien sûr qu'il existe, puisque je te le dis; Machin a voulu faire son intéressant! »
- Contraindre son enfant à y croire, par peur de le voir déçu ou désenchanté: c'est alors qu'il risque de l'être vraiment.
- Le laisser croire au Père Noël au-delà de l'âge de six ans. Avec l'âge de raison, l'enfant ne peut plus croire à de telles histoires qu'au prix d'une vraie distorsion de ses capacités de logique et d'intelligence.

Noël et l'anniversaire: des fêtes différentes pour l'enfant

Le trait commun entre Noël et l'anniversaire se joue au niveau de l'initiation au rite familial. On met en place les bases d'une tradition qui se perpétue. C'est une étape majeure. Mais à Noël, toute la ville est en ébullition, à la maison, à la crèche, à l'école… C'est un changement d'ambiance plus général, une excitation globale que l'enfant ressent très bien. Tandis que l'anniversaire est une étape beaucoup plus intime. La fête n'est que pour lui.

L'enfant, même très jeune, distingue très bien le caractère exceptionnel de la fête. Il juge de l'importance de l'événement dans le regard de ses parents. Il va être pour longtemps rivé à ce baromètre. L'enfant petit n'a pas conscience du temps, il ignore totalement ce que « une année » signifie. Mais il sent très bien que tout le monde se réjouit et sait vite ce que « cadeau » veut dire…

La politesse, un travail de longue haleine

Cette impression de répéter mille fois la même chose...

Au début, c'est « Dis merci à maman », « Prends ta fourchette plutôt que tes doigts », « Dis au revoir à la maîtresse ». Puis: « Enlève tes coudes de la table », « Mets la main devant la bouche quand tu tousses », « Ne coupe pas la parole ». Enfin: « Tu écris à ta marraine pour la remercier », « On dit Bonjour madame », etc. Sans parler des gros mots... Cela vous rappelle quelque chose? Normal. Si une certaine politesse semble se perdre, ce n'est pas faute d'essayer de transmettre l'essentiel. Mais alors, comment se fait-il que cela soit si difficile? Pourquoi des enfants capables de retenir les guerres napoléoniennes ou les divisions à retenue semblent-ils oublier sans cesse les règles les plus élémentaires du savoir-vivre (qu'on leur rabâche pourtant depuis leur plus jeune âge)?

Patience!

Commencé dès la petite enfance, son apprentissage ne semble toujours pas acquis à l'adolescence. Les parents sèment des petites graines, arrosent jour après jour... mais ils ne verront le résultat que bien des années plus tard. Si certaines règles peuvent devenir des automatismes (comme se présenter au téléphone ou retenir la porte devant celui qui suit), la plupart sont appliquées de façon fluctuante. D'autres règles enfin ne seront utilisées que lorsque l'enfant, devenu grand, en ressentira lui-même la nécessité sociale. Il faut donc faire preuve d'une grande patience: inutile d'attendre de nos enfants ce qu'ils ne sont pas encore en mesure de fournir, mais il ne faut jamais renoncer pour autant: on œuvre pour le long terme, pour le jour où une maman nous dira: « Quel enfant charmant vous avez, quelle chance d'avoir un enfant aussi bien élevé! »

Être poli: pour qui, pour quoi

L'apprentissage de la politesse dépend aussi, comme tous les autres, de la motivation. Pour les parents, l'affaire est entendue: savoir se comporter en société est une manière de montrer son respect de l'autre, de se faire accepter et de rendre les relations humaines plus agréables. Mais quelle est la motivation de l'enfant?

La valeur de l'exemple

L'exemple est encore et toujours le moyen le plus efficace d'enseigner la politesse. L'enfant, sans s'en rendre compte, modèle son comportement sur celui des adultes de référence, ses parents. Il est donc toujours utile de jeter un regard critique et objectif sur ses propres habitudes. Si les parents n'appliquent pas eux-mêmes les « bonnes manières » qu'ils prônent, leurs exigences seront sans effet.

L'enfant va être sensible au fait que l'on est poli et accueillant avec lui et que l'on respecte son point de vue dans une discussion. Il va remarquer que ses parents sont courtois entre eux, avec leurs amis et relations, avec les commerçants, qu'ils disent systématiquement « s'il vous plaît » et « merci ». Quand son tour sera venu, ce sont ces codes sociaux que, spontanément, il appliquera.

Jeune, il veut faire plaisir à maman, et il dit « s'il te plaît » parce que cela lui permet d'obtenir ce qu'il veut. Plus grand, l'enfant ne voit pas l'utilité de semblables efforts. Au contraire, il trouve ces règles vaguement hypocrites et bien superflues. C'est là qu'il faut tenir bon, car ce travail d'éducation, personne ne le fera à notre place.

Voici quelques conseils

Soyez réaliste dans vos attentes

La politesse que l'on peut attendre d'un enfant dépend de son âge et de son développement. Mais il ne faut pas sous-estimer leurs capacités non plus. Un enfant de six ans peut parfaitement apprendre à se présenter lorsqu'il répond au téléphone ou à ne pas sortir de table sans en demander l'autorisation.

L'enfant ne peut pas non plus être parfait tout le temps. Il comprend vite que, selon les lieux et les situations, il doit plus ou moins contrôler son comportement, ce que nous faisons également.

Le petit enfant de moins de trois ans

C'est l'âge de poser les bases: les quatre mots magiques (bonjour, au revoir, s'il te plaît, merci), les débuts du respect et du partage. À cet âge, l'autre n'est pas vraiment pris en compte: les premières règles de politesse vont viser à introduire ce réflexe. La méthode la plus efficace consiste à enseigner une seule règle à la fois. Si « merci » vous semble prioritaire, concentrez-vous sur cette demande et laissez le reste de côté jusqu'à ce que l'habitude soit prise.

De trois à douze ans

Avec les débuts à l'école démarre l'époque des gros mots. Si les premiers (« caca boudin! ») font plutôt rire, les vrais nous amusent beaucoup moins. L'enfant peut vite comprendre qu'une certaine façon de s'exprimer ne doit pas franchir la porte de la maison. Au fil des années, l'influence des copains se fait prépondérante et l'enfant a vite tendance à adopter les règles du groupe. Il faut pourtant continuer à faire respecter les règles importantes à la maison. Les parents expliquent qu'ils tiennent à cette politesse et félicitent l'enfant chaque fois que son comportement le mérite.

Les règles les mieux intégrées seront les règles les plus simples et les plus claires, exprimées en termes positifs, toujours les mêmes, et répétées inlassablement, chaque fois que nécessaire.

Répéter encore et encore…

La plupart des parents finissent par se demander si leur enfant ne serait pas un peu sourd, s'il n'aurait pas la tête particulièrement dure, ou si c'est pour les embêter qu'il s'obstine à ne pas appliquer les quelques règles simples qu'ils lui ont enseignées…

En fait, jusque vers six ans, être poli ne paraît pas important aux enfants. Ils n'y voient aucun avantage. À l'inverse de phrases comme: « J'ai soif », « pipi », « je ne veux pas aller me coucher », qui, elles, sont d'une utilité immédiate.

Pourtant, il est indispensable de rappeler à l'enfant ce que vous attendez de lui et de maintenir une légère exigence, si vous voulez recueillir, lorsque la maturité sera venue, les fruits de vos efforts…

Vers trois ans, apparaît la conscience de ses actes et de leurs conséquences

- L'enfant imite l'adulte dans ses activités quotidiennes. Il donne à ses poupées des ordres qui ressemblent étrangement aux vôtres. Si son ours fait une bêtise, il le fâche et lui donne une fessée.
- Il accepte l'idée que, s'il vous a désobéi, vous soyez fâché et que, s'il a fait une bêtise, il doive la réparer. Par exemple: « Puisque tu as arrosé toute la salle de bains avec l'eau de la baignoire, tu vas essuyer avec la serpillière. »
- Il découvre que l'adulte aussi peut être ignorant, dire des bêtises ou faire des erreurs. Il demande « pourquoi » jusqu'à ce que l'adulte ne sache plus quoi répondre. Coincer l'adulte va devenir un de ses sports favoris.
- Il comprend que les exigences diffèrent d'une personne à l'autre et que, d'un lieu à l'autre, les règlements ne sont pas les mêmes. Il sait dorénavant que la morale et la politesse sont à géométrie variable…

Mon enfant se tient si bien… chez les autres

Vous voulez juger des résultats de l'éducation que vous avez donnée à votre enfant? Envoyez-le passer quelques jours chez sa tante, ou bien acceptez qu'il se rende à l'invitation de passer le week-end chez son copain Florian.

Les résultats de votre éducation

Vous serez sûrement étonnée de ce que l'on vous dira de lui. Il aidait spontanément à mettre la table, il a mangé de la ratatouille, il tirait sa couette tous les matins… Alors qu'à la maison, vous avez l'image d'un enfant qui en fait le moins possible et n'aide, de bien mauvaise grâce, que lorsque vous vous fâchez.

Finalement, que nos enfants soient capables, lorsque la situation l'exige, de se tenir correctement et d'appliquer des préceptes longuement répétés, est assez rassurant. Imaginez que ce soit l'inverse, et qu'il oublie, la porte à peine franchie, tout ce que vous lui avez enseigné! Contrairement à ce que vous auriez pu croire, votre éducation a porté.

À la maison, on se détend

Mais pourquoi ne l'applique-t-il pas à la maison aussi spontanément? Parce que, pour l'enfant, son foyer est d'abord le lieu de la tolérance, de la chaleur. C'est l'endroit où l'on peut se laisser aller et relâcher ses efforts, où l'on se sent accepté et aimé inconditionnellement. Ne réagissons-nous pas un peu pareillement?

Le « chez-soi » n'est-il pas le lieu où nous pouvons, à l'abri des regards extérieurs, nous laisser aller et oublier provisoirement efforts et tensions? Il faut bien comprendre que, pour l'enfant, être « bien élevé » n'est pas encore une habitude, mais une lourde contrainte.

Qu'il réserve au dehors, lorsqu'il veut se faire apprécier et, peut-être, vous rendre hommage.

La situation a de bons et de mauvais côtés

Comment pouvez-vous en tirer parti?

- Faites souvent inviter votre enfant chez les autres, afin qu'il expérimente sa « bonne éducation »: elle deviendra plus vite une habitude.

- Invitez souvent des copains de vos enfants chez vous. Eux auront à cœur de bien se tenir et serviront d'exemples à vos enfants.
- Certains soirs, ou bien le dimanche midi, jouez « au grand restaurant » à la maison, ou bien jouez à « manger chez la princesse ». On s'habille soigneusement, on utilise les couverts à poisson et les fourchettes à gâteaux, on ne se coupe pas la parole, etc. Soignez le menu et demandez à chacun de se comporter comme si ce repas se tenait dans un lieu très chic, très « classe »...
- Montrez très concrètement à votre enfant, en attirant son attention sur des anecdotes quotidiennes, les bienfaits de la courtoisie. Qu'il comprenne les avantages très concrets qu'il retirera du fait d'être bien élevé. Par exemple avec ses enseignants...
- Expliquez à votre enfant que vous comprenez son besoin de se détendre, mais qu'il y a, y compris à la maison, quelques bases minimum de correction sur lesquelles vous ne transigerez pas. Exposez-les clairement et veillez à ce qu'elles soient respectées.
- Modulez vos exigences: elles peuvent être différentes selon qu'elles concernent la chambre de l'enfant, lieu privé, et les lieux communs à tous. Il est acceptable qu'à sept ans il ne range pas son bureau à votre idée, mais cela l'est moins qu'il laisse ses habits traîner dans le salon ou les restes de son goûter sur la table de la cuisine.
- Donnez l'exemple. Les enfants sont plus sensibles aux actes qu'aux discours. Ils auront toujours tendance à modeler leur comportement sur le vôtre. Montrez-vous courtois, serviable et attentionné avec ceux qui vous entourent: vos enfants, avec le temps, auront tendance à vous imiter.

Vous trouvez le temps long? Suggérez-leur de petites attentions:
- « Et si tu portais un verre de jus de pomme à ton papa? »
- « Quand tu prends une sucette, tu en offres aussi aux autres. »
- « Si tu envoyais un beau dessin à Mamy, elle serait sûrement contente. »

Encore une dernière chose importante

Vous vous sentez rassuré et content lorsque ceux qui ont reçu votre enfant vous complimentent sur sa gentillesse et son éducation. Alors n'oubliez pas d'en faire autant lorsque vous recevez un enfant chez vous: cela rassurera ses parents, qui, probablement, partagent vos inquiétudes!

Ce que vous pouvez attendre d'un enfant vers six ans

- Se lever tout seul le dimanche, sans faire de bruit, et aller regarder ses dessins animés en attendant que ses parents se réveillent.
- S'habiller tout seul. Se verser des céréales dans un bol et du lait par-dessus.
- Mettre quotidiennement son linge dans le panier à linge sale. Tirer sa couette.
- Répondre poliment au téléphone, en se présentant.
- Rester seul dans la maison une demi-heure.
- Ne pas interrompre les gens qui parlent.
- Dire systématiquement bonjour, au revoir, s'il vous plaît, merci.
- Aider aux tâches ménagères courantes. Si vous avez plusieurs enfants, vous pouvez organiser un tour. L'un est « de service » lundi, mercredi, vendredi, l'autre mardi, jeudi, samedi. Les dimanches, tout le monde met la main à la pâte.

Il a chapardé: que faire?

Les parents ont la mémoire courte

Le vol dans l'enfance est si banal que beaucoup d'entre eux ont certainement « chipé » à un moment ou à un autre de leur enfance ou de leur adolescence, sans pour autant être devenus des délinquants. Qu'importe: même si le vol est minime, tout parent confronté à cette situation s'inquiète immédiatement. Il suffit qu'il s'aperçoive que son enfant s'est emparé de quelque chose qui ne lui appartenait pas pour s'affoler, se fâcher, craindre pour son avenir...

La situation est pourtant fréquente. Quelle maman n'a pas retrouvé, dans la petite main poisseuse de son enfant, la sucette qu'elle avait refusé de lui acheter dans la queue de la caisse dix minutes plus tôt? Laquelle n'a pas récupéré, au fond du lave-linge, une petite voiture qu'elle est certaine de n'avoir jamais vue auparavant? Mais cette fréquence, si elle a le mérite de rassurer, ne signifie pas qu'il faille s'en désintéresser.

Voler est un acte malhonnête, et l'honnêteté est un apprentissage. Alors que faire?

Tenir compte de l'âge de l'enfant

On ne peut parler de vol que pour un enfant qui sait ce qu'il fait. Cette prise de conscience se précise entre trois et six ans. Donc jusque-là, tant que le sens de la propriété n'est pas bien établi, il ne s'agit pas de vol mais de « chapardage ». L'enfant prend ce qui lui plaît, au moment où il le désire, sans se soucier des conséquences pour autrui.

Comme il se sent au centre du monde, l'enfant accapare tout ce qui fait partie de son « territoire », c'est-à-dire ce qu'il perçoit. C'est progressivement, selon l'attitude des parents, qu'il apprend que « c'est mal » et qu'« il faut demander ».

Essayer de comprendre

Il est important d'essayer de comprendre, or les motivations sont multiples et dépendent de chaque enfant.

En voici quelques-unes, qui sont autant de pistes de réflexion:

- Le vol est utilitaire. L'enfant avait très envie d'une chose qu'il n'avait pas les moyens d'acheter ou que ses parents lui ont refu-

Pour comprendre, il faut se poser les bonnes questions

- Quelles sont les circonstances du vol (à la maison, à l'école, chez un copain, dans un magasin)?
- A-t-il volé un objet qu'il désirait pour lui ou dont il avait besoin?
- S'agit-il d'un événement accidentel ou d'un comportement qui s'est déjà produit?
- Quelles raisons donne l'enfant pour expliquer son acte?

Rendre pour réparer

Une fois que l'on a discuté avec l'enfant et bien compris la situation et les circonstances de « l'emprunt », on lui demande ce qu'il compte faire pour réparer. S'il ne le suggère pas de lui-même, on insiste pour qu'il aille rendre les objets volés et s'excuser. Se retrouver face à la personne qu'il a volée est difficile et très inconfortable (pour les parents comme pour l'enfant!), mais c'est une démarche réellement pédagogique. Pour les plus jeunes, les parents font la démarche avec eux et s'excusent pour eux. Mais ils restent en retrait dès que possible.

sée. Il s'est servi, dans le magasin ou dans le porte-monnaie de sa mère.
- Le vol est généreux: l'enfant prend pour donner. S'il vole, c'est pour offrir. Il peut s'agir de faire plaisir à sa maman, ou bien de s'acheter des amitiés. Ainsi certains enfants se sentent obligés d'arriver tous les matins à l'école les poches pleines de bonbons.
- L'enfant se sent dans un sentiment d'infériorité avec ses copains. Dans ce cas, il peut voler des attributs (jouets, vêtements, accessoires) qui vont le valoriser. Dans le même ordre d'idées, l'enfant peut voler sous la pression des copains, pour « ne pas se dégonfler ».
- L'enfant a une difficulté psychologique sous-jacente. Celle-ci peut être faite de rancune, de frustration, d'incompréhension. Le vol peut alors être une vengeance, une manière de combler un manque affectif ou un simple besoin d'attirer l'attention sur un problème.

Prévenir

La prévention chez le petit enfant passe par trois éléments:
- Lui enseigner le sens de la propriété: distinguer ce qui est à lui et dont il a le libre usage, de ce qui est à toute la famille ou à toute la classe, ce qui est à autrui. Lui donner de l'argent de poche lui apprend que les choses se payent et lui permet de satisfaire librement quelques désirs.
- Lui apprendre l'honnêteté. Cela consiste à lui expliquer très clairement que « voler c'est mal » et qu'on ne prend pas sans autorisation. On le fait réfléchir: « Que dirais-tu si quelqu'un te prenait tes affaires? »
- Être pour son enfant, très concrètement, un modèle d'honnêteté.

Bien réagir

Ce qui veut dire ni trop (s'affoler, le traiter de voleur), ni trop peu (sans y attacher d'importance) Il est normal de se fâcher un peu, surtout si l'enfant a plus de cinq ans. Il faut aussi s'expliquer calmement et clairement: prendre sans autorisation un objet qui n'est pas à soi est malhonnête: les adultes qui le font vont en prison.

Finalement, presque tous les jeunes enfants volent, au moins « pour voir ». Si cette attitude reste isolée, elle est sans conséquences. Par leur comportement attentif, tendre et ferme, les parents permettent que tout rentre rapidement dans l'ordre.

Et le racket?

Un nombre croissant d'enfants sont victimes de racket: ils doivent accepter de « donner » ce qu'ils ont, jouets ou vêtements, sous la menace de représailles physiques. C'est également la menace qui les oblige à se taire. Plus âgés, ils sont souvent contraints à voler (par exemple de l'argent à leurs parents) par des plus grands (plus costauds, plus nombreux), qui les menacent de représailles. La peur, à nouveau, les empêche d'en parler.

Si vous soupçonnez que votre enfant est victime de racket, n'hésitez pas à aller vous en ouvrir à l'enseignant ou au directeur de l'école.

Les enfants rackettés sont en difficulté. Ils se sentent piégés et ils ont besoin d'aide.

Un numéro de téléphone gratuit a été mis en place où parents et enfants trouvent écoute et conseils: Jeunes Violences Écoute, au 0800 20 22 23 (de 8 heures à 23 heures, 7 jours sur 7).

Mon enfant a tendance à mentir ou s'obstine à nier

Ce qui est vrai pour nous l'est pour lui

Lequel d'entre nous ne s'arrange pas, parfois, avec la vérité? Qui n'a pas laissé sciemment dans l'ombre un fait important? Qui n'a pas cherché à dissimuler une erreur, lorsqu'elle risquait de lui coûter gros?

Pourtant, quand l'un de nos enfants nous ment, qu'il s'obstine contre l'évidence, cela nous met hors de nous. Derrière ce qui est ressenti comme un affront point l'inquiétude: mon enfant est-il un menteur? Ou bien encore un lâche qui n'affronte pas les conséquences de ses actes?

Faire la part entre le réel et l'imaginaire

Il faut d'abord comprendre que la différence entre le réel et la fiction est un concept difficile, qui demande des années pour s'installer. Le petit enfant « prend ses désirs pour des réalités »: s'il raconte un mensonge, il pense que celui-ci pourrait bien, à force d'insistance, devenir la vérité.

Lorsque Manon, quatre ans, les mains et le visage barbouillés de traces marron, déclare à sa maman, en la regardant droit dans les yeux, que « non, elle n'a pas touché à la tablette de chocolat », c'est à la fois amusant et touchant. À dix ans, c'est carrément exaspérant! Aussi, la question du rapport des enfants à la vérité doit-elle être abordée différemment selon leur âge.

Des conceptions de la vérité qui évoluent avec l'âge

- **Jusque vers quatre ans.** Le principe qui gouverne les actes de l'enfant est son désir de faire plaisir à ses parents. Ce qui les réjouit, c'est le bien; ce qui les contrarie, le mal. Si le petit intrépide avoue à maman qu'il a désobéi en allant sur le grand toboggan, elle sera mécontente. La solution qui s'impose, ce qui lui semble le plus naturel, c'est de mentir en l'assurant du contraire. Inutile de prendre le fait qu'il nie pour un affront personnel: son but est uniquement de fournir la réponse qui fera plaisir, celle que maman attend.
- **Jusque vers six ans.** L'enfant peut avoir du mal à faire la part

Des parents modèles de franchise et d'honnêteté

C'est dès quatre ou cinq ans qu'il est souhaitable, en présence de l'enfant, d'être un modèle d'honnêteté.
N'oublions jamais que les enfants copient leurs attitudes sur ceux qu'ils aiment et admirent le plus: leurs parents. S'ils vous voient mentir sur leur âge pour bénéficier d'une réduction ou nier être passé au rouge pour éviter la contravention, ils auront vite compris que mentir peut rendre de grands services ou éviter bien des embêtements. Et ils en feront autant à la première occasion.

Être sûr de soi

Avant d'accuser un enfant de mensonge, mieux vaut être bien sûr que c'est vrai. Rien de pire pour l'enfant que de n'être pas cru alors qu'il dit la vérité…

entre le fait réel et la fiction. Dans les histoires ou les émissions de télévision, il ne sait pas trop ce qui est « pour de vrai » et ce qui ne l'est pas. Nous lui parlons du Père Noël comme d'un personnage réel, il nous jure l'air innocent qu'il n'a pas touché à la télécommande.

Plutôt que de se fâcher de ses mensonges, mieux vaut l'aider, à travers les jeux et les expériences partagées, à faire la part entre le « vrai de vrai » et le reste. Le loup dévorant la mère-grand, les monstres cachés sous le lit… C'est pour rire! Grand-père qui vient dîner, la douleur de sa sœur qu'il a tapée? C'est pour de vrai!

- **À partir de l'âge de raison.** L'enfant sait très bien qu'il ment, et cela le met généralement mal à l'aise. Mais il a de bonnes raisons pour cela. La principale est d'éviter un châtiment, voire une simple réprimande. Il préfère encore nier contre l'évidence, ou accuser quelqu'un d'autre de ses bêtises (de préférence celui qui ne peut pas se défendre, le chien par exemple). Cette attitude est banale, même chez des enfants élevés par des parents tendres et compréhensifs. Même chez des enfants de dix ou onze ans, âge où ils acquièrent pourtant une nouvelle maturité et ne supportent pas qu'on leur mente.

Quelle attitude avoir?

- N'incitez pas au mensonge. C'est le cas lorsque, déjà en colère, vous interrogez l'enfant sur sa responsabilité: « Tu n'as quand même pas encore cassé un verre? » Même le plus honnête tentera de vous convaincre que non.

- Ne posez pas de questions. Dites plutôt ce qui a été mal fait et quel est votre ressenti: « Je suis ennuyée qu'un autre verre ait été cassé, et je ne crois vraiment pas que ce soit le chien qui ait caché les morceaux au fond de la poubelle… »

- Il nie? Ignorez ses dénégations, mais ne le coincez pas. Ne l'écrasez pas sous les preuves et la logique. Le but est de lui donner du courage, pas de le culpabiliser encore davantage.

- Offrez-lui une porte de sortie: « Je vois que nous ne pensons pas la même chose sur ce qui s'est passé. Bien. Nous en reparlerons un autre jour. » Ou encore: « Puisque tu ne peux rien me dire, peut-être peux-tu m'écrire un mot? Je serais très fière de toi si tu le faisais. »

- Ne punissez pas trop les bêtises. Sinon, nier est une chance pour l'enfant d'éviter la sanction. L'enfant est maladroit, mais toujours désireux de bien faire et de rendre service. S'il a abîmé, il n'a pas fait exprès. N'accordez pas plus d'importance aux objets qu'à celui qui les a cassés. Trouvez plutôt avec lui la manière de réparer…

On peut mentir pour des tas de raisons…

La raison principale est la peur d'être grondé. Mais il arrive que l'enfant mente pour d'autres raisons.

- **La jalousie peut l'y inciter (il veut paraître aussi bien que son copain, être mieux aimé que son frère).**
- **La honte également (il ne peut pas accepter l'image de lui que lui renverrait un aveu).**

Dans tous les cas, ce dont a besoin l'enfant, c'est de se sentir aimé et accepté. L'écraser dans son mensonge renforce le problème.

Quelles sont les attitudes qui le rendent raisonnable?

- **Savoir lâcher sans l'obliger à tout prix à avouer.**
- **Savoir pardonner et oublier.**
- **Juger l'intention plutôt que l'acte.**
- **Surtout faire confiance à l'enfant. Il se sent alors incité au courage de ses actes.**

Il est important de parler

La mort de l'animal familier va souvent susciter des inquiétudes chez l'enfant.
Si la mort emporte son chat, qui peut-elle emporter d'autre? S'il sent que c'est possible, il posera les questions qu'il a sur le cœur. À vous d'entendre ce qui l'inquiète, de l'inciter à parler et de trouver les mots vrais qui le rassureront.
« Mais pourquoi il est mort?
- Parce qu'il était vieux (ou malade, ou qu'il a eu un accident). Parce que c'est la vie: tout le monde meurt un jour.
- Toi aussi tu vas mourir? Moi aussi?
- Oui, nous tous, mais dans très longtemps. Pour l'instant nous n'avons pas fini de vivre, loin de là. »
Il est important d'aider l'enfant à exprimer ses sentiments, même s'ils vous inquiètent ou vous surprennent. L'enjeu consiste à être à la fois honnête et rassurant, ce qui, sur un sujet comme celui-ci, demande habileté et délicatesse...

Le petit chat est mort...

L'enfant sait que la mort fait partie de la vie

La durée de vie de nos animaux domestiques est brève. Ils sont, comme nous, sujets à la maladie, à l'accident et au vieillissement. Si bien qu'il est fréquent que nos enfants soient confrontés à cette épreuve pénible qu'est la perte de leur petit compagnon. Cette perspective fait même hésiter certains parents avant d'accueillir un animal. Pourtant cette expérience de la mort, souvent la première à laquelle l'enfant est confronté, peut être formatrice autant que douloureuse.
Même l'enfant jeune a une idée de la mort et sait qu'elle fait partie de la vie: très tôt, il joue à la guerre, à « Pan! Pan! Tu es mort! », et il s'allonge, immobile, quelques secondes. Il voit des morts nombreuses à la télévision. Seuls ses parents peuvent croire qu'il ne sait rien de la mort et qu'il ne s'y intéresse pas. Lui, s'il osait, vous poserait bien quelques questions...

Comment anticiper

L'enfant réagira d'autant plus positivement à la mort de son animal que vous aurez déjà évoqué ce sujet avec lui et qu'il sentira qu'il n'y a pas de tabou à en parler. Vous pouvez lui expliquer que le chat et le chien vivent une quinzaine d'années, le hamster deux ans seulement, etc. Quand l'animal de la maison devient âgé, parlez du moment où il ne sera plus là.
Les occasions de parler de la vie et de la mort ne manquent pas, devant un cadavre d'insecte par exemple. Expliquez qu'il ne respire plus, que son cœur ne bat plus, et que rien, sur cette terre, ne vit éternellement. S'il pose des questions, répondez clairement, d'autant plus simplement que votre enfant est jeune.

Comment lui annoncer la mort de son animal?

Si le décès est prévisible, avertissez votre enfant qu'il n'y en a plus pour longtemps. Montrez-lui comment il peut dire au revoir à son chat et adoucir ses derniers instants. Si vous devez faire pratiquer une euthanasie, expliquez à l'enfant que le vétérinaire va aider l'animal à mourir en douceur, sans souffrir davantage.
Quant à la mort elle-même, elle doit être dite en termes simples: « Le chat était très malade, et il est mort maintenant. » Il est

important d'employer des mots vrais. Lui dire que son chien « est parti » le ferait attendre en vain son retour. Lui annoncer « qu'il s'est endormi pour toujours » est risqué. Cela peut faire naître des idées fausses sur le sommeil et engendrer des difficultés d'endormissement: l'enfant craint de mourir s'il s'endort.

Comment va-t-il réagir?

Cela dépend du caractère de votre enfant et de son âge. Chez l'enfant très jeune, qui n'a pas encore de représentation de la mort et assez peu le sens du temps, la réaction sera souvent modérée. Chez l'enfant plus grand, quand est apparue l'angoisse de séparation, la réaction peut être plus vive. D'autant qu'il a eu plus de temps pour s'attacher à l'animal.
L'important est de laisser l'enfant réagir comme il le sent. Ne jugez pas son attitude: donnez-lui le droit d'être triste... ou non.
Certains enfants vont réagir au décès de leur animal comme à tout changement brusque qui survient dans leur vie: par des réactions d'irritation et de colère, par des caprices ou des difficultés de sommeil. Patience et compréhension permettront que tout rentre dans l'ordre.
D'autres enfants, alors qu'ils adoraient l'animal, sembleront d'une relative indifférence, vous laissant ignorer ce qui se passe « à l'intérieur ». Considérer l'animal comme un enfant de la famille et projeter sur lui sa propre angoisse de mort sont des comportements d'adulte, dont les enfants sont généralement protégés.

Faire son deuil

Votre enfant aura peut-être besoin de votre aide et d'un peu de temps pour faire son deuil.
- Vous pouvez expliquer à votre enfant que ceux qui meurent continuent à vivre dans le cœur de ceux qui les ont aimés.
- Regardez ensemble des photos du chat, rappelez-vous ensemble les attitudes et les habitudes qui étaient les siennes et qui faisaient la vie de tous les jours.
- Incitez-le à écrire un texte ou un petit poème en l'honneur de son chat.
- S'il le souhaite, suspendez une photo au mur de sa chambre. Il est important pour chacun de pouvoir continuer à évoquer l'animal: « Tu te souviens quand il se couchait sur toi, le soir? »
La perte de son animal favori n'est pas une épreuve gratuite. C'est l'occasion pour l'enfant de s'oublier lui-même, de grandir et d'avancer dans sa compréhension de la vie.

Les conceptions de la mort

● **Avant cinq ans**
Pour un petit enfant, la mort est un phénomène réversible, comme dans un jeu. Elle est comme un sommeil ou un voyage dont on peut revenir. Le mort pense, sent, mais il est contraint à l'immobilité.
● **De cinq à neuf ans**
La mort devient un événement définitif, imposé de l'extérieur. Les morts ne sont pas dans le néant: ils se retrouvent et connaissent un autre mode de vie, plus ou moins décalqué sur le nôtre.

Faut-il adopter vite un autre animal?

Certains parents peuvent avoir l'impulsion de remplacer très vite l'animal décédé. Adopter un nouvel animal peut effectivement aider un deuil à se terminer, mais inutile de se précipiter. Mieux vaut attendre quelques temps, puis emmener l'enfant choisir son compagnon: il s'y attachera très vite, mais sans qu'un amour efface l'autre.

« J'ai peur d'aller voir le psy »

Craindre d'aller chez le psy serait dommage. Le temps est passé où l'on pouvait se dire : « Pas question : mon enfant n'est pas fou ! » Non, il traverse juste une passe où il a besoin d'aide et il est à craindre qu'il ne s'en sorte pas tout seul. Les parents, malgré tout leur amour, sont souvent démunis. Non qu'ils soient le moins du monde coupables de la difficulté. Mais ils sont trop impliqués, trop concernés, pour avoir le recul nécessaire pour comprendre et résoudre la difficulté.

Plus le problème est pris tôt, plus il se résout vite. Consulter un psychologue n'est pas un engagement sur des années. Quelques séances offrent à la famille l'occasion de porter un nouveau regard sur son fonctionnement et de repartir, encouragée, sur de meilleures bases. L'enfant est soulagé de sentir qu'on est désireux de le comprendre et de l'aider.

Quand un enfant doit aller chez le psy

« Vous devriez emmener votre enfant voir un psychologue »

Le conseil vient du médecin généraliste ou du pédiatre, de l'instituteur ou d'une amie proche. Pour les parents, c'est toujours difficile à entendre. Bien sûr, ils voyaient bien que quelque chose n'allait pas, mais de là à penser qu'il faudrait consulter…

Aux parents, on a trop dit qu'ils étaient coupables chaque fois que leur enfant avait un problème. Voir un psy, c'est accepter de se confier, de se remettre en question, d'avouer son impuissance. Pas facile. Si bien que cela suscite de l'espoir d'un côté, de la méfiance et de l'anxiété de l'autre.

Dans quels cas va-t-on voir un psychologue?

Chaque fois qu'un enfant semble malheureux. Quand un changement brusque de comportement attire l'attention. Quand il y a des problèmes durables de sommeil, d'alimentation, de propreté, d'agressivité, de comportement, d'apprentissage ou de peurs excessives. Les cas sont très divers.

Voici quelques exemples

- Anton a deux ans. Il n'a encore jamais dormi une nuit complète. Ses parents ont tout essayé; ils sont épuisés.
- Lou a trois ans. Depuis la mort de son chien il y a trois semaines, elle pleure toutes les nuits dans son lit, inconsolable, malgré le nouveau petit chiot que ses parents ont décidé d'adopter.
- Depuis deux semaines, Estelle, quatre ans, ne veut plus aller à l'école. Le matin, elle s'agrippe à sa maman en pleurant. Sa maîtresse la trouve morose. Personne ne comprend et Estelle ne dit rien.
- Ethan a cinq ans. Précoce, il sait déjà lire tout seul et s'intéresse à mille choses. Ses parents se posent la question d'un passage anticipé au Cours préparatoire. Mais c'est un enfant déjà bien solitaire…
- Guillaume a sept ans, c'est un enfant intelligent, vif, curieux. Pourtant il n'arrive pas à apprendre à lire. Il ne se concentre pas et ne retient rien. On parle de redoublement.

Qui aller voir?

Le choix est important et délicat.

- Vous pouvez demander un rendez-vous au C.M.P.P. (Centre médico-psycho-pédagogique) le plus proche de votre domicile, dont vous aurez l'adresse à la mairie. L'avantage est que vous ne payez presque rien. Les inconvénients sont les délais d'attente et le fait que vous ne choisissez pas votre psychologue.
- Vous pouvez aussi consulter un psychologue installé en libéral. Les prix et les façons de travailler diffèrent: renseignez-vous au téléphone. Vous trouverez des adresses dans l'annuaire, mais le mieux est de chercher une recommandation par un médecin, une voisine ou l'école. Il est important d'avoir affaire à quelqu'un d'expérimenté, qui a un bon contact avec vous et avec votre enfant. Si le courant ne « passe » pas, changez.
- Si le problème est lié à l'école, vous pouvez demander à rencontrer le psychologue scolaire (en passant par le directeur). Il n'entamera pas de thérapie, mais il pourra utilement vous renseigner, vous rassurer ou vous orienter.

Que fera le psy?

- La (ou les) première séance a pour but d'exposer le problème et de recueillir des informations sur les comportements, les émotions, la personnalité, les compétences de l'enfant, ainsi que sur son entourage scolaire et familial. Cette première visite n'est pas un engagement, mais un entretien pour mieux comprendre ce qui se passe. Elle réunit l'enfant et ses parents. Il arrive souvent qu'elle soit suffisante: le psychologue explique, donne quelques conseils ou recommandations, suggère de prendre patience. L'enfant est sensible au fait d'avoir été entendu dans ses difficultés: les choses s'arrangent.
- Parfois le psychologue suggère de faire passer des tests à l'enfant. Ceux-ci peuvent définir certaines compétences ou bien mettre en évidence des difficultés personnelles. Ils offrent un éclairage qui peut être très enrichissant. Les résultats seront toujours interprétés avec prudence et resitués dans le contexte propre de l'enfant.
- Si quelques séances ne suffisent pas à résoudre le problème, le psychologue peut proposer de commencer un travail de psychothérapie avec l'enfant lui-même, seul ou accompagné. Selon l'âge de l'enfant, il se servira, en plus du langage, de supports comme le dessin ou le jeu. Les séances ont lieu une fois par semaine, et la durée totale du travail est très variable. Il ne faut pas hésiter à se donner un peu de temps.

Les « psy »: qui fait quoi?

Il est parfois difficile de se repérer parmi les différents « psy ». Voici donc les différents interlocuteurs à qui vous pouvez avoir affaire:

- **Les psychologues sont diplômés de l'université. Ils ont fait au moins cinq ans d'études en psychologie clinique pour avoir droit au titre officiel de psychologue.**
- **Les psychiatres sont des médecins qui, après leurs études de médecine, ont fait une spécialité en psychiatrie. Ils sont les seuls à pouvoir prescrire des médicaments.**
- **« Psychothérapeute » est un titre qui n'est pas protégé. Il ne se réfère pas à une formation précise (son utilisation est libre) et signifie seulement « qui pratique des psychothérapies ».**

Les consultations avec un psychologue diplômé sont maintenant remboursées par certaines mutuelles. Téléphonez à la vôtre pour vous renseigner.

Les garçons sont plus fragiles que les filles

VRAI. Dès la période périnatale, la mortalité est plus importante chez les enfants de sexe masculin. Puis, les petits garçons seront plus souvent malades que les petites filles. À maladie identique, les garçons sont globalement plus sérieusement atteints.

Quant aux troubles du comportement, ils les touchent quatre fois plus que les filles, le bégaiement et les tics huit fois plus. Les causes de ces différences sont probablement multiples et il est impossible d'en tirer des conclusions. Si ce n'est celle-ci : chez les enfants au moins, le sexe fort n'est pas celui que l'on croit !

Vrai ou faux : idées reçues sur les enfants

La sucette (tétine) déforme moins les dents que le pouce

FAUX. La sucette, autant que le pouce, crée des déformations du palais osseux et des défauts d'occlusion des incisives. Son caractère « physiologique » n'est qu'un argument de vente et relève de la fantaisie.

L'utilité de la sucette est néanmoins évidente pour certains enfants dont le besoin de sucer ou de téter est, dans les premiers mois, irrépressible. Or tous ne savent pas trouver leur pouce ou le garder en bouche. Concluons en disant que la durée d'utilisation de la sucette chaque jour est sans doute plus déterminante que la forme de l'objet elle-même…

Il vaut mieux élever un enfant au sein qu'au biberon

FAUX. Il est exact que le lait maternel comporte des éléments naturels et protecteurs très précieux pour le bébé. Vrai aussi que la complicité qui se crée entre la maman qui allaite et son bébé est merveilleuse. À condition qu'elle le souhaite et que l'allaitement réjouisse les deux partenaires.

Certaines mamans, pour des raisons qui leur appartiennent, n'y tiennent pas. Un biberon donné avec amour vaut mieux qu'un allaitement contraint. Toutes les études ont montré qu'un « bébé-biberon » se développait aussi bien, sur tous les plans, qu'un « bébé-sein ».

Il vaut mieux changer le bébé avant la tétée

VRAI et FAUX. Avant ou après la tétée : chaque école a ses partisans et ses détracteurs, dont les arguments sont valables et convaincants. Oui, il est plus agréable pour votre enfant de manger les fesses au sec, mais vous risquez, en vertu de certains réflexes physiologiques, de devoir changer à nouveau votre bébé après son repas ! Alors après ?

Oui, mais vous prenez le risque de provoquer des régurgitations si vous le secouez un peu, ou de le réveiller s'il commençait à s'endormir, ce qui peut être particulièrement gênant la nuit.

Alors, à chaque maman, selon le tempérament de son bébé, de trouver sa solution…

Les produits frais sont meilleurs que les petits pots

FAUX. Nous allons décevoir les mamans qui croient mieux faire en préparant amoureusement les purées de leur cher petit, mais il faut pourtant le dire: sur le strict plan nutritionnel, les petits pots sont souvent meilleurs. Leur fabrication est très surveillée et réglementée. Ils sont préparés selon des normes sévères, avec des produits très frais, et leur teneur en substances provenant de l'utilisation d'engrais et de pesticides est particulièrement contrôlée. Ce qui n'est pas le cas des fruits et des légumes que l'on achète au marché ou au supermarché, dont l'âge et la teneur en nitrates sont invérifiables…

Un bébé doit dormir sur le ventre

FAUX. Même si c'est ce qui a été dit pendant des décennies. On recommandait de coucher l'enfant sur le ventre pour éviter qu'il ne soit gêné par d'éventuels reflux. Mais des études récentes ont montré que le risque de mort subite du nouveau-né était moindre si l'enfant dormait sur le dos. C'est suffisamment important pour que l'on n'hésite plus à coucher les petits bébés sur le dos, comme le font déjà toutes les crèches et comme le recommandent les pédiatres. Depuis que cette nouvelle habitude a été prise par les mamans, le nombre de décès a effectivement reculé.

Les filles sont propres plus tôt que les garçons

VRAI. Les garçons et les filles ont la même maturité du système nerveux qui autorise théoriquement, autour de deux ans, deux ans et demi, le contrôle sphinctérien. Donc à demander et à faire pipi dans le pot, au moins de jour. Mais bien d'autres phénomènes, notamment psychologiques, entrent en jeu dans l'acquisition de la propreté. L'importance que l'enfant accorde au fait d'être propre, le type d'attachement qui le lie à sa mère, son niveau de développement dans le domaine du langage ou de l'aisance corporelle sont autant de domaines où petits garçons et petites filles évoluent différemment et qui ont une incidence sur le moment tant attendu où l'on peut enfin enlever les couches.

Un petit enfant ne se fait pas d'amis avant trois ans

FAUX. Un bébé peut se faire des amis très tôt, pourvu qu'il en ait l'occasion. Ce sentiment amical peut même se révéler exclusif et durable si les enfants ne se perdent pas de vue. Aimer d'amitié demande la capacité à reconnaître quelqu'un et à fidéliser l'amour qu'on lui porte, ce que sait faire l'enfant dès l'âge de

En doublant la taille d'un enfant de deux ans, on obtient sa taille adulte

FAUX. Selon les courbes, il ressort que les garçons avaient atteint la moitié de leur taille adulte à 25 mois et les filles à 16 mois. Mais ces chiffres ne sont que des estimations.

Ce qui détermine la croissance en taille d'un enfant, c'est avant tout la pente de la courbe, or celle-ci peut évoluer progressivement d'un semestre à l'autre. Toutes les pseudo-prévisions que l'on peut faire achoppent sur d'autres facteurs plus déterminants comme la taille des parents, l'âge de la puberté, ou tout simplement l'évolution des générations.

Il faut contraindre un gaucher à utiliser sa main droite

FAUX. Il n'y a pas de bonne et de mauvaise main, et il serait néfaste de forcer un enfant, gaucher homogène, à écrire de la main droite. La plupart des enfants sont ambidextres et se servent indifféremment des deux mains jusque vers cinq ans. Il est alors possible, tout en laissant l'enfant se servir des deux mains pour toutes les activités, de l'inciter à utiliser la droite pour l'écriture. Mais inciter n'est pas forcer et la gaucherie, souvent héréditaire, n'est pas un problème.

un ou deux ans. Ces amitiés précieuses sont à reconnaître et à respecter. Même si elles ne sont pas de tout repos: il faudra encore quelque temps avant que l'enfant sache partager un jeu et en respecter les règles.

Pour les bébés, il faut des couleurs douces

FAUX. Cette idée a prévalu pendant des décennies: le bon goût interdisait que la layette, les draps ou les murs de la chambre du bébé fussent autrement que roses ou bleu pâle. Mais les petits enfants sont d'un autre avis. Les bébés aiment les contrastes et les couleurs vives, qui attirent leur attention et éveillent leur curiosité. Inutile pour autant de repeindre la chambre en rouge. Un pyjama vert pomme, un petit coussin à damier noir et blanc et un grand poster du Roi Lion feront tout aussi bien l'affaire.

Un enfant ne doit pas dormir dans la chambre de ses parents

VRAI et FAUX. Tant qu'il est tout bébé, les parents peuvent se sentir rassurés, et l'enfant aussi, de dormir avec lui dans la même pièce. Dans toutes les traditions, depuis toujours, le nouveau-né dort auprès du corps maternel. Mais vient un moment, vers trois mois, où le bébé, faisant ses nuits, devient plus indépendant. Les parents aspirent à retrouver une vie de couple. C'est le moment d'installer bébé dans sa propre chambre et qu'il apprenne à y dormir seul.

Il ne faut pas offrir de poupée aux petits garçons

FAUX. Si votre fils réclame un baigneur ou une poupée (il en existe de sexe masculin), pourquoi ne pas lui en offrir? Peut-être désire-t-il faire comme papa, qui change son petit frère, ou envie-t-il les filles qui semblent si bien s'amuser avec leur poupée, ou rêve-t-il d'un compagnon pour s'inventer des jeux... Pas d'inquiétude: sa virilité à venir n'est nullement mise en danger par un jeu de poupée, pas plus qu'elle n'est renforcée par une panoplie de Rambo!

Les filles sont plus faciles à élever que les garçons

FAUX. Ce discours est celui des mères de garçons qui sont épuisées de les entendre faire la bagarre ou jouer les casse-cou. Elles trouvent les petites filles moins bruyantes, plus sages. Mais cette vision est approximative et dépassée. Les filles d'aujourd'hui ne sont pas en retard pour se dépenser physiquement. Même qualifiées de plus sérieuses, elles affirment leur personnalité. Si leurs difficultés sont souvent plus discrètes, elles n'en sont pas moins importantes pour autant.

Il faut mordre les enfants qui mordent

FAUX. On ne mord pas un enfant. Un enfant s'éduque par l'exemple. Montrez-lui que la bouche sert à faire des baisers ou à croquer dans des pommes, non à mordre les copains. Dites-lui que seuls les animaux mordent, pas les humains. Mais, surtout, ne reproduisez pas sur lui le comportement que vous souhaitez lui faire abandonner...

Il ne faut pas mettre les enfants à l'école avant trois ans

FAUX. Impossible d'être aussi rigoureux. La maturité de l'enfant, son niveau de langage et son autonomie comptent bien davantage que son âge réel. Certains enfants sont prêts à deux ans et demi quand d'autres ne le seront qu'un an plus tard. Compte aussi l'accueil que cette maternelle réserve aux tout-petits. Et puis, on n'a pas toujours le choix...

Il faut tout dire à un enfant, même bébé

VRAI et FAUX. Il faut parler à son bébé, qui reconnaît la voix de sa mère, puis de son père, très tôt après sa naissance. Lui parler, c'est l'humaniser et l'inscrire d'emblée dans le langage et la communication. Il faut lui parler bébé, lui dire des mots doux, gazouiller en écho avec lui, écouter les tentatives qu'il fait pour répondre. Il faut lui parler de ce qui le concerne, de sa vie de tous les jours, de son histoire, de ceux qui l'entourent. Mais « tout » lui dire? C'est un peu excessif: vous avez le temps. Un bain de langage, oui; l'y noyer, non!

Un petit enfant a plus besoin de sa mère que de son père

FAUX. Par son vécu physiologique, la mère vit les premiers mois de son bébé dans une intimité totale. Le bébé a bien sûr un besoin vital de sa mère (ou de son substitut). Le rôle spécifique et fondateur du père n'est pas moindre: il est différent. Face à la dyade mère-bébé, il rappelle chacun à sa vraie place et apporte une dimension d'éveil affectif et d'ouverture sur le monde. Présent, il crée d'emblée de précieux rapports de proximité et de confiance avec son enfant.

La naissance d'un second rend jaloux l'aîné

VRAI. Même si l'aîné a souhaité vivement cette naissance, il est toujours déçu par ce nouveau-né qui pleure et mobilise toute l'attention. Cette jalousie banale, qui parfois survient plus tardive-

Une bonne fessée vaut mieux qu'un long discours

FAUX, au moins pour la théorie. Une éducation ferme et tendre, assise sur une autorité tranquille, devrait pouvoir se passer de ce geste, qui ne signe finalement que l'impuissance de l'adulte à mettre un terme à une crise ou à se faire obéir. La fessée soulage l'adulte et calme parfois l'enfant, mais elle n'est pas éducative, elle ne sert pas d'exemple. Une fessée est toujours un échec. Échec de la patience, de l'éducation, de l'obéissance. Mieux vaut apprendre à l'enfant à contrôler ses émotions et ses pulsions que de lui montrer le spectacle d'un adulte emporté. (La prochaine fois que la main vous démange, allez donc respirer un peu à la fenêtre...)

Les pistolets rendent les enfants agressifs

FAUX. De tout temps, les enfants qui n'avaient pas de jouets guerriers se sont fabriqué des épées ou des fusils avec des morceaux de bois ou des Lego. Ces jeux ne rendent pas agressif, mais permettent au contraire aux enfants de « jouer » leur agressivité sur le plan symbolique, plutôt que sur le plan de la réalité. L'enfant défoule, en faisant semblant, la violence qu'il a en lui. Mais nul besoin pour cela d'aller lui acheter le mieux imité des fusils-mitrailleurs ou des pistolets automatiques...

ment, lorsque le puîné devient un vrai rival, est aussi formatrice. Il est sain que l'aîné exprime ses sentiments et parle de sa détresse. Des parents compréhensifs auront à cœur de lui montrer de l'attention et un surcroît d'affection, afin que cette épreuve soit d'abord une joie et l'occasion de devenir un grand.

Il est courant qu'un petit enfant ait un(e) amoureux(se)

VRAI. Les amitiés entre enfants des classes primaires, voire maternelles, peuvent être intenses et prendre la forme d'une petite histoire d'amour, sans que ces mots recouvrent bien sûr le sens qu'ils auront plus tard. Le rôle des adultes n'est ni de se moquer ou de ridiculiser, ni de figer cette relation en la prenant trop au sérieux. Ces relations appartiennent en propre à nos enfants et elles font partie de leur apprentissage social.

Le dernier d'une famille est le plus gâté

VRAI et FAUX. Dans les grandes familles, le petit dernier a souvent une place privilégiée: il est gâté par ses aînés, et ses parents, plus âgés, sont souvent moins exigeants. Même si les parents ont à cœur d'être justes avec chacun de leurs enfants, toute place dans la fratrie a ses avantages et ses inconvénients. Mais dans les familles restreintes d'aujourd'hui, le phénomène du petit dernier super-gâté est en voie de raréfaction.

Un enfant unique est égoïste

FAUX. Un enfant unique n'apprend pas, comme ceux qui sont dans une fratrie, à partager au quotidien ses jouets, sa chambre et, plus douloureux et formateur, les câlins et les attentions de sa maman. Mais il deviendra un jeune ouvert et généreux si ses parents, conscients du risque, ont à cœur de ne pas le placer au centre du monde, l'entourent fréquemment d'autres enfants et savent emplir la maison de rires et de vie. L'intelligence sociale - négocier, s'affirmer, comprendre l'autre - est à ce prix.

Il faut parler de sexualité, même aux tout-petits

VRAI. Le développement de la sexualité au sens large commence dès la naissance. Le petit enfant a des questions sur la différence des sexes et la naissance des bébés, auxquelles il est bon de répondre avec des mots simples et précis. Mais l'information doit s'adapter à l'âge et à la curiosité de l'enfant, et non les devancer. Les détails ne viendront qu'avec le temps, lorsque l'enfant les sollicitera. L'essentiel est qu'il sente le dialogue possible et ses parents ouverts à ce type de discussion.

Index

Table des matières

Photographies : Photoalto.

Imprimé en France par Mame
Dépot Légal : juin 2010
ISBN : 978-2-501-06598-6
40-6771-6